1980年代

斎藤美奈子
成田龍一
［編著］

河出ブックス

目次

III

IV

はじめに

なぜいま「一九八〇年代」か

斎藤美奈子＋成田龍一

それはどんな時代だったか

一九八〇年代に、あなたはどんなイメージを持っているでしょう。

世の中全体が浮かれていたバブルの時代。サッチャリズム、レーガノミックスが台頭し、「小さな政府」を標榜する新自由主義経済への道が開かれた時代。コピーライターが時代の寵児としてもてはやされ、広告文化が開花した時代。雑誌文化が興隆をきわめ、メディアが教えるスポットに若者たちが群がったマニュアル文化の時代。マンガやアニメが「子ども文化」の枠から離脱し、家庭用ゲーム機という新ジャンルが誕生したサブカルチャーの時代。構造主義やポスト構造主義に関心が集まり、ポストモダンやニューアカ（ニューアカデミズム）といった言葉が流布し、現代思想がオシャレに感じられた時代。

このリストはいくらでも増やしていくことができそうです。

しかしながら、八〇年代からすでに三〇年以上が経過した現在、私たちがこの時代に対して抱くイメージに若干の混乱がみられるのも事実です。

たとえば八〇年代の象徴としてよく語られる、いわゆる「バブル経済」は、一九八五年のプラザ合意に端を発する、八七年から九一年ごろまでの現象で、必ずしも八〇年代全体を代表しているわけではありません。

また、バブル経済に目を向けた途端、私たちはつい「バブル以前／バブル以後」という枠組みに気をとられてしまい、一九八〇年代というまとまりを忘れがちです。冷戦体制崩壊も同様で、「冷戦体制／冷戦体制崩壊後」という発想にとらわれすぎると、八〇年代のまとまりはどうしてもぼやけてしまいます。それはあまりにもったいない。一九八〇年代は、私たちが記憶し、あるいは想像する以上に、多様性に富んだ時代だったのです。

とりあえず政治の流れでふりかえると……

国内政治の流れを先に整理しておきますと、八〇年代は、選挙戦のさなかに大平正芳首相が急死し（六月）、「弔い合戦」の結果、七月の衆参同日選挙で自民党が圧勝、伊東正義臨時代理内閣を経て、鈴木善幸内閣が発足した（七月一七日）一九八〇年からはじまりました。

鈴木内閣は一年半（八二年一一月まで）の短命の内閣ではありましたが、今日の関心事に照らしていうと、八一年五月二九日の答弁書において「憲法九条の下において許容されている自衛権の行使は、我が国を防衛するため必要最小限度の範囲にとどまるべきものであると解しており、集団的自衛権を行使することは、その範囲を超えるものであって、憲法上許されないと考えている」という憲法九条の解釈を示した点が注目されます。安倍晋三内閣が二〇一四年七月一日に集団的自衛権の行使を容認するまでの三十数年間、専守防衛に徹するという日本政府の憲法解釈は、この答弁書に依拠していたのです。

一九八二年には、中曽根康弘内閣が発足します（一一月二七日）。中曽根首相は「日本列島は不沈空母のように、ソ連の爆撃機の侵入に対する巨大な防衛砦を備えなければならない」という、いわゆる「不沈空母」発言（八三年一月）や、戦後の首相としてはじめての靖国神社公式参拝（八五年八月）などで物議をかもします。また、この時期には日米関係が強められ、レーガン大統領との「ロン－ヤス」という親密な関係がアピールされました。国鉄の分割民営化（八七年四月）に踏み切るなどの「実績」を残し、中曽根内閣は八七年一一月まで五年間続きます。

＊

ちょうどこの時期、日本経済には大きな動きがありました。

一九八五年九月、日本、アメリカ、西ドイツ、フランス、イギリスの「先進五カ国」の蔵相・中央銀行総裁会議（G5）がニューヨークのプラザホテルで開かれ、この五カ国が為替相場に協調介入、ドル高の修正を試みます。これが先に述べた「プラザ合意」です。日本の円は二倍以上に高騰し、さらには大企業の銀行離れが進んで「金あまり現象」が発生。その金が土地と株への投資に向けられたことから、「バブル経済」に発展したのです。

結果、日本は空前の好景気に沸き、地価が異常に高騰する一方、損害保険会社がゴッホの「ひまわり」を五三億円で落札した（八七年三月）などの「景気のいい話」が話題をさらいました。

そんなバブルのさなか、中曽根内閣の後を受けて発足したのが、竹下登内閣（八七年一一月～八九年六月三日）です。同内閣が「ふるさと創生事業」と称して、全国の市区町村に一億円を交付した（八八年～八九年）のは、バブル期らしい動きでした。しかし、竹下内閣は野党の反対を押し切って三パーセントの消費税を導入（八九年四月に施行）。リクルートの未公開株が政治家に渡っていたというリクルート事件も、内閣への不信につながりました。

一九八九年はまた、昭和天皇が死去し（一月七日）、元号が「昭和」から「平成」に変わった年でもありました。

竹下内閣は八九年六月に退陣。その後を受けて発足したのが宇野宗佑内閣（八九年六月三日～八月一〇日）です。しかしながら、リクルート事件、消費税の導入、さらには首相の女性スキャンダルまで加わって、七月の参院選で自民党は惨敗、結党以来はじめての過半数割れを喫することになります。この選挙では土井たか子委員長率いる社会党が躍進。「山が動いた」という土井委員長の台詞はこのときのものです。

宇野内閣が六九日で退陣後には、海部俊樹内閣（八九年八月九日～九一年一一月五日）が発足します。海部内閣時代には湾岸戦争が勃発し（九一年一月）、自衛隊がはじめて海外に派遣されるにいたります。また、バブル経済も崩壊し、日本は長い構造不況の時代に入りますが、それはまた後の話になりましょう。

＊

一九八〇年代は、国際情勢が大きく動いた時代でもありました。

中曽根内閣の時代、イギリスでは保守党のサッチャー首相、アメリカで共和党のレーガン大統領という強面の指導者が登場し、緊張緩和の方向へ向かっていた冷戦体制に揺り戻しをかけます。

しかし八〇年代も後半になると、冷戦体制自体が崩壊へ向かいます。

ソ連ではミハイル・ゴルバチョフ書記長が登場して（九〇年三月に大統領に就任）、軍縮が進められ、八七年にはレーガン大統領とのあいだで中距離核戦略（ＩＮＦ）の全廃がおこなわれました。ゴルバチョフによるペレストロイカ（改革）とグラスノスチ（情報公開）は、結果的にソ連を崩壊へと導きます。また東欧でも、レフ・ワレサ委員長率いるポーランドの自主管理労組「連帯」などをきっかけに民主化運動が激化し、八九年にはベルリンの壁が崩壊。東欧の民主化が一気に進むと同時に、この動きはバルト三国（エストニア、ラトビア、リトアニア）の独立にまで波及しました。

奇しくも一九八九年は、昭和の終焉と東西冷戦体制の崩壊が重なったことになりましょう。冷戦体制の崩壊は、それまでの人びとの認識や思考の枠組みが、冷戦体制に基づく「冷戦的思考」であったと気づかせる事態ともなりました。

本書を編んだ二つの理由

さて、以上のような時代的背景を踏まえた上で、本書『1980年代』は、政治経済から社会や思想や文化まで、一九八〇年代を表象するさまざまな事象を、鼎談、論考、コラムを通じて検証することを目的に編んだアンソロジーです。当時を知る世代は「そうだった、そうだった」という懐かしさを喚起されるでしょうし、当時を知らない世代には「そうだったのか、はじめて知った」という驚きと発見があるのではないかと想像します。

それだけでも本書の目的は半ば達成されたことになりますが、私たち編者が一九八〇年代を検討の対象に選んだのは、それなりの理由があります。

第一に、一九八〇年代は「戦後の転換点」ではなかったか、ということです。

最初に述べたように、八〇年代は、サブカルチャー、ポストモダン、ニューアカといったさまざまなキーワードで語られる時代ですが、それは旧来の「戦後思想」とは明らかに一線を画するものでした。意図的に「軽さ」を演出した面があったにしても、思想、文学、アートなど、あらゆる分野で「小難しさ」を相対化する動きが浮上し、ポップカルチャーの興隆とも相まって、新しい表現が模索され、また誕生しました。戦後（あるいは戦前から？）、人びとを呪縛していた「政治の言葉」が遠くなり、文化や言論の担い手が、一部の選ばれた知識人から、広義の大衆に移った時代だったといってもいいでしょう。

第二に、それゆえ一九八〇年代は「いま」の源流でないか、ということです。「戦後七〇余年」を視野にいれた現在（二〇一〇年代半ば）からふりかえりますと、一九八〇年はちょうどその折り返し地点（敗戦から三五年〜四五年）に当たります。

もちろん、九〇年代以降にも一九九一年（バブルの崩壊と湾岸戦争）、一九九五年（阪神・淡路大震災とオウム真理教事件）、二〇〇一年（9・11米国同時多発テロとその後のアフガン攻撃＆イラク戦争）、二〇〇八年（リーマン・ショックと格差の拡大）、二〇〇九年（民主党への政権交代）、二〇一一年（東日本大震災と東京電力福島第一原発の事故）など、時代を画するトピックはいくらでも列挙できます。しかし、社会、文化、言論などのあらゆる側面において、一九八〇年代ほどドラスティックな転換の時期はなかったのではないか。いいかえれば、「戦後」ないし「近代」の大きな転換点だった八〇年代に芽吹き、定着した思想や文化の「経年劣化」が目立ちはじめた時代、それが現在（二〇一〇年代半ば）だといえるかもしれません。

「いま」と「これから」を考えるために

歴史にするには近すぎ、かといって思い出として語るには遠すぎる一九八〇年代。それをいまあえて俎上にのせることは、その後の節目となる出来事や、今日の混迷状況、ひいては明日へのビジョンを展望するうえで、有効な手立てとなるのではないかと考えた次第です。

本書に収録された論考やコラムは、すべて本書のための書き下ろし、ないし語り下ろしです。各論者の経験や関心領域に基づいて、一九八〇年代を自由に考察してもらいました。また各章の巻頭に配した鼎談は、編者である斎藤、成田の疑問に答えてもらうかたちで、それぞれの方の専門領域から見た八〇年代について、ざっくばらんに語っていただいたものです。

むろん本書で言及されたテーマや素材は、八〇年代の一側面にすぎません。が、それでも、この時代を俯瞰し、現在と未来を考え直すうえで示唆に富んだ論考やコラムが集まったのではないかと自負しています。一見ばらばらに見える事象を「一九八〇年代」という軸で統合したとき、何が見えるか。自由な発想で書いてもらった論集ですから、読み方も自由です。どうぞ、お好きなページから、お好きな順でお読みください。

最後になりましたが、本書の意義と編者の意図をくみとり、力のこもった論考やコラムを寄せてくださったみなさま、鼎談に参加してくださった四人の方々に御礼申し上げます。編集部の藤﨑寛之さんにも一方ならぬお世話になりました。

読者のみなさまにとって、本書が「あの時代」をあらためてふりかえり、「いま」と「これから」を考えるための有効な材料になることを願ってやみません。

I

鼎談 カタログ・サヨク・見栄講座

大澤真幸×斎藤美奈子×成田龍一

◉なぜ八〇年代か？

成田　このところ「戦後」が大きな議論になっています。今の首相は「戦後レジームからの脱却」ということを言っていますが、一九四五年からこっち、ずっと同じ流れ、同じ勢い、同じ重みで戦後というものがあったわけではありません。思想の文脈でいえば、「戦後思想」と言われてきたものがどこかでリアリティを失っていきます。そのような変わり目として一九八〇年代に焦点を当て、八〇年代を介して「戦後」を再考する試みをしてみたいと思います。

そもそも一九八〇年代は、ノスタルジーの対象としてこそ語られることはあったものの、時代像として正面から検討されて来たことはほとんどありません。歴史として論ずるには近すぎ、どの出来事に焦点を当てるか、定まっていないことが大きな理由でしょう。しかし、八〇年代は「戦後思想」と〈いま〉とを結ぶ分水嶺をなしています。いってみれば、戦後と戦後後とを、ともに視野に収めることができる地点です。八〇年代の思想は「戦後思想」との格闘のなかから出てきたこともあきらかになるでしょう。また、いまや自明とされることがらも、多くここから出立しています。言語論的転回の影響がひろまり、これまで自明であった認識－作法が一変したのが八〇年代です。新自由主義も、このとき出発しています。

　このことは、その後の節目——一九九〇年前後、一九九五年、二〇〇一年、二〇一一年などの意味を、（「戦後思想」からではなく）あらたにすることが可能となると思われます。

　きっかけとして、具体的な著作を挙げることから始めてみましょう。「戦後思想」が「生産」と「社会運動」に力点を置いていたことを考えるとき、時代の変わり目として象徴的なのは、「消費」に徹底した、田中康夫『なんとなく、クリスタル』（一九八一年）の登場です。私の専門の歴史学をはじめ、それまでさまざまな領域の存立基盤であったマルクス主義的な考え方では、資本主義社会に対して批判的に向き合うことが大きな構えだったときに、この『なんとなく、クリスタル』は、消費の観点を打ち出すとともに、資本主義社会を肯定してみせました。資本主義的な文化の展開を、こんなものがあるぞ、あんなこともあるぞとカタログ的に示していく小説であり、かつ、それまでの小説が持っていた社会批判の構えとは異なり、自分たちの持っている欲望を肯定していきます。あっと驚く世界と主張を提示してみせました。

　もうひとつ注目したい著作が、「社会運動」の変容に反応した、磯田光一『左翼がサヨクに

田中康夫『なんとなく、クリスタル』河出書房新社

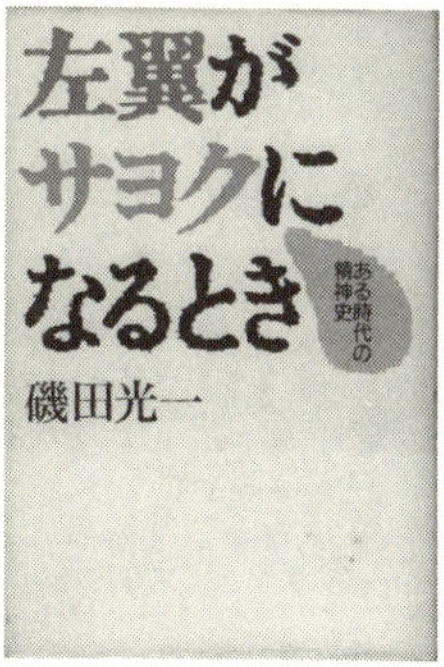

磯田光一『左翼がサヨクになるとき』集英社

なるとき』（一九八六年）です。いま言った社会の把握とパラレルになっています。それまで資本主義社会に対してなんらかの批判的立場をとるのが「左翼」でしたが、そのような対抗的なスタイルは「サヨク」として相対化されてしまった、いろいろある考え方のひとつにされてしまったということを読み解く評論です。

　それぞれ、日本社会が近代から現代に変わったことを指摘したと言ってもいいですね。付言すれば、「現代」思想という言い方が定着していくのもこの頃です。マルクス主義という戦後を代表してきた知のあり方から、新しいポストモダンの思想に主役が交代していく。その、言わばカタログが『別冊宝島　わかりたいあなたのための現代思想・入門』（一九八四年）という本だと思います。フーコー、ドゥルーズ、デリダという思想家たちがいったいどういう思想を唱えているのか、マッピングがなされている。日本編（一九八六年）も作られて、吉本隆明や山口昌男、中沢新一や浅田彰がどういうことを考えているかという全容がわかるようになっている。こうした紹介の仕方自体がとても八〇年代的だと思います。

　それまでは、わかってもわからなくても、とにかく原典を「しこしこ」（これは、七〇年代的な語彙ですね）読んだのですが、パッと全貌

『別冊宝島　わかりたいあなたのための現代思想・入門』JICC出版局

『別冊宝島　わかりたいあなたのための現代思想・入門Ⅱ日本編』JICC出版局

をカタログ的に見せ、紹介する書物が出てくるようになる。これは知のあり方の大きな転換であった、と思います。

斎藤　『なんとなく、クリスタル』ですけれど、それは今だから言えることで、八〇年に出たときにはケチョンケチョンだったんです。成田さんもたぶんその頃は評価していらっしゃらなかったと思います（笑）。田中康夫さんはこの作品で、河出書房新社の文藝賞を獲ってデビューなさるんですけれども、こんなブランド名の集積のようなものの、どこが小説か、と。現在出ている河出文庫版の『なんクリ』には、高橋源一郎さんの解説がついていますが、そこで高橋さんは『なんクリ』は『資本論』だといっている。作品の意図を理解されるまでには長い時間が必要だったのです。

大澤　江藤淳だけが絶賛したんですよね。

斎藤　はい。それから、『左翼がサヨクになるとき』は私もとても印象的に覚えている本です。磯田さんは文芸評論家ですが、歴史学だけでなく文芸評論も今からは信じられないくらいに左翼だったんですね、そもそもが。マルクス主義的なものと二人三脚だったんです。この本は「左翼」は中野重治から扱っていて、「サヨク」のほうは島田雅彦さんが『優しいサヨクのための嬉遊曲』を二二歳くらいで書いて、一九八三年に華々しい学生デビューを飾った。それを受けて、もっと上の世代の磯田さんが、「もう左翼は終わるなあ」という感じをお書きになったわけですね。

成田　そうですね。

斎藤　私自身の八〇年代に照らし合せていくつかの本を選んでみますと……『ANO・ANO（アノアノ）』（一九八〇年）って知ってる人いますかね？　きっといないでしょうし、今ではなかなか古書店でもないです。『アンアン』『ノンノ』をある意味相対化しているわけですね。これは雑誌『宝島』に連載していたものをまとめた本なんですけれども、著者の下森真澄さんと宮村裕子さんは現役の女子大生でした。やがて来る女子大生ブームはみんなここから始まったと私は思っています。

八〇年代は女性の書き手がとても華々しく活躍した時代で、林真理子さんが『ルンルンを買っておうちに帰ろう』でデビューしたのが八二年。上野千鶴子さんが『セクシィ・ギャルの大研究』でデビューしたのも八二年ですね。で、『ANO・ANO』ですが、私はこれがぜんぶ先鞭をつけたと思っているんですよ。この頃はフェミニズムという言葉もジェンダーという言葉もなかったんですけれども、女性の生き方の根本的な問い直しが七〇年代を通じて――ウーマン・リブが一九七〇年前後から始まって、女性たちの性をめぐるアンケートをまとめた「モア・リポート」なんていうのがあったりとか――一〇年ぐらいかけてあったんですけれども、それをぜんぶ飛び越えちゃったのがこの本です。マスターベーションがどうしたとか初めてのセックスはこうだったとか、女子大生の赤裸々な日々が綴られていて、今だったら過激でもなんでもないけれど、それを当時の普通の女子大生がこうやって書いたのはすごいことなんです。三〇万部以上売れたのでそれなりにベストセラーだったと思うんですけれども、ここでなんか女性の新たな地平が拓けたっていう感じがしますね。上野さんたちの学問的な理論づけとはま

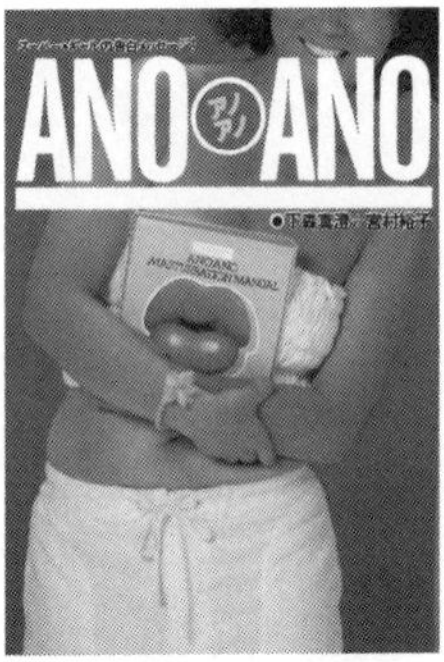

下森真澄＋宮村裕子『ANO・ANO（アノアノ）』JICC出版局

ホイチョイ・プロダクション『ミーハーのための見栄講座』小学館

った《》く別の回路で、でも同じ次元から出てきた。それから『ミーハーのための見栄講座』（一九八三年）。八〇年代をよくご存じの方は「知ってる、知ってる」ってなるんですが、八〇年代は広告代理店文化の時代ですから、電通・博報堂のクリエイターが文化を作っていくと――まちがった思い込みなんですけど――思われていたわけです。これはホイチョイ・プロダクションというクリエイター集団の本です。彼らは成蹊学園の附属中高から大学までいっしょだった同級生グループで、安倍総理の同級生でもあります。総理はここには入れなかった口だなと私は思うんですけど（笑）、この人たちはのちに『私をスキーに連れてって』（一九八七年）、『彼女が水着にきがえたら』（一九八九年）といったヒット映画を手掛けます。

で、『見栄講座』とは何か。「今日の若者のライフ・スタイルに於いて、『自分がどうあるべきか』などと言う問題は、さして大きな意味を持ちません。重要なのは他人からどう見られるかです」。これだけをコンセプトにして、どうやって見栄を張るか、どうやったらかっこ良く見えるかということをやっていくんですけど、見栄テニス、見栄スキー、見栄フランス料理、見栄海外旅行、見栄オートバイ、見栄キャリアウーマン、見栄軽井沢、見栄湘南、見栄シティ・ボーイと説いていきます。著者たちは中産階級の男の子ですよね。半分ぐらい本当にまじめに書いてあるのですが、途中からもう無茶苦茶な嘘八百を書いていくんです。私の知り合いではこれを信じていた人がいっぱいおりました（笑）。昔の若者はさ、努力家だったんだよね。もてるためにですよ、テニスをやる、スキーをやる、オートバイに乗る……たいへんなわけです。へたっぴいだと女の子にもてないじゃん。だからこっそり裏で練習しなければならない。道具も買わなきゃいけない。そのためにバイトもしなければいけない。見栄とか言ってるけどたいへんなものですよ、このエネルギー。もてたいっていうだけで。

渡辺和博とタラコプロダクション『金魂巻』主婦の友社

ここでの主題はなんでしょう。そもそも見栄って、ギャラリーがいないと成立しないじゃない？　つまり人間関係が大事だったの、この頃はまだ。面白いことは家の外にしかなかったんです。刺激的なことも人との出会いにしかなかった。だからこうやって一所懸命お金を貯め、練習をし、痛い思いをし、ってやったわけですね。いっぽうで、ファミコンが生まれるのが同じ八三年ですよね。その頃は若者が買える電子機器って、もちろん携帯なんかないわけで、せいぜいウォークマンくらい。ウォークマンも外に出ていくための道具ですからね。けれども、このあたりからだんだんインドア化が進んでいく。八五年くらいまではアクティブに外に出ていった若者たちがどんどん一人でなんでもできるようになっていってしまうわけですよね。

そして、ついでに『金魂巻』（一九八四年）。これは職業案内ですけれども、㊎／(ビ)というやつですね。当時の流行りの職業の、お金持ちパターンはこう、貧乏パターンはこうっていうのを図解しているんです。私はその頃貧乏ライターでしたから、ほんとそっくりそのままなんです。貧乏イラストレーター、貧乏カメラマン、みんな知ってましたけど、ほんとにこうだったですね。ものすごいよく取材している。今でこそ格差社会とか言ってるけれど、この頃はまだ㊎／(ビ)を遊べたわけですね。

◉理想なき時代

大澤　私が思うに、八〇年代って、蜃気楼のような時代というか、本当にあったのかなかったのかよくわからないみたいな感じがするわけ。

よく「失われた一〇年」と一九九〇年代のことを指して言いますよね。なぜ九〇年代が失われて見えるかというと八〇年代を基準に考えるからですよね。八〇年代がしっかり存在していたとすれば九〇年代はないに等しいと思うわけでしょう。逆に言えば、九〇年代が存在したならば、八〇年代はなかったということですよね。私はこの図と地を反転させた逆の見方の方が正しいような気がします。本当に存在している感じがするのはむしろ九〇年代以降で、八〇年代というのは本当にあったのか、いや、確かにあったはずだが、よく見るとない、そんな感じがする。さらに言うと、九〇年代が失われた一〇年で、そのあとがきちんと「存在する」かというと、その後、二〇〇〇年代の最初の一〇年も含めて、失われた二〇年となって、何だか、失われたXX年がどんどん増えていきそうな勢いじゃないですか。どうして、そうなってしまうかというと、存在しない一〇年間を基準に考えているからなんですね。では、逆に遡って七〇年代までの時代と比べたらどうなのか。それでも、八〇年代には、何か不思議な浮遊感があるのです。

七〇年代との関連でいうと、たとえば、庄司薫『赤頭巾ちゃん気をつけて』(一九六九年)という作品がありましたね。庄司薫という本人の筆名と同じ名前の主人公が出てきて、東京大学が紛争によって受験できなくなったときの日比谷高校の高校生という設定の小説です。実際の筆者は、もう少しさらに年上ですが。ともあれ、この小説は、一九七〇年前後の時代の転換をある意味で象徴していました。その後、『さよなら快傑黒頭巾』(一九六九年)、『白鳥の歌なんか聞えない』(一九七一年)、『ぼくの大好きな青髭』(一九七七年)という四部作を書くわけです。ぜんぶタイトルに色がついています。本当は一年間で四冊書き上げる予定だったそうですが、ずっと延びて、四冊目が出た頃には七〇年代も終わりかけていた。庄司薫という人は、当時、非常に広く読まれた作家で、いわば早熟の秀才でしたが、この色の四部作の後は、ほとんど書いていなくて、現在は、公的にはほとんど沈黙しているような状況ですね。

庄司薫の、この一連の作品はある意味で七〇年代の終わりと八〇年代の予兆を併せ持っていると思うのです。まず文体ですよね。スラングみたいな、若者の雑談みたいな感じで書いているんですが、当時の純文学にそんな書き方をする人はいなかった。こういう軽い乗りの書き方は、八〇年代的です。けれども、内容的には、意外に重たいテーマを扱っているんです、本当は。小説の筋を無視して、テーマだけ言ってしまうと、これらの小説を通じて、人間が何かひとつのもののために競争し合う、人を蹴落とす、そういう生き方ってちょっと浅ましくないか。自分はそうやって人を傷つけることに何かうしろめたいものを感じるよみたいなことを考えているわけです。まあ、明らかに競争の勝ち組であるエリート学生が言うのもどうかなと思うんだけれども、しかし、そういう葛藤から逃げたいというようなことがテーマになっているわけ。そういう葛藤がある以上は、たとえ勝ったとしても、勝つことによって何かもっと肝心なものを喪失してしまう、ということがあるからです。こう考えると、作者の庄司薫が、四部作のあと、ほとんど作品を出さなくなったことにも必然性がありますね。競争に伴っている「喪失」を避けたければ、公の場で競争することそのものを避けるしかない。何かこの世の中で意味あることをやる、ということは競争することでもあるわけだから。

となるのは、よく考えてみると、「理想の時代」だからですね。この時代、一九七〇年代前半ぐらいまでを「理想の時代」と私は呼んでいます。ひとつのコンセンサスとしてみんなが目標としている理想の人生があって、はっきりと見えていた時代ですね。そのような、理想を目指すと、人と競争せざるを得ない。すべての人が到達できることは理想にならないわけです。理想というのは少数の人しか到達できないから理想になるんです。そういう理想を求める生き方に疑問を感じてしまった青年を描くことが庄司薫の小説のテーマだった。それらは理想の時代に、つまり七〇年代にピリオドをうつ小説だったわけですが、文体の面ではともかく、内容的には八〇年代を先取りするものではなかった、ということになる。

八〇年代に入ると、たとえば村上春樹『1973年のピンボール』(一九八〇年)みたいな小説が出てくる。一九七三年に国内に入ったピンボールマシンをただ探しまわる、ちょっと幻想的な小説なんですが、七〇年代と比べると、すっごくくだらないことをやっているんですよ、主人公が。だって、そんなゲーム機なんて、べつにどうってことないじゃないですか。どうみてもつまらないものをわざと一生懸命探しまわることで、何か大義とか理想とかといった重要そうなものを追求していた七〇年代までの人たちを相対化して、彼らに対して、距離をとっているわけです。これが八〇年代ですね。庄司薫の作品が、理想を喪失すること、あるいは積極的に放棄することを小説にしたとすれば、村上春樹の『ピンボール』は、失った理想の空所に、理想とは真逆のくだらないものを代入する小説、ということかな。

成田さんの話との関係で言えば、八〇年代は「サヨク」が出てきて「左翼」が少しずつ相対化されるんだけれども、まだ左翼が偉かった最後の時代ですよね。九〇年代になると左翼はちっとも偉くない。八〇年代までは、まあ偉かった。

斎藤 ちょっとね。頭よさそうだったから。

大澤 そう。普通に賢ければ左翼にならざるを得ないと思われていた。そういう意味では私たちは全員左翼ですよね。左翼というだけで一応最低限偉いと言うことができる時代が八〇年代だったんです。それ以降になると左翼はかっこ悪いものになる。ネトウヨは右翼じゃない、左翼嫌いですね。わざわざ「嫌い」とネットで言われてしまうくらい、左翼はかっこ悪くなってしまった。
いま思い出しましたけれど、『見栄講座』って徹底していて、著者たちが嘘の経歴をつけているんだよね。
斎藤　はい。本当は成蹊なんだけど、「米マサチューセッツ工科大学を首席で卒業後、ハーバード・ビジネス・スクールに三年間学び、見栄ライフ・スタイルの概念を生み出した……」とある。
大澤　それを真に受けて取材に来た朝日新聞の記者がいたらしい（笑）。あの当時は格好をどうつけるか、見栄をどう張るかということをやるんだけれども、他方で、その見栄の背後にどんなにあからさまな恥ずかしい現実があるかみたいなことを言うことがちょっと流行っていましたよね。『ANO・ANO』にしても『金魂巻』にしてもそういうところがあります。
斎藤　批評的なんです。
大澤　そうですね。ちょっと自分自身に対して距離を置いて、自分を冷笑的に見たりすること自体がかっこよかった。さっきの林真理子も初期のエッセイでいかに自分が下積みしているかということをはっきり書いちゃう、そういう感じでしたね。

◉『なんクリ』とカタログ文化

成田　もう少し『なんとなく、クリスタル』にこだわってみたいと思うのですが、これはとにかく売れたのですね。斎藤さんの言葉で言えば、ギャラリーは多かった。おそらくは成城大学に通っている男性と青山学院に通っている女性の同棲中でのやりとりを書いている、それだけのことですが、青山や代官山や西麻布といったファッショナブルな場所がたっぷり登場してきます。だけれども、それらは今のようによく知られてはおらず、一つ一つ注がついている。たとえば主人公が使うお店の名前に注がふってあるのです。ちなみに、私はその当時主人公の行動範囲内に住んでいましたが、登場する店は、どれ一つとしてわからなかったことを記憶しています。(私が遅れていた、ということもありますが)それほど最先端の場所を、注をふりながら描くという小説でした。新しい都市の生き方を若い世代は始めるぞ、という宣言(あるいは報告)として読むことができ、実際そのようになっていったと思います。そして、そのことが大澤さんの挙げられた庄司薫と同じ軽い文体で書かれている。庄司薫の場合はそれでも大義があって、大義の重さを投げ出すということを軽い文体で書くのですが、田中康夫の場合には大義がそもそもない。それまでの重厚長大から軽薄短小へ、否定の時代から肯定の時代、軽みの時代に入っていくことを象徴する作品のように思うのです。

斎藤　『なんとなく、クリスタル』は、小説と注がボケとツッコミの関係なんですよ。小説はボケなので、青学の女性はモデル、男性はミュージシャンという設定ですね。一九八〇年に出ているので七〇年代後半の風俗ということになっていたんだけど、そのあとむしろ八〇年代が『なんクリ』を追いかけていったような感じがありますよね。私は実は田中さんと同い年なんですが、その当時、『なんクリ』の男性のほうが通っている大学で学生生活を送っていましたけれど、もうすでにすごいブランド大学でしたから、その中ではついていけなくてこんなふうになってしまい(笑)、お嬢様大学の恩恵はなにも受けずに卒業しちゃったんですけど、そういう女の子たちがすでにいたっていうのは事実ですね。

カタログ化ということでいえば、『なんクリ』にもいろんなブランドやお店の名がいっぱい出てくるわけですよね。それらはもう五年後ぐらいにほとんどなくなっちゃった感じですけど、『見栄講座』も『金魂巻』も確かにぜんぶカタログ文化ですよね。そして現代思想もカタログ化していく。でも、私はカタログって意外と大事だと思っていて、今の思想状況がどうなっているかとか歴史的な経緯とかわからなくなってしまっていますよね。それはきっと、九〇年代以降、カタログもマッピングもないからだと思うんですけどね。

大澤　先ほど江藤淳だけがこの小説を評価したって言ったじゃないですか。なぜ江藤淳が評価したのか、当時から謎なんですね。江藤淳がいちばん嫌いそうな小説なのに。

斎藤　江藤淳は『なんクリ』は評価したけど、村上龍『限りなく透明に近いブルー』（一九七六年）は否定したんですよね。

大澤　そうそう。普通に見ると、『限りなく透明に近いブルー』のほうがよっぽど文学的な感じがするにもかかわらず、です。でもね、江藤さんの評価は率直に言うと、田中康夫についての誤解に基づいていると思うんです。田中さんは、ある意味で、何も考えていないと思う。つまらないことをうじうじ考えるよりその方がよいと思いますが、とにかく何も考えていない。その考えていない状態が、江藤さんの観点からは、なかなかよく見えてしまう。

八〇年代というのは、戦後史の全体の流れで見ると、今振り返ってみるとですけれど、日本が戦争に負けた、そういう戦争があったということが真に忘れられた時代だと思います。敗戦の痕跡が本当の意味でなくなった時代。そのなくなり方のひとつが『なんクリ』に表れているんですけど、それを逆から見てしまうと、江藤さんのように立派に見えてしまうんですね。

どういうことかというと、こういうことです。江藤さんはむしろ敗戦ということに非常にこだわった人ですよね。アメリカに対する関わり方が、『限りなく透明に近いブルー』と『なんクリ』では大きなちがいがあるというのが江藤さんの感覚なんです。『限りなく透明に近いブルー』は基地文学だから、どこか反米左翼的な雰囲気があるわけですよ。江藤さんももちろん、反米ですからね。だからむしろこちらを評価しそうに見えるんだが、江藤さんは評価しなかった。なぜか。それはよい反米ではないからです。それはこういう感じです。

たとえばですよ、ドラ息子がいて、経済的にも精神的にもお父さんに一〇〇パーセント依存しているけれど、反抗期になってお父さんに反抗するじゃない。お父さんの金で遊びまくって、いろいろ迷惑かけて、どっかで事件起こして、警察に捕まるとお父さんが出ていって「息子が申し訳ないことを……」とか言って、実はお父さんは町の実力者なので警察に顔が利いてね、息子の非行をぜんぶ揉み消してくれる。すると、客観的に見ると、思いっきりおまえが反抗できるのはお父さんのおかげだぞ、となる。その反抗自体が、お父さんにいかに甘えているかということの表れになるわけ。そういう感じを『限りなく透明に近いブルー』に受けるわけ。

斎藤　なんと斬新な……。

大澤　いかに反米に見えても、おまえアメリカに思いっきり依存してるじゃないか、こんなふうにいきがってなんだ、となりますね。いっぽう、『なんクリ』には、そのようにアメリカに依存していることからくるドラ息子的な屈折がまったくないわけですよ。ブランドもののように、アメリカ的というか西洋的というか、そういう世界を、屈折を介さずに受け入れていくわけです。依存しながら反抗しているやつよりは、ちゃんと自分が依存している状況をひきうけているやつのほうが、江藤さんには立派に見えたわけでしょう。本当はアメリカに依存していて、反抗できるのも実は依存しているからなのに、まさに反抗しているがゆえに、自分はそこそこ自立していると思っていると錯覚している人よりも、依存の事実をまっすぐ見据えて引き受けている人の方が、自立の程度が少し高いじゃないですか。

でも、きっと実態は、アメリカへの依存とかアメリカからの自立とか、そんなこと、単純にどっちでもよくなっちゃっただけなんだけど、田中さんの立場からすれば。つまり、アメリカに負けてアメリカに依存した生活をずっとしている——今でもそうですけどね——そのことを思いっきり忘却していられるのが『なんクリ』

なんだけれども、江藤さんから見ると、逆にそれが、アメリカからの自立への一歩に見えたんですね。

アメリカへの屈折した依存にたいして無関心でいることが、可能になるのが八〇年代。やっぱり七〇年代までは――といっても、われわれはみんな戦後生まれですから戦争のことなんか覚えちゃいないんですけれども――、日本社会の中にこの国は戦争に負けたんだと感じさせる微妙な影がそこかしこにあったわけです。高度成長だって敗者復活戦みたいな感じになるわけですよ。せめて経済で追いつけば、敗戦の屈辱もちょっとは消えるかなみたいな気持ちもありますから、経済的な成功にすら、やっぱり敗戦の影が色濃くあったんだけど、八〇年代になったときに日本人はもうさすがにそのことを忘却することができるような気分になってきた。そういう感じじゃないかと思うのね。七〇年代までを基準に見ると八〇年代は蜃気楼のように見えるというのは、そういうこととも少し関係があるかなという感じがしますね。

成田　いまひとつ、『なんとなく、クリスタル』の描く世界の見のがせない背景として、経済的な活況がありますね。ただ、議論は単純ではありません。若き日の上野千鶴子さんが、（当時、長銀に勤めていた）経済学者の小沢雅子さんとともに、田中康夫さんを囲み座談会をしています（「ポスト大衆社会をどう読むか」『現代のエスプリ』一九八七年五月）。八〇年代を「ポスト大衆社会」と把握し、みなが競い合う差異を横並びのものではなく、階層化として把握しています。「大衆」が分解し、あらたな「格差」が生じてきていることを、読み取ろうとしています。

◉象徴としての八三年

斎藤　八〇年代を見渡してみると、一九八三年が大きなポイントとして見えてきますね。たとえば、東京ディズニーランドの開園もこの年。

大澤　ええ。一九八三年がもっとも八〇年代らしい年と言ってもいい。先ほども少し触れましたが、私の戦後史の区分――理想の時代（一九四五年から七〇年代前半まで）、虚構の時代（七〇年代後半から九五年まで）、不可能性の時代（九五年以降）――でいえば、虚構の時代の真ん中です。ディズニーランドはその虚構の時代らしさを典型的に示していますね。ディズニーランドがすごいのは、あの空間が外界からきわめて効果的にシャットアウトされていること。つまり、外界の現実からとてもうまく切り離されている。どこがうまいかというと、「切り離されている」ということを意識しないですむようにできている。だから、閉じられているのに、閉じられていることを意識せずにすむ。ディズニーランドでは、子どもだけでなく大人も「ごっこ遊び」を楽しめるのはそのためです。

開園当初、ちょっと話題になったのが、お弁当持ち込み禁止問題ですね。日曜日にお母さんがお弁当作って遊園地に行くというのが家族の楽しみなのに、それを奪うとはけしからん、園内のレストランを儲けさせるためか、なんて批判された。でも、そんなケチなことではない。そうじゃなくて単純にしらけちゃうわけですよね。ミッキーだのドナルドだのが踊っている隣で、四人家族が梅干しのおにぎりを頬張っていると。ディズニーランドというのは、虚構の空間で、そんなことはみんなわかっているのだけれど、そのことをみんなが、あえて「言わない」ということで、虚構の空間の虚構性を、判断停止的にというか、カッコに入れるふうなかたちで自覚的に忘却して、みんなで虚構に、この時間だけ没入しようよ、というお約束で成り立っている。持ち込まれたお弁当のように、あからさまに、虚構ではない、外部の現実とつながっている事物が現前しちゃうと、「ここはただの虚構だぞ」と大声で言っている感じ、つまり裸の王様で「王様は裸だ」と言っている感じになっちゃうわけです。

ともかく、虚構の時代における、虚構の空間

浅田彰『構造と力』勁草書房

の自立性をいちばんよく表しているのが、ディズニーランドなんですよね。

成田 浅田彰『構造と力』も八三年ですね。

大澤 そう。「おたく」という言葉もこの年に作られたと言われていますし……。『構造と力』は左翼の最後のバイブルと言ってもよいと思いますが、この本は実は『見栄講座』的に使われたんですよね。つまり、それなりに難解だから、きちんと読んでいる人はそんなにたくさんはいない。読むよりも持ち歩く。持っているだけでかっこよかった。

斎藤 『見栄講座』も奇しくも同じ年です。

成田 なるほど。七〇年代までのある種の手触りや実体感からギアチェンジが入ったのが八三年という感じがしますね。戦争を手掛かりにしながら紡がれてきた戦後思想が、現代思想なるものに変わっていく。マニュアル化というと言い過ぎかもしれませんが、チャート図で思想が解説されていく時代になった。その象徴的な書物として『構造と力』がある。

大澤 浅田さんといえば思い出すのは、一九九七年に京大に赴任したときに、新入生向けの講演会のようなものに浅田さんと一緒に出たんですね。浅田さんを慕っているというか、浅田さんに憧れている学生たちが主催したもので、浅田さんと一緒に出てくれ、と誘われたんですよ。その講演会でびっくりしたことに、浅田さんの話は『構造と力』のダイジェストだったんですよ。もう一四年経っているのに、まだ現代思想入門はこの本か、と思った。それだけ思想は停滞していたのかもしれないですね。

斎藤 九〇年代まで通じて……

大澤 そうです。その意味でいえば、『構造と力』のいちばんの主役はジル・ドゥルーズですけれど、最近いちばん読まれた思想書は千葉雅也さんのドゥルーズ論じゃない（『動きすぎてはいけない』）。もちろん浅田さんの本とは観点はだいぶちがうんですけど、八〇年代にメインで登場していた人がまだ主役を張っている、三〇年ぐらい経っているのに。もっとも、三〇年間、ずっと出ていたわけではなく、やや休眠的な期間もあったわけですけど。

成田　それまでマルクスが大きな枠組みだったけれども、それが構造主義に組み替えられていく。構造主義はあっという間にポスト構造主義になりゆくわけですが……。たとえば上野千鶴子さんも構造主義から出発をしているんですね。『セクシィ・ギャルの大研究』は『ＡＮＯ・ＡＮＯ』的な素材を扱っているわけですけども、その分析の構えは構造主義でした。それらが、ドゥルーズ的に言うと、根っこ（リゾーム）を持ちながら集まってきてひとつの潮流を作っていったのが八〇年代ではないでしょうか。

斎藤　「脱構築」という言葉も流行りましたよね。つまり、関節をはずしていく。『金魂巻』でも『見栄講座』でも『現代思想・入門』でも、みんなそうなんですよ。今まで肩に力を入れて「勉強しなければいけない」、「世の中はこうでなければいけない」、「人生こう考えなければならない」って言ってたのが、「そんなのどうでもいいんちゃう？」っていう感じになる。だけど、「どうでもいいんちゃう？」と言いながらそれをぜんぶ捨て去るわけではなく、見方を変える、足元で威張っていそうな奴をこかすみたいな――すごい雑なとらえかたですけれども――運動の仕方は展開されていた。浅田さんで言えば、『逃走論』（一九八四年）のほうが私には面白くて、要するに今までの肩肘張ったようなものではなく、これからの「スキゾ・キッズ」はそのときどきで陣地を変えていくんだという思想の持ち方が出てきて、しかもそれがずっと続くと思えたんですね、八〇年代は。

◉敗戦の事実の抑圧

斎藤　そのいっぽうで、この頃、教科書問題のような問題も出てきた。

成田　正確に言うと八二年から始まりますが、当然のことながら「関節はずし」では済まない問題があるわけです。歴史認識問題と現在いっているものの始まりが実はこの時期ですね。ご承知のように日本の学校教科書は文科省の検定を受けるのですが、この八二年、（広義の）アジア・太平洋戦争について「日本が中国に侵略をしました」と記したところ、検定で「進出」と書き換えさせたとして、中国、続いて韓国が抗議し、そのほかシンガポールやマレーシアからも抗議の声が上がりました。今まで日本国内の問題だった検定問題が一挙に外交問題、政治問題として浮上したわけです。「誤報」問題も加わり、錯綜した経緯をたどりますが、これ以降、教科書検定には近隣諸国条項が付くんですね。つまり対外的な配慮をしないといけないということになる。国内の議論とアジアの議論との差異——過去と現在の認識の温度差が見えてきた瞬間です。それを今度の安倍政権は見なおそうとし、大きな問題になりそうですが、そうしたとんがった問題もあった時期です。

大澤　「侵略」を「進出」に置き換えたい欲望というのは潜在的にはあって、やっぱりこの時代にね、日本人の戦争に対する感覚が変わろうとしているということと関係していたと思うんですよ。どう変わったか。日本人の心性に、戦後一貫した傾向がある。それは、「できることなら敗戦はなかったことにしたい」ということです。だから「敗戦」というよりは「終戦」じゃないかと、思ったりする。

　敗戦をなかったことにするには、究極的には、戦争がなかったことにしなきゃだめですよ。うんと率直に言うと、日本人としては、「中国と戦争して中国に負けたということはなかったことにしよう」と、そういう感じにしたいんですよね。そうはいっても七〇年代ぐらいまでは戦争の事実は否定しがたいですね。やっぱり日本は中国を侵略し、朝鮮半島を植民地化し、そしてあの悲惨な戦争で負けたっていうことを完全には否認できなかった。でも、八〇年代になると、否認してもよいような感覚が出てくる。「あれは『進出』だろ?」と、ご近所が出かけてきたみたいな話になったのです。そう言ったら、土足で家に入られて、乱暴狼藉をされたご近所の側から、ふざけんじゃないよってことになってしまった。

さすがに、アメリカとの関係だと一応負けたことを認めざるをえない。でも、少なくとも、アジアとの関係では負けたことにしたくない。だから今でも日本人は、アジア諸国からなんか言われると異常に腹立っちゃうんですよ。向こうは侵略してきた日本に対して戦勝国としての立場でモノを言っている。けれども、日本側は負けた気持ちなんてないんでね。だから、相手が勝者として振る舞うと、日本人はほんとに腹が立ってしまう。そういう構造ですね。このように、「敗戦の事実の抑圧」というものが一段レベルアップしたのが、あの時期じゃないかと思うのね。それまでは、敗戦の否認や抑圧をしようとしつつ、そうしていることに対して後ろめたさがあった。その後ろめたさを感じなくなり始めたのが、八〇年代の初頭。

成田 そういう目で改めて『見栄講座』を見てみると、結びのほうにこのような一文がありますす。「明日の日本をますますだめにしてくれることを、おじさんは祈ってやみません」。これ、とても意味深長ですね。基本的に今の社会を肯定して、その中をすいすい泳ぎきっていくことを教授しているように見えながら、体制に対するシニカルな姿勢も併せ持っている。なかなか一筋縄ではいかない、見栄講座です。浅田彰の『逃走論』にしても、大義を背負わず逃げると言いながら、問題の存在は自覚しながら逃げている。ですから、中国あるいは韓国から戦時－戦後の認識をめぐって批判が出されたとき、正面から受け止める姿勢－感性もあったと思います。

大澤　それまでの日本人はやっぱり国のためにという使命感を持ってやるところがあるんだけど、この時代になるとそんなのはちょっとダサいわけですよ。そんなのは、浅田さんの「スキゾ／パラノ」の構図でいえば、パラノ。何かに執着する『巨人の星』みたいな生き方でかっこ悪い。それに対して「なんちゃって、そんなことどうでもいいじゃん」みたいな感じで『なんクリ』のように生きるのがスキゾですよね。だから、『見栄講座』も「明日の日本をだめにしたっていいや」みたいなことを言う。でもね、そういう言い方をするときにはある種の安心感があるわけ。つまり、日本はもう十分一流に近いんじゃねえかっていう気分ですよ。だからそんなこと言えるんですよ。本当にだめだと思っていたらなかなかそんなこと言えないですよね。『ジャパン・アズ・ナンバーワン』というエズラ・ヴォーゲルの本が出たのが一九七九年だったと思うんですけど、「なんか他人からもナンバーワンとか言われちゃってさ」みたいな……。

斎藤　それはそれは驕ってましたよね。中曽根首相なんかの当時の演説を読むと、あの本を丸写ししているんじゃないかという感じでした。

◉チェルノブイリと反原発運動

斎藤　話は変わりますが、チェルノブイリの原発事故が八六年に起こるんですよね。実は私の八〇年代って反原発マイブームだったんです。七九年にスリーマイル島の事故があったので、ちょっと先の思想の持ち主はみんな反原発にいくんですね。だから、３・11のあとに「初めて原発のことを考えるようになりました」という人たちがいましたけれど――若い人たちはいいですよ、だけど五〇代以上でそういうやつって、八〇年代どうやって暮らしてたんだって、私には信じられません（笑）。逆にそのくらい流行りだったの、反原発が。実際に原発で働いた経験をもとにした堀江邦夫『原発ジプシー』が七九年。広瀬隆さんの『東京に原発を！』がベストセラーになったのが八一年。私は八〇年に大学を出たんですけど、広瀬隆さんがやっている反原発講座に通ってたんですね。

成田　旧来の左翼は、労働組合をはじめとする組織に依存し運動をしていました。それに対して、新しい社会運動が六〇年代後半に登場してくるわけですね。ベ平連（ベトナムに平和を！市民連合）のような運動スタイルです。斎藤さんが言われた反原発運動もそうした運動の流れに位置しています。地域の人たちが独自に自発的に参加し、学習をしながら運動を作っていく、新しいタイプの運動ですが、こうしたサヨクの運動の可能性も八〇年代は秘めていたし、大きな潮流になるはずだったということですね。確かに、原発が安全なら東京に作ればいいじゃないかという広瀬さんのメッセージは衝撃的でしたし、3・11のあと絶えずその名前が呼び戻された高木仁三郎さんも八〇年代の重要な思想家であり運動家でした。

広瀬隆『東京に原発を！』[写真は集英社文庫版]

大澤　八〇年代のそうした運動は、労働者というものに足場を置くよりも、生活者・消費者としての立場を経由して出てきていますよね。原発に依存して生活している生活者としてどうなの？　という問いかけですね。

斎藤　当時はそうした気運は結構あって、その挙句のチェルノブイリなんですよ。だから、いきなり起こったというより、「ほら言わんこっちゃない」っていう感じがすごく強かったんです。ただ、やっぱりソ連で起きたってことが大きくて、情報が出てこない国というのは当時ありましたから、いちばんやばいところで起きたという印象でしたね。

成田　当時の新聞を見ると、事故の情報は、最初はスウェーデンから入ってきているんですね。ソ連当局の発表ではなくて……
斎藤　今から思えば、ソ連の崩壊もあれをひとつの引き金として、根底が揺らいだ。原発事故は国を滅ぼすんです。
大澤　もちろん、ゴルバチョフ自身はソビエトを解体するつもりなんか、まったくなかった。むしろ、ソ連を延命させるためにこそ、ペレストロイカをやったわけです。しかし、結果的に彼が意図していた以上のことが起きてしまい、ソ連は消滅して、ゴルバチョフは失脚した。長い目で見れば、ソ連の解体はひとつの歴史的必然ですけれども、あのタイミングで原発事故が起きたってことは、やはりソビエト崩壊への非常に大きなきっかけにはなりましたよね。ゴルバチョフ自身、自分のペレストロイカよりも、チェルノブイリの方がずっとインパクトが大きくて、ソ連崩壊の最も重要な原因となった、と後で述懐しています。チェルノブイリ事故あたりから、冷戦の崩壊の過程というものを捉えておく必要があるね。

◉ユーミンと堤清二

成田　話が八〇年代の終わり、冷戦崩壊までたどり着きましたが、さらにいくつか、論点を挙げてみましょうか。
斎藤　私は八〇年代に重要な役割を果たした人物として、松任谷（荒井）由実を挙げたいですね。たとえば、蓮實重彦さんが文芸評論の脱構築をやって、上野千鶴子さんが女性解放思想を脱構築して次の時代を作りましたが、ユーミンは七〇年代的な四畳半貧乏フォークを脱構築して、八〇年代的ワンルームポップスの時代を作ったのが彼女。最近、酒井順子さんが『ユーミンの罪』という本を書かれていますね。酒井さんのように六〇年代以降に生まれた人のほうがより影響を受けていると思いますが、人びとの世界観がすごい変わったというのは彼女のようなポップミュージックにいちばんよくあらわれてくると思います。自分で詞を書き自分で歌う人たちは七〇年代ぐらいから出てくるわけですけれども、彼女が八〇年代に良くも悪くも巻き散らかした生き方のスタイルは、功罪はあるかと思いますが、とても八〇年代的だなって思いますね。八七年に俵万智さんが『サラダ記念日』というベストセラーになった短歌集を出しましたけれど、言葉遣いとか世界観とかがすごくユーミン的だという印象を受けましたね。

成田　ユーミンは、本当に息の長いシンガーソングライターですね。七〇年代初めにデビューし、八〇年代九〇年代を通じて活躍し、いまだに現役です。荒井由実として私などは接したのですが、七〇年代半ば以降は松任谷由実ですね。彼女のどの部分、どの時期を軸に捉えるかということも、八〇年代理解にとても大きく関わってくると思います。

斎藤　中島みゆきと二大巨頭ですよね。同じ世代で七〇年代からずっと活動を続けて今も現役ですし、八〇年代の世界観をそれぞれ代表する女性シンガーソングライターだと言えると思います。方向性は逆ですが、ふたりとも歌詞の力で視聴者の心をつかみました。

大澤　私は堤清二を挙げますね。八〇年代は西武百貨店の時代ですよね。もともとそんなにたいしたデパートでもなかったのが売上げトップになるわけですよ。渋谷にパルコが進出したのは七三年ですけれど、一気に花開くのが八〇年代。

成田　堤清二さんも、八〇年代的な要素とともに、辻井喬として「戦後文学」を綴る顔とを併せ持っていますよね。

俵万智『サラダ記念日』河出書房新社

斎藤　「おいしい生活。」（一九八二年）とか「ほしいものが、ほしいわ。」（一九八八年）といった糸井重里さんのコピーに象徴的な世界ですよね、西武って。

大澤　これまで語ってきたような八〇年代的な世界を実業界で表現していたのが堤さん。堤さん自身はもうちょっと多面的というか、もともと左翼、共産党員だったりして、本人の意図とはちょっとちがう世界が展開しちゃったんでしょうけど。

　だから、八〇年代は二面性があるわけですよ。スキゾ的な面とパラノ的な面と言ってもいいですが。たとえば『見栄講座』のように軽くいきましょうとか言いながらそれを実現するには結構ⓑ的な生活を送らなきゃいけないみたいな、土臭いことは実はあるんですよ。表ではできるだけ格好つけて『なんクリ』の世界で生きているみたいにやっているんだけれども、裏では昔の努力家風の部分がある。そういう部分はかっこ悪いから、消費社会の中ですべてを相対化して、なんちゃって、と。

斎藤　ふりをするんですよね。

大澤　そうそう。

斎藤　裏ではすごい土着かもしれない。

大澤　その二面がある。松任谷由実的側面と中島みゆき的側面とも言い換えられるかもしれない。そういう二面があるけど新しく起きているのはどっちかっていえばスキゾ的な側面だからね。八〇年代は、世界はやがてそういう軽い世界になっていくんだろうと思っていたんだが、九〇年代になってみると実は土臭いところだけが残るみたいなね、逆の感じになるんです。たとえば、年功序列・終身雇用みたいなかっこ悪さを捨てて、自分の好きなように逃走論的に自由に動いている人なんていうのは、ある意味パロディ的なかたちで、現在に回帰しているわけですよ。自由といえば自由だけど、気づいたら、今で言えば、結局は非正規雇用ですかみたいなのが、それです。これは、形式的には、まさにスキゾの基準を満たしていて、まさに逃走しているわけですが、当初想定していたものとはちがって、ちっともかっこ良くない。

斎藤　バブルの頃って――当時はまだそういう言葉なかったですけど――フリーターってかっこ良かったもんね。半年間だけバイトして半年間海外に遊びにいっちゃうとか、そういう友達いっぱいいいましたから。

大澤　最初はかっこ良い生き方として使われたんだよね。その気になれば仕事はありますよという余裕ある状況を背景にしていたわけだけれども、いつまでもそうはいかない。

成田　組織に縛られない生き方をするという生き方が、ワンサイクル回ってみると――それが普通のかたちになってしまうと――逆に生活の基盤を失うことを意味するという状況ですね。

　おそらく堤清二さんは、そういう資本主義の矛盾を見つめる目を持っていた人だったと思います。西武グループの総帥として、パルコを母体にしながら今までの流通のあり方を変え、斎藤さんの指摘にあった糸井重里のコピーに表れているように、モノを売る以上にイメージを売る戦略をとり、渋谷の街をパルコを中心にして西武のイメージで作り変えていきました。そのいっぽうで、辻井喬として、詩人であり作家でもあったわけです。かつては共産党に入って左翼活動もした。もちろん漢字の「左翼」です。資本主義の拠点である西武の社長として資本主義そのものを変えていく実践をしながら、そういう自分の営みを絶えず相対化して冷静に見据えていたのですね。西武が破綻したときには私財をなげうって決着をつけ、あとは辻井喬として生きていく、そういう堤清二の生き方そのものが、大澤さんが言われた二面性を示していると思います。

◉「なーんちゃって」の世界

大澤　よく「八〇年代的」といいますが、七〇年代の後半から九〇年代の前半ぐらいまでは八〇年代的なんですよね。だからブローデルの

「長い一六世紀」風にいえば「長い八〇年代」。そう考えるといいと思うんですね。ちょっと面白いと思うのは、現在の日本人が過去にノスタルジックに回帰するときに、八〇年代に回帰することはあんまりなくて——映画『バブルへGO!!』(二〇〇七年)みたいなものはありましたけれど、これにはどこか「おふざけ」だというような自己相対化があるので除外しますと——たとえば昭和三〇年代ブームみたいになるわけじゃないですか。つまり八〇年代はどこか本物じゃない感じがあって、本当に回帰するなら昭和三〇年代かなと、八〇年代よりもはるかに前に回帰するわけです。やっぱり八〇年代というのがある意味でちょっと浮いているわけですよね。我々がいま直面している問題がなかった「幸福な時代」というものを考えようとすると、八〇年代はスキップされてそれより向こうの時代にどうしても幻想を——もちろん幻想なんだけれども——投影してしまう。このことが八〇年代という時代が何らかの意味で浮いていて、非実在的だということを如実に示していると思います。だから、八〇年代に極端に流行ったもの、八〇年代的すぎるものを取り上げるのは、なかなか難しい感じがすることがありますね。

成田 とても重要な指摘ですね。

斎藤 八〇年代を知らない人でも、まずバブルというものがあったらしいぞ、羨ましいなあというのはあるんだと思うんですね。ただ、それって八〇年代の終わりぐらいの話で、必ずしもバブルでぜんぶ言えるわけじゃない。

ただ、今思うとバブルの恩恵はありましたね。あんまりなかったけれどありました。やっぱり仕事は降るようにあったし、一二時ぐらいまで仕事をして、それからお酒を飲みにいって、街じゅう開いていましたから、渋谷なんて夜中じゅう。で、三時、四時ぐらいまで飲んで朝帰って寝て、お昼ぐらいに出ていってまた仕事するみたいな……すごくバブリーでしょ? そういうことはあったけれどそれはあくまで一面ですよね。

大澤　確実に言えるのは、八〇年代はみんなだんだん金持ちになるというふうには想定していた。

斎藤　こんなふうになるとは思ってなかったですよね。

大澤　八〇年代は、大卒初任給をもらうと、これが自分の一生の所得のボトムであると想定できましたよね。それ以上に増えるに決まってると思っていた節がありますけど、今はね、せいぜい現状維持。もちろん年齢が上がると多少上がるでしょうけど、しかし全体としてより金持ちになるという想定はあまりないでしょうね。親の資産も目減りしていくし……

斎藤　少子化で国力も低下していく……

成田　だんだん今は暗いという話になってきましたけど、八〇年代も必ずしも明るい時代ではなかったですよね、同時代を生きてきた感覚からいうと。

斎藤　貧しかったですよね、とはいえ。『見栄講座』とか言ってるから当時の若者が金持ちかと思ったらぜんぜんですよね。だってトイレ共同、四畳半アパートみたいところに住んでいたのが普通ですから。キッチンもないお風呂もない、当然銭湯に行くのが前提でした。そういうものがバブルのときにぜんぶ失われてしまって、若い人たちが一からやり直す——家賃二万円ぐらいの四畳半アパートから自活を始める——ことはできにくくなっていますよね、今ね。

大澤　だから、まあ、「なーんちゃって」の世界ですよ（笑）。

成田　八〇年代は、戦後的なものがポスト戦後的なものに変わっていく時期であるわけですが、しかし〈いま〉からみたときに、状況はもう一回転まわってしまっている。たとえば、片づいたはずであった貧困問題が今もう一度眼の前に登場してきてしまっている。八〇年代には貧困などもはや世の中からなくなったかのように思われ、「ジャパン・アズ・ナンバーワン」、「一億総中流」、「経済大国」などと言われたけれども、気づいたらそのような基盤は失われてしまっていた。

それがゆえに、八〇年代にいろいろと紡ぎ出された思想や文化が、現在の状況の中でもう一度その意味を問われていると思います。逆に言えば、八〇年代を鑑《かがみ》にすると、〈いま〉がいったいどういう状況なのかということがとてもよく見えてくると思います。今回のお話はその問い直しのきっかけになったのではないかと思います。ありがとうございました。

[二〇一四年五月一八日、かわくらシンポ「なんだったのか、一九八〇年代」エスパス・ビブリオにて（初出：『文藝』二〇一五年春号）]

国際情勢

アジアの中の八〇年代、世界の中の八〇年代

姜 尚中

一九七九年という分水嶺

一九七九年からたまさか旧西ドイツに留学することになりました。アエロフロート・ロシア航空を利用して、トランジットでモスクワに立ち寄った記憶があります。

七九年といえば、ある人の言葉を使えば「老いぼれの時代」のさなか、ブレジネフ、アンドロポフ、チェルネンコといった指導者が続き、ソビエトが朽ち果てていくような、そんな空気を感じたものです。

モスクワのインターナショナル・エアポートで働く人びとは、魚で言うとドロンとした目をしているような感じでした。外国人もなかなか手が出せない、たいへんな値段のキャビアを売っている女性でさえ、腐った魚のような目をしていたので、印象に残っています。トイレに入ってびっくりしたのは、トイレットペーパーが固かったんですね。新聞紙のような、昔懐かしい灰色のトイレットペーパー。翌年にはモスクワ・オリンピックが控えているにもかかわらず……。確実にこれはだめだと、そういう感触を持ちました。

ドイツに着いてまもなくしてイラン革命が起きます。私がいた学生寮にはイランからの留学

生が多かったので、宗教的背景の違いから来るある種の文化摩擦を初めて体感しました。「イスラミック・ファンダメンタリズム」――のちに「イスラム原理主義」と訳されるようになりましたが、正確には「イスラム復興主義運動」と言うべきです――という言葉に出会ったのもこの頃です。

また、イギリスに出かけたことがあったのですが、当時のイギリスは一九七六年に財政破綻をきたし、事実上IMF（国際通貨基金）の管理下に置かれましたよね。だからもうストライキばかりで、これが大英帝国の末路かと思うほどでした。ただ、そのときに彗星のごとくマーガレット・サッチャーが現れた。私はボーンマスで、首相に就任した彼女の演説を聞いた記憶があります。あの甲高い、とってつけたようなエレガントを装う英語が印象に残りました。「社会というのは存在しない。個人しかない。せいぜい家族があるだけだ」という有名な言葉には反発を覚えました。

同じ七九年ですが、学生寮でテレビを観ていたら、突然「朴正熙《パクチョンヒ》が暗殺された」というニュースが飛び込んできました。「えっ⁉」と思ってあわてて、とっさの思いつきで郵便局に行って真偽を確かめようとしたんですけど、西ドイツでは極東の独裁国家のことなんてほとんど知られていなかったと思います。ドイツ人にはなんの関係もない。ただ、私にしてみれば、自分が離れた韓国でとんでもないことが起きたんじゃないかというショックを受けたのです。七〇年代の韓国学生運動は日韓のあいだで大きな話題になっていましたし、私自身も在日韓国学生同盟という組織にいたので、朴正熙という存在がどれほど大きなものかよくわかっていました。それがあっけなく射殺された……。

思いつくままに挙げましたが、旧ソビエトでの体験、中東を揺るがす出来事、先進国イギリスで起きていること、そして遠く離れた極東の半島での事件が、同時多発的に七九年に起きている。私自身は、留学とは言ってもある種のモラトリアム期間中で浮遊感覚もありましたから、それが何を意味するのかよくわからなかった。わからなかったけれども、何かが変わりつつあるとは感じていました。

もちろん、一〇年後にベルリンの壁が崩壊するなんて、思ってもみないことでした。しかし考えてみれば、ソ連がアフガンへの軍事介入にのめり込んでいったのも七九年。あれはソ連にとってのベトナム戦争だったわけです。この十年戦争がソビエトの崩壊を早めたと思います。七九年は戦後の大きな分水嶺だったのです。いわば「前期戦後」の終わり、「後期戦後」の始まりと言えるのではないでしょうか。

八〇年代初頭の歴史の軋み

そういう時代の空気のなかで、一九八〇年の終わりに日本に帰ってくると、まず彼我の格差に驚きました。

七〇年代の後半はヨーロッパやアメリカ、つまり欧米先進国にとっては最悪の時代だったんですね。たとえば、七八年にはイタリアでアルド・モロ元首相が左翼過激派（「赤い旅団」）に誘拐・殺害され、ドイツではバーダー・マインホフ、いわゆる赤軍がカムバックするし、アメリカもとんでもなく失墜したような状況。そのなかで日本だけ過剰に豊かだということが私のなかに印象づけられた。

しかし、同じ時期に韓国では、朴正煕暗殺を経て、八〇年に「光州事変」と呼ばれる民衆蜂起が起きたわけです。この光州事変のとき、私はちょうどドイツから帰国するところでハイデルベルグに立ち寄っていました。そこで、『ラ・スタンパ』というイタリアの新聞が一面トップで光州事変を報じているのを目にしたのです。一般市民に軍人が銃口を向けて、ひとりひとりを数珠つなぎにしてしょっ引いていく写真です。私はにわかには信じられませんでした。

けれども、イランと併せて考えみると、イスラム革命が起きるまでアメリカがお墨付きを与えてシャーを盛り立てて近代化路線を走らせていた。韓国にしても同様です。中東のイランと極東の韓国は、戦後のアメリカ的近代化の優等生。冷戦の最前線でもあったわけですが、地政学には非常に高い負荷がかかり続けており、その二つの地域で同時並行的にほぼ同じような大きな変化が起きた。

さらに、日中関係を見てみれば、非常に重要なのが八二年の教科書問題。教科書検定の際に中国への「侵略」という記述を「進出」に書き直させたという報道から大問題に発展したわけですが（この報道が「誤報」であった、ということがあとで議論となりました）、日本側の対応としては、近隣のアジア諸国に必要な配慮をするという「近隣諸国条項」を設けることになった。すなわち、歴史の問題を外交の問題として解決しようとしたわけです。こうしたことがはっきりと八二年に出てきたというのは暗示的でした。もうモダンの時代は終わってポストモダンの時代が来るんだというなかで、亡霊のように常に「過去」の重力がへばりついてくる。

そういうことの表れが個人史的に言うと、指紋押捺問題でした。外国人登録法によって義務付けられていた指紋押捺への拒否・保留が、在日韓国・朝鮮人を中心に広がっていったのがこの頃からです。何よりも大きかったのは、この運動が、地域社会のなかで、さまざまなかつての活動家、あるいは学校の教員、市役所の職員、いろいろな草の根の動きと連動していったことです。

その背景にはおそらくマルクス主義や社会運動の退潮があったと思うんですね。そこで指紋押捺という大きなテーマが見出されることによって改めて社会化が進んだ。その渦中に私自身がいた。当時はよくわかりませんでしたが、今から思うとそうだったのだと思う。

八〇年代初頭、新しいものと古いものとが交代しつつあるなかで、今につながる現代へと移行していくなかで、古い歴史の層と新しい歴史の層とが幾重にも軋みをもたらしていたのです。

「福祉国家」との決別

一九七九年に話を戻すと、私は西ドイツにいて、まわりのヨーロッパ先進諸国の状況も見ていたのですが、ひとことで言うと、西洋型の福祉国家の行き詰まりが顕著でした。資本主義的な利潤率がどんどん低くなっていくなかで、七〇年代のキーワードは「スタグフレーション」でした。つまり、インフレで、しかも低成長。失業率もたいへんな高さに跳ね上がってしまっていた。アメリカも同様にスタグフレーションに襲われていました。カーター政権期はアメリカの歴史のなかでも「低落」の時代です。

そんななかで日本だけがなんとかある程度の経済的なパフォーマンスを保っていたんですね。時の大平正芳首相は、九つもの研究会をつくってブレーントラストを組織し、その後の中曽根政権へもつながる改革路線を進もうとしていた。人によっては、一九三〇年代の昭和研究会（近衛文麿のブレーントラスト）以来の規模だと言っていたほどです。

当時の論調を見ると、日本では追いつけ追い越せ（キャッチアップ）型の近代は終わった、これからは「近代の超克」が始まる、という空気なのです。エズラ・ヴォーゲルの『ジャパン・アズ・ナンバーワン』が七九年でしたから、日本型資本主義こそもっとも先進的なモデルなんだと経済学者のなかでも真面目に言われる時代だったんですね。そして、「日本型福祉社会」への転換が謳われる。（西洋型の）「福祉国家」とは言っていないんですよ。間違いなくこのあたりから、まだ荒っぽいネオリベではないけども、少なくとも上からの改革を進めていかなければ日本社会は存続しえないという危機意識が働いていたと思うんです。

いっぽう欧米では外科手術的な政策がはっきりと取られはじめ、それがサッチャー政権でありレーガン政権ですね。大平首相が急死した後、鈴木善幸を挟んで中曽根政権が生まれると、「レーガン・サッチャー・中曽根」と一括りによく言われましたが、日本だけは違っていたと思います。はっきり言うと、まだ余力があった。もちろん財政赤字の問題はすでに大平内閣では非常に深刻に受け止められていたんですが、低失業など経済の基盤は欧米とは比べ物にならないほど良かった。

しかし路線としては改革していかなければならない。中曽根内閣は、大平内閣のブレーントラストを引き継ぐかたちで、言ってみれば議会制民主主義を中抜きするかのように司令塔を作って、インフォーマル・セクターを通じて上からの改革をやっていく。「三公社五現業」を完全にスクラップ・アンド・ビルドしていく。

これは、七〇年代の終わりからサッチャーがやろうとしたものと同型だと思うし、そう考えていくと、タイムラグがあり各国の内部事情が違いながらも、大きな流れはやっぱり戦後の「福祉国家」との決別だったと言えます。

民主化の開花へ

八〇年代の画期としては大きいのは、やはり八五年のプラザ合意、そしてミハイル・ゴルバチョフのソ連書記長就任から、ペレストロイカ（改革）とグラスノスチ（情報公開）ですね。東欧で民主化が一気に進みます。その前後の日本国内といえば、「過剰富裕」（馬場宏二）という言葉が出てくるほどの状況だったわけですが、在日の人たちはいまだにそこから取り残されるようなかたちでした。

しかし間違いなくアジアで大きな変化が起きていた。八六年から八七年にかけて、韓国の実質的な民主化が達成されます。革命という形はとらない民政移管でした。

七九年の朴正熙暗殺のあと、「ソウルの春」と呼ばれる束の間の民主化ムードがあったのですが、全斗煥のクーデターがあり、民主化の旗手・金大中が逮捕され、光州事変は鎮圧された。同じアジアで言えば、たとえば、クラーク空軍基地・スービック海軍基地があってこれもまたアメリカ冷戦体制のフロントであるフィリピンでは、八三年にマルコス独裁政権を改革しようとしていたベニグノ・アキノ・ジュニアが暗殺されます。新しい変化の芽が吹き出しそうになりながら全面的には開花できず、重苦しい空気が漂っていたのが八〇年代前半のアジアですが、ついに後半になって韓国はなんとか民主化を成し遂げた。これは本当に大きかった。

冷戦体制のフロントということでは、沖縄も見過ごすことはできません。沖縄では、「核抜き・本土並み」というメッセージが蹂躙されていく過程をたどったと思います。田中角栄以来の土建国家的なものの限界が見えてきた時代、逆に沖縄は草刈り場になったのではないか。その土建国家的な開発が一挙に沖縄に進出してくる。

しかも、八五年のプラザ合意で国内にだぶついたお金が向かっていく。もちろん海外に向けても流れてはいったが、本土とはタイムラグを伴って土建国家的な資本が沖縄にどんどん入っていったんではないか。それは沖縄にとって目に見えないかたちでの、ある種の経済的な植民地化と言えるような状況だったのではないか。そこに、全国にリゾートを作るという中曽根政権の姿勢もあって、沖縄イコールリゾート、そして癒しの場所というイメージが定着していったのではないか。その結果、基地をめぐる問題や、アジアと連続している地政学的な位置が、本土の側からは見えにくくなっていった。それが底辺に不満がたまっていった要因でもあると思います。

中東に目を転じれば、ここもまた冷戦の草刈り場であり続けたと思うんですね。冷戦のイデオロギーというのは基本的にはセキュラー（世俗的）なものですから、近代化路線を進めることでイスラム色を薄めていけるかのように考えられていた。宗教的な違いへの目配りがほとんどブラインドスポット（盲点）になっていた。

七九年のイラン革命というのは、大きく言えば、資本主義も社会主義もダメだとすれば、もう一度アルカイックなものに復帰するかのようなイスラム復興運動という形であらわれたことが非常に新しかった。

八〇年代半ばすぎにはインティファーダ（一九八七年）やパレスチナ国家樹立宣言（一九八八年）といった転機を迎えるわけですが、それらも単にパレスチナ・ナショナリズムというだけではなくて、冷戦のなかで宗教的なファクターへの取り組み方が挫折していくなかで、改めてイスラムの復活ということが政治的な表面にあらわれてきたというふうに考えたほうがいいんではないかと思います。

そして忘れてはいけないのは、チェルノブイリ。

「レーガン・サッチャー・中曽根」というのは、福祉国家との決別を志向していたと同時に、タカ派的な側面をとても強く持っており、「新冷戦時代」と言われました。西ドイツでもいわゆるパーシングミサイル（中距離ミサイル）がまさしく新冷戦時代に最前線に配備されます。西ドイツでは、もうすでに緑の党が活躍していましたから――まだ政権に入ることはできませんでしたけれども――チェルノブイリの事故が起きてからはなおさら、反核・反原発の動きがヨーロッパの中核で広がっていった。これは大きかったと思うんですね。これらのことが、ゴルバチョフが核軍縮へと向かうのを後押しした面がある。冷戦の終結が何によって駆動されていたのかを考える上で、ひとつの重要なファクターですね。

当時の私自身はこのチェルノブイリ原発事故がどのくらいの深い地殻変動なのかということをよく理解できませんでした。できなかったんですけれども、そのときに日記に「胸クソの悪くなる八〇年代」って書いてあるんです。日本では中曽根政権のもとで経済大国化が進んでおり、「国際化」という言葉があちこちで叫ばれていた。象徴的には、この頃から、新聞やテレビで株価インデックス（指数）などの経済的な指標が定期的に報道されるようになった。八八年にはソウルでオリンピックがあるわけですね。植民地経験のあるアジアの国では初めてのことだった。これをどう捉えるか、私は複雑な思いでいた。それが、チェルノブイリの捉えがたさとあいまって、先の日記の文言になったのでしょう。けれどもこのオリンピックによって、その後の韓国社会の大きな変化のテコが生まれたことは間違いありません。

一九八九年にはベルリンの壁が崩壊します。

その約一〇年前、ドイツ留学中にこんなことがあったのを思い出します。ドイツ語の試験が終わって学生をベルリンまでバス旅行で連れていくという企画がありました。私は一応試験に受かったので行く資格があったんですけれど、行けなかった。なぜなら、東ドイツと韓国には国交がなかったからです。ベルリンに行くためには東ドイツを通らねばならないんですね。そのときに一緒に行けなかったのが台湾の留学生です。振り返れば、台湾で民主化運動が弾圧された美麗島事件（高雄事件）も一九七九年のことでした。冷戦のフロントに置かれている国のイロニーを身をもって感じたものです。

当時、一般のドイツ人は、西と東は一〇〇〇年統一されないと言っていた。それでよいのだと。しかし一九八九年、事態は加速度的に動いた。一〇年前にはとても想像できなかったことです。今から思えば、さまざまな兆候があったと指摘することはできますが。

天皇の死、そして天安門事件

同じ年、日本では、もしかしたら戦犯になっていたかもしれない象徴的な人物が息を引き取った。昭和が終わった。それがアジア各国に与えたインパクトは記憶に留めておきたい。もちろんただ単に日本の元号が替わったというだけではない。

そのとき、私は台湾の新聞記事を読んだ記憶があるんですが、こう書かれていた――「日本が変わるとき、我々は身構える」。その前後の自粛の波のなか、私はある在日一世の人と食事をして、新宿の街を歩いたことがありました。新宿のあのネオンがぼんやりと消えていくような感覚。そのときに初めて、自分の知らない歴史のなかの日本があるんだということを知らしめられた。日本に生まれて日本のことを知っているはずの自分が知らない日本が、あたかもタイムスリップして現れてきたかのように。

そのときの朝日新聞の予定原稿（事前に書かれた原稿）、今でも覚えているのは武田清子さんのもの。これは正直申し上げて噴飯ものだった。あれだけの政治思想史家が、昭和天皇は平和愛好者であったと言うに留まっていたのです。もう一人、高畠通敏さんが書かれていたと思うのですが、これも私にはある種ノスタルジックな昭和の総括論にしか思えなかったんですね。

リベラルも含めて日本の知識人たちはこういうかたちで昭和を野辺送りするのか、と強い違和感を覚えました。そして、小渕さんが「平成」という新年号を発表し、大喪の礼も含めていわば国際的なお披露目が行なわれていく。日本とドイツ、あるいは東アジアとヨーロッパとの大きな食い違い、コントラストが如実にあらわれています。

しかし、それをある意味ではかき消すようなかたちで、天安門事件が起きます。これは実況中継されましたね。しかもゴルバチョフが北京にやってきたあとにこういう事件が起きた。社会主義というものが中国においてもこのような無残な姿をさらし始めた。非常に衝撃的でしたよね。

一九七八年に、カンボジアのポルポト派（クメール・ルージュ）に対する制裁としてベトナムがカンボジアに侵攻、それに対する制裁でまた中国が翌年にベトナムに侵攻しているわけですけれども、それから一〇年後に天安門事件が起きた。これが八〇年代の東アジアの大きな変化を象徴的に示していると思います。ソ連の社会主義が終焉していくと同時に、アジアにおける社会主義は剝き出しなかたちで不可避的にナショナリズムへと回収されていく。これが八〇年代の終わりに起きたことだったのです。中国やベトナムでは、解放のエネルギーや大義は、近代化のそれらへと振り向けられなければならなかったのですが、社会主義のイデオロギー的な吸引力はすでに萎えていました。それに代わって強力な牽引力をもったのがナショナリズムだったのです。これは、アジアの改革・解放が民族主義をテコに社会主義の道へと突き進んで行ったことの必然的な帰結だったと思います。

もう少し中国の話をすると、毛沢東の死後、文化大革命の後始末をどうするかという大問題を前にして、紆余曲折のすえ復活した鄧小平は、「白猫であれ黒猫であれ、鼠を捕るのがよい猫である」という言葉に象徴的なように、ある種のプラグマティズムに向かっていったと思います。結局、八〇年代の終わりに天安門事件を通じて、民主化に理解を示していた趙紫陽などの中国共産党内部での動きが完全に摘み取られて、しばし国外からの制裁を受けますが、九二年のいわゆる「南巡講話」であらためて改革・開放を説いていく。

これは集権型の上からの「開発独裁主義」だと捉えるべきだと、私は思っています。非常にわかりやすく言うと、周回遅れで中国の「韓国化」が始まったと言えるのではないか。朴正熙時代の開発モデルを中国は興味を持っていたというふうに言う人もいます。遅ればせながら中国が開発独裁へと向かっていく、その決定的な契機として天安門事件を考えるべきなのではないでしょうか。

東アジアの国々は開発独裁的な資本主義化という点ではかなり共通していると思います。韓国にせよ台湾にせよフィリピンにせよ、アメリカと結びついた開発独裁主義で経済的な底上げがあり、民主化によってさらに政治体制が変わっていった。日本の場合は、敗戦・占領で民主化が制度的にも路線として敷かれていたわけですが……。中国の場合には、開発主義のアンチテーゼとも言える文革の後始末があったので出遅れますが、国家の持っている資源やマンパワーを戦略的に集中投下していくことで、この時代のデタントの波に乗ろうとした。その意味で、やはり開発独裁主義と言ってよいと思うのです。

八〇年代をまとめて言えば、第二次世界大戦以後の戦後的な秩序が揺らぎ、ポスト戦後的な秩序へと移り変わっていく過渡期だったのだと思います。敢えて言えば、「前期戦後」と「後期戦後」との狭間の時期だったのではないでしょうか。それは、旧いものが廃れ、新しいものが沸き立つ、混沌と創造の入り交じった過渡期だったのだと思います。

（談）

政治

対米従属第二世代としての中曽根政権

白井 聡

戦後政治の第一世代と第三世代

一九八〇年代の国内政治の状況を考える際、冷戦末期という世界的状況の中で日米関係（対米従属）がどうなってきたのかというところから見直す必要があるのではないかと思います。

ただし、単に対米従属はけしからんという議論を私はしたいわけではありません。対米従属をまったくしていない国が世界中にあるでしょうか。第二次世界大戦後、そんな国はないですね。あるいは、対米従属か対ソ従属のどっちがましだったかと言うと、対米従属のほうがましだったことははっきりしています。ですから問題は、日本の対米従属の特殊性なのです。従属の事実を見えなくさせるような、ごまかしのメカニズムが働いている。

いわゆる五五年体制をつくった政治家たちは、いわば対米従属第一世代です。それが今、だいたい第三世代になってきている。岸信介の孫が安倍晋三ですし、吉田茂の孫が麻生太郎です。権力が世襲されて三世代続いてくる中である種の質的劣化が起こってきて、現在の政治状況が出現していると私は考えています。

戦後第一世代の政治家たちは、自分たちの生き残りを図りつつ国を復興させるにはアメリカの力を借りるしかないという決断をするわけですね。「鬼畜米英」と言っていたのが突然、一八〇度の変節をした。吉田茂自身はもともと親英米派だったじゃないかという話がありますが、日本の支配エリート層の構造全般から見れば、大転換をしたわけです。そのようにして支配階級の危機を乗り越えた。

もちろんこの第一世代からごまかしは始まっています。岸信介は、安保改定をやることによって日米関係は対等になる、対等な条約に変えようとしているのに文句を言っているのはおかしいと反対者たちを批判しましたが、本当は対等でも何でもないということはわかっていたはずですから。

他方で岸は、東京裁判は勝者の裁きだという本音レベルでのアメリカ批判を活字にまで残していますから、要するに、仕方ないのだ、ということですね。アメリカの世界秩序の形成能力を利用して、その中で復興発展を狙うしかない。そういうことだったと思います。ここにはまだ対米従属と言っても、ある種の緊張感があった。つまり、従属させられているという意識が強くある。

ところが、今はどうでしょうか。ただ単に言いなりになって貢いでいるだけではないのか。山本太郎さんが参議院でずばり言いましたね。安倍政権の政策は（日本の安全保障政策への提言をまとめた）アーミテージ＝ナイ・レポートの引き写しではないですか、と。その時の国会議員たちの反応が象徴的です。しらけているんですね、「お前、それを言ったらおしまいだよ」と言わんばかりに。それは国会議員であれば皆知っているということです。いわば間接支配・間接統治されている状態で、国会ごっこ・議会制民主主義ごっこをやっているに過ぎない。それが日本の国政の実相である。「それを口外しないことによって国会議員ごっこ・政治家ごっこができるんだ。だから、何をお前は馬鹿なことを言っているんだ？」、そういう話だと思うんです。今はそこまで堕落している。これが第三世代の世界です。

第一世代においては、従属させられているということへの意識がある。そこには当然、アメリカの利害と日本の利害が一致しない可能性があるという認識がある。その緊張関係の中でどうやって自分たちの利害を確保していくのか。そういうゲームだったと思います。それもちゃんとプレイしていたのか、相当に不十分だったのではないかと今からは言わざるをえないんですけれども、しかしそれなりの成果があったとも言えるでしょう。

対米従属第二世代の世界

八〇年代、中曽根康弘政権（一九八二〜八七）に代表されるのが第二世代ということになります。あるいは、より正確に言えば、第二世代から第三世代への過渡期を代表するのが中曽根政権であったのかもしれません。

ここで、太平洋をまたいだ日米の利害関係が一致しないこともあるという認識が、希薄になってきていたのではないか。第三世代になるともはや、日本側の利害はどうでもよくなって、アメリカに貢ぐだけという話になっています。小泉純一郎政権（二〇〇一〜〇六）あたりからそれが露骨になってきたと思いますけれども、日米の利害が背反するわけがないという、実に誤った世界観が徐々に浸透していったのが、対米従属第二世代だった。

その代表的なあらわれが、有名な「不沈空母」発言だったと思います。米ソ有事の際には、日本列島を巨大な船のように機能させるというわけですね。また、中曽根政権において特徴的だったのは、――「ロン－ヤス」関係と言われましたが――レーガン大統領と個人的に親密な関係を築いて信頼関係を確固たるものにしているというイメージが垂れ流されたことです。

これには前段があって、直前のことで言えば、鈴木善幸がその政権時代（一九八〇〜八二）に「日米安保に軍事同盟の要素はない」という趣旨の発言をしています。これがものすごく波紋を呼ぶ。アメリカだけでなく、日本国内からも批判が出ました。憲法九条を文字どおりに受け止めれば、軍事同盟を日本が結べるわけはない。それにもかかわらず、日米安保条約というものがある。とすれば、これには軍事的な意味はないんだ、というふうに屁理屈をこねるしかない。まさに戦後日本の矛盾が凝縮されているわけですが、それにしても無茶苦茶な話であるということで、日米間に隙間風が吹く。

中曽根政権の使命とは、第一にこの冷えた日米関係が修復されているというイメージをつくることだったわけです。それゆえ過剰なまでにアメリカのトップとの信頼関係が強くアピールされることになった。中曽根はレーガン大統領との会談で「日米は運命共同体」と言ったとされていますが、これにしても先の「不沈空母」発言にしても、その意味するところは、日本とアメリカの国益は衝突するものがないということですよね。しかし表面上ではそう言いながら、水面下ではのっぴきならない利害対立が始まっていた時期だったろうと思います。

堤清二さんが晩年に言っていました、「アメリカが衰退を深める中で、そのツケをどんどん日本に回してくるだろう。大変な時代になります」と。私もまったくそのとおりだと思います。力が衰えてきたから困った、でも仕方ない、おとなしく衰退しようという帝国はないわけで、できる限り衰退を先送りしようとそのツケを回せるところに回そうとする。今いろんな側面でアメリカの覇権は揺らいでいますが、そういう時がいちばん怖いですね。なんとか死にものぐるいで衰退を防ごうとする。

早い話が、戦後のアメリカにとっての日本は、冷戦構造がある中では庇護すべき対象でした。いろいろ本音レベルでの不満はあったとしても、アジアにおける最重要の同盟国であるという位置づけは揺らがなかったので、庇護しなければならなかった。ところがソ連が崩壊することによって、庇護する必要が決定的になくなった。ですから今度は庇護から収奪へと根本姿勢が変わるわけです。これはアメリカの国益という観点から言えば当然のことであって、育ててやった子豚が丸々と太ったので美味しく食べようという話です。

「収奪」のはじまり

庇護から収奪へ。その転換点がどこにあったのか。ソ連崩壊が一つの分水嶺であったことは確かですが、しかしその前からじわじわきていたと思います。

まず、一九七一年のニクソン・ショック（金ドル交換停止、変動相場制の導入と米中国交樹立）でアメリカの衰退がある程度、表へ出ました。戦後直後のように、他の先進国はすべて焼け野原で、アメリカだけが生き残ったという極端な不均衡状態がいつまでも続くわけはないので、それがだんだん是正されて、覇権は相対化されてくるわけです。それを表面化させたのがニクソン・ショックです。金とドルが切り離され、ドルもある意味で普通の一通貨になってしまうということでしたし、共産主義中国を認めざるをえなくなった。中華人民共和国なんて認めないと言っていたわけですけれども、そうも言っていられなくなった。

八〇年代になってくると、レーガン政権が地盤沈下を無茶苦茶な方法で食い止めようとして、レーガノミクスをやる。本質的には、衰退は全然止まっていないんです。その中で日米の経済摩擦も激化しますし、自動車産業というアメリカにとってのナショナル・アイデンティティをなす産業までもがいよいよ危機に陥ることで、非常に切迫してくる。また、資本移動の自由化を進め、世界経済のカジノ化を進める。その果てが二〇〇八年のリーマン・ショックであったわけです。

こうした文脈の中にプラザ合意（一九八五年）があります。円高誘導していくことによって、アメリカは膨大な対日債務を事実上、棒引きさせるわけです。それが「マネー敗戦」と呼ばれる所以です。

その結果どうなっていったか。レーガン政権は再び冷戦激化路線をとります。もう一度、ソ連を軍拡競争レースへと引き込む。でもソ連にはそれについていく力がなくて、体制崩壊していく。そう考えると、ソ連が崩壊に導かれるように、間接的に日本はそれにファイナンスしたことになります。何という馬鹿なことをやったのかと思います。ソ連があることによって戦後の日本は非常に得をしたわけで、大変寝心地のいい寝床があったのに、それを自分でわざわざお金を払ってぶっ壊した。

やっていることの本質がわからなかった理由も、結局のところ、日米関係の特殊性にありますね。日米の対立などありえないという認識のベールに覆われてしまって、その中で大変まぬけな自爆的行為をやった。防衛問題にも同様の構図が見て取れます。シーレーン防衛、ソ連の原子力潜水艦の通航を阻止せよという話になる。それに対して中曽根政権は積極的に応えていく。世界の海を制覇するアメリカの下働きをせよという要求に対して、積極的に応えるのです。現在の南シナ海問題もこの延長線上にある構図だと言ってよいでしょう。こういう具合に、水面下での利害対立がのっぴきならないものになればなるほど、表層上では日米の信頼関係はますます深まるという幻想・幻影が反比例的に強化されていった。

それでも当時は今よりはましだったと思うんです。私は八〇年代には子どもでしたが、今でも覚えているのは、日米貿易摩擦のニュースをテレビでよくやっていたことです。たとえば自動車摩擦で、アメリカの国会議員がある種のパフォーマンスとして日本車をハンマーで叩き壊す映像が流れていました。もちろんこれは日本のテレビ局の報道においては、大変批判的な文脈で流されていました。「アメリカの自動車産業が衰退しているのは自業自得でしょう。製品に魅力がないから、オートメーション化が進んでおらず効率が悪いから、経営戦略が間違っているから、技術的に劣っているから、労働者の規律がなっていないから等々の理由によって自業自得で衰退していっている。日本は単に一生懸命いいものをつくっているのであって、それをこういう形で批判するのは八つ当たりである」。基本的にそのように批判的な報道がなされていました。対立が視界に入っていた分だけ、今よりいくらかましだったと思います。

反米感情のねじれ

日本の対米従属の異常性は何なのかをずっと考えてきましたが、温情主義の妄想が入り込むからだと私は思っています。国と国の従属支配関係は基本的にビジネスライクであって、親分からすると、こいつを子分にしておくと都合がいいから子分にするのです。子分からすると、こいつを親分だということにしておくと都合がいいから親分にしておく。当然、状況が変われば、親分‐子分の関係も変化する。これが普通の国家間の従属‐支配関係ですけれども、日本はそうならない。なぜかと言うと、日米関係は「アメリカは日本のことを愛してくれているのだ。相思相愛なのだ」という幻想の上に従属支配関係が乗っかっているからです。もちろんこれは片想いですが。

それは戦前戦中の天皇制の代替物です。天皇陛下が赤子たる臣民を一視同仁でもって一人一人愛してくれているのだというストーリーの上に、大日本帝国は築かれた。それが敗戦で一旦崩壊せざるをえなくなって、その代わりとしてアメリカは日本を愛してくれているという、別の似たような物語にすり替えたのです。

先ほども言ったように、対米従属第一世代の政治家たちは、それがフィクションであることをわかっていたと思うんです。ところが中曽根政権くらいになると、それがフィクションなのかどうか、よくわからなくなってきたのではないか。

不思議なんですよね。中曽根は若い頃に「憲法改正の歌」(一九五六年)を作詞しているのですが、これがひどい代物なんです。とにかく戦後憲法が憎らしい、と。「マック憲法守れとはマ元帥の下僕なり」とか、かなりプリミティブな形での反米感情を表明しています。そういう人がなぜ、「俺たちはロン－ヤスの仲なんだ」と誇らしげに言えるのか。どこかで変節があったと見るべきなのか。国政を預かる政治家としてアメリカに敵対的なポーズをとるわけにもいかないので、友好的なポーズをとっているうちに、それが本当に板についてきてしまったのか。

よくわかりませんけれども、一貫しているのは、保守支配層においてずっと反米感情がねじれているということです。ねじれているというのは、行き場がないということです。戦後憲法を批判するけれどもアメリカそのものは批判しない。素直に考えれば、「この憲法をつくったのはアメリカだ。アメリカが日本に押しつけたのだ。アメリカはけしからん」と言わなければならないはずなのに、決してそれは言わないですね。だから代償行為なんです。本当は「アメリカ憎し」と言いたい。でも言えないので、アメリカの代わりに憲法の悪口を言う。

図式的に整理して言うと、第一世代は従属性を自覚し、国家間の利害の衝突可能性を認識の前提に置いていた。けれども第二世代になると、利害は未来永劫一致するものなのだという考え方に、ほとんど無意識のうちに転換してしまった。第三世代になると、利害の背反が明白になっているのにもうそれでいいのだと開き直った。今はその第三世代が大活躍中ということになっていると思います。

大澤真幸さんが、明治維新から戦前の時代の天皇と国民の関係についての時代区分を論じています。それによると、明治は「天皇の国民」の時代です。絶対君主のような形で偉大なる大王がいて、それが民衆を上から統治するという形をとったのが明治レジームだった。そのタガがだんだん緩んできたのが、大正デモクラシーの時代である。これは大正天皇のキャラクターとも関係していて、大正時代は天皇のプレゼンスが非常に希薄になる。天皇はあたかもいないかのごとく扱われる。「天皇なき天皇制」とも言うべき状況は、いわば「天皇なき国民」の時代です。当時主流となる天皇機関説や民本主義の学説は、この時代状況の法学的・政治学的表現であったと言えます。けれどもこれは長続きせず、昭和期になると社会的矛盾が深まってくる。これに対して従来の支配層が適切な対処を取れなかった。その結果、これは正しい天皇親政が行われていないからおかしなことになっているのだと、財閥や既成政党への批判が高まっていって、天皇幻想に結晶する。これが二・二六事件などのテロリズムを生み出すことになります。それは「国民の天皇」の時代である。「天皇の国民」から「天皇なき国民」を経て「国民の天皇」という、ある種の弁証法的展開があるのだというのです。

このプロセスを戦後にも当てはめて考えることによって、戦後の対米従属の性質の変化を把握できるのではないか。「アメリカの日本」から「アメリカなき日本」を経て、「日本のアメリカ」にたどり着いた。この三段階が、対米従属支配層のそれぞれ第一世代・第二世代・第三世代に重なります。第一世代においては被支配状況が明らかであったのが、第二世代の時代になって国力差が相対化されると、あたかもアメリカは単なる一友好国であるかのような雰囲気が漂ってくる。第三世代になるとどうなるのか。今、新安保法制を推進した勢力は、「日本が助けてあげなければ、アメリカが中心の世界秩序はこれ以上維持できないから、我々はもっと頑張らなくてはいけない」と一生懸命言っているわけですよね。これはいわば「日本のアメリカ」です。しかしこれは最悪の欺瞞であり、錯誤にすぎない。戦前と全く同じです。国民が、まさに天皇を我々のものだと錯覚した瞬間に、ひどいしっぺ返しを食らったわけです。

戦後総決算の意味

こうした戦後観から中曽根政権を見てみると、何が見えるでしょうか。中曽根は、「戦後政治の転換点」と就任の時に言い、「戦後政治の総決算」というふうにも言いました。今の安倍と同様に「戦後」にこだわっていたわけですが、その含意はどうも曖昧模糊としている。

一方で、いわゆる自民党タカ派的な考え方の継承もあるんですよね。防衛費のGNP一パーセント枠を突破するかどうかということがしきりに問題にされましたが、要するに（経済発展を最優先し防衛支出を最低限化する）吉田ドクトリンから踏み出したいという意図もあったろうと思います。

ただし他方で、面白いのは「戦後の総決算」と最初に言ったのは大平正芳でした。大平のニュアンスは、好意的にとれば、ある種の脱米シフトの可能性をはらむ、つまり異様な対米従属から脱却する可能性をはらむものだったと思うんです。つまりアメリカ一辺倒ではだめだと。もはや経済力からすれば、世界の主要国に肩を並べるところまできた。ということは、世界の秩序に対して責任をもたなければいけない立場に日本は立っている。今までは焼け野原からの復興で、自分たちのことだけを必死に考えていればよかったけれども、もうそういう時代ではなくなった。復興と発展を助けてもらったわけだから、世界に対して恩返しをしなければならない。その時にアメリカの事実上の衛星国と見られている状態ならば、とてもじゃないが世界に対する責任は果たせない。そういう意味で、自分たちのことだけを考えるのではなくて、世界に対して貢献しなければならないという姿勢への転換、これが「戦後の総決算」の意味でした。

中曽根はその言葉を引き継ぐわけですが、ニュアンスが変わってくる。そのニュアンスにはいろんなものが入り込んできます。その一つが、前述したとおり、自民党タカ派らしい、吉田ドクトリンからの脱却への志向性です。これは岸信介らが志向したものとつながっているし、ひいては安倍が今日志向しているものとつながっているわけです。絶対平和の国家・日本という看板は偽善なんだから下ろそうという、いわば本音のポリティクスですよね。平和国家という看板を事実上下ろすということになれば、それは戦後政治のメインラインから離脱するということですから、たしかにある意味では「戦後政治の総決算」になるんです。

他方で、大平にあった対米関係一辺倒からの脱却という方向性は失われます。だからこそ、「戦後を終わらせる」試みは常に失敗し続けているのです。その証拠に、同工異曲のスローガンが唱え続けられています。結局のところ、特殊な対米従属をやめないので、決して「戦後政治の総決算」も「戦後レジームからの脱却」もできないんです。ですから、本当にはやらない限りにおいて、ごちゃごちゃ言い募ることを許容されている。中曽根の場合、ある種のバランス感覚があったし、歴史認識に関しても安倍のような愚かな認識をもっていたわけではない。

タカ派路線を突っ走ることはしなかった。できはしなかったということでもありますし、強行するということもなかった。

大平政権のブレーンをキャリーオーバーしていたことも重要です。佐藤誠三郎とか香山健一とかですね。中北浩爾さんの『自民党政治の変容』（NHKブックス、二〇一四年）の中で紹介されていますが、この人たちが提言として面白いことを言っています。保守政治のバージョンアップをしなければいけないというのです。そのバージョンアップとは何かと言うと、ここまでずっと保守政権でやってきて国の再建に成功したけれども、十分でない点がある。それをしっかり清算しなければならない。

その十分でない点とは何かと言うと、端的に言って戦前からの連続性の問題です。それこそ私が『永続敗戦論』（太田出版、二〇一三年）で蒸し返さなければならなかった問題にほかなりません。戦前レジームをきちんとした形で清算しなかったということが尾を引いているでしょう、と。それはアジアとの国際関係においても、悪い意味において影を落としている。筋論から言ったら戦前からの保守勢力を一掃しなければならなかったのに、それを抱え込んだまま戦後の再出発をした。彼らはそれを、時代の状況として仕方なかったんだ、と総括するわけです。しかし、今復興・発展に大成功して状況が変わったんだから、封建的な勢力の残滓は一掃しなければならない。それが、彼らが言うところの保守政治のリニューアルです。

つまり保守とは言っても、たとえば基本的人権の尊重や、今の話題で言えば立憲主義、男女同権、こういった近代主義のスタンダードを理解した保守が政治を担わなければならないという考え方です。近代主義のスタンダードに達しないような封建的な保守は排除しなければならないということを、事実上言っているんです。こういう提言を大平にしたブレーンを中曽根政権は引き継ぎました。だからそう無茶はできないと言いますか、中曽根の個人的な心情としてはいろいろあったかもしれませんが、少なくとも政治方針のレベルで確信的な反動主義者だったということはありえない。このへんが現在の第三世代との違いです。

こういうわけで、中曽根政権はバランス感覚ももっていた。しかし、逆に言えば、あったのは確たる原理ではなくてバランス感覚にすぎなかった。大正デモクラシーが天皇制を葬り去れなかったのと同じように、中曽根政権は封建的保守を一掃できなかった。なぜなら、中曽根自身がそのような一面をもっていたからでしょう。

また、日本における新自由主義の嚆矢が中曽根政権にあると言われます。その帰結は、少し遅れて二〇〇〇年代、二〇一〇年代になっていよいよ実感されるようになってきたと思います。最も重要なのは、国労（国鉄労働組合）を解体することで総評（日本労働組合総評議会）の柱を抜いたことです。これが長期的に凋落傾向にあった社会党にとどめを刺したことが、今から振り返ればわかります。

さらには、水野和夫さんの理論を参照してみると、八〇年代の意味合いが深く認識できると思います。いわく、実体経済を基盤とした経済成長が不可能になったのが八〇年代であり、そこから世界資本主義はバブル景気をつくっては壊すことを繰り返すバブル依存経済になる。その始まりが八〇年代の日本のバブル景気だったというのです。その意味でも、一九八〇年代とは、現代の起源であるという位置づけができるでしょう。

（談）

フード

グルメ化、無国籍化、そしてヘルシー化

畑中三応子

なにせ流行語が「おいしい生活。」と「飽食の時代」だ。八〇年代は「いまはこれ」「次はあれ」と、活字メディアが不断に発信する情報を、全国民的に元気いっぱい享受した。

インターネットの登場で流行が拡散、多様化する九〇年代の中盤以降は多数の中小ブームが繰り返されるようになるが、ブームの規模と集中という意味からいって、気恥ずかしくも我が世の春を謳歌した、ファッションフードの全盛期だった。

八〇年代初頭、高級食の代名詞だったフランス料理が、いちはやくブームになった。明治政府の欧化政策で外交儀礼と宮中行事用の正餐として選択され、本膳料理や懐石料理をさしおいて食のヒエラルキーの頂点に立ち続けた、階級社会の産物である。

戦後も格式張ったホテルの占有物で、およそ庶民には縁遠かったが、一九七〇年前後から街場に小粋なレストランがポツポツと現れ、「まるでパリみたい！」と、フランスかぶれを邁進していたアンノン族の注目をすでに集めていた。

とはいえ、街場でも値段はホテル並みに高かったので、七〇年代はあくまで憧れの対象。実生活はファストフードやファミリーレストランでの外食がせいぜいで、物語消費で満足していたフランス料理を、一足飛びで大学生カップルまで食べに行きはじめたのである。

『ポパイ』や『ホットドッグ・プレス』が提唱するデート・マニュアルに学んだ男の子たちの

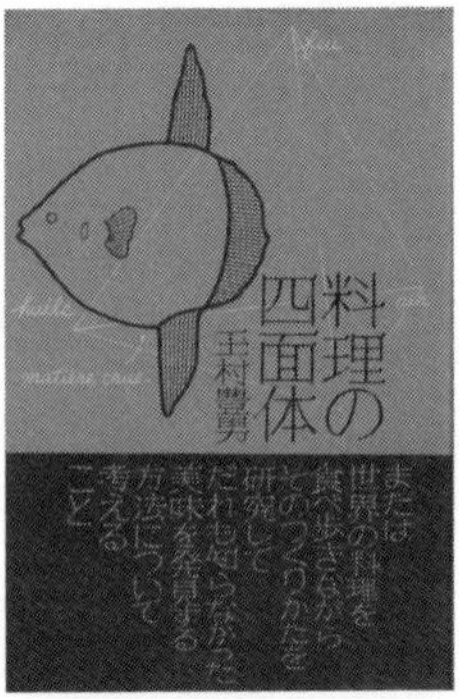

図1　玉村豊男『料理の四面体』

頑張りで、八〇年代中盤には人気レストランのクリスマスディナーは三か月前に予約いっぱい、当日は三回転も当たり前、という状況を迎えた。これをどう見るか。

　あきらかにレヴィ＝ストロースによる「料理の三角形」の本歌取りだった『料理の四面体』（玉村豊男、一九八〇年、**図1**）が当時、画期的な料理批評として受け入れられたように、食の文化そのものが相対化されたこともあるだろう。

　また、八〇年を過ぎた頃から「フランス修業」がウリのシェフの店が急増し、彼らの作るのが一人前のソースにバターを一〇〇グラムも使うような従来のこってり濃厚味ではなく、腹にもたれないヌーヴェル・キュイジーヌだったこと。しかも「鴨の牛蒡ソース野芹風味」や「オコゼの若布入りムース蒸し」といったように、本場の古典料理を国産材料と和食の技法で「脱構築」した料理だったおかげで、日本人の嗜好との親和性が高まったことも大きいが、ようするに総中流時代において、食に関してだけは上流気分、高級志向を享楽してしまったのが八〇年代である。

「王侯貴族の社交場」と呼ばれたフランスでも別格級の最高級レストラン、一六世紀創業の「トゥールダルジャン」が、歴史上初の支店を東京・紀尾井町に開いたのは八四年。昭和天皇が皇太子時代と七一年訪欧時の二回とも食したナンバーつき鴨料理をさっそく「食べに行ったらワインと合わせて一〇万とられちゃった、わっはっは」と知人たち（おもに広告業界）が嬉しそうに話していたことを思い出す。バブル前から、みな浮かれていたのだ。

フランス料理の流行で、「グルメ」という語が一般化した。かつての日本で美食について語るのは、味の機微にも通じる教養人の専売特許だったが、「食通」が「グルメ」と言い換えられると同時に、食の快楽の追求は万人に開かれた。

『ビッグコミックスピリッツ』で、八三年に『美味しんぼ』の連載がはじまった。原作者の雁屋哲は現在、ネット右翼から「反日」「売国奴」などと呼ばれている。

雁屋によると、食のファッション化によって本物の味が失われる飽食の時代へのアンチテーゼだったというこの漫画は、反米的な左翼運動に端を発し、世界的な食の均質化に対抗するイタリアのスローフード運動と同様、伝統回帰と地域主義、食の安全を唱え、エスニックという文脈での民族料理を最上位に位置づけている。だが、作者の意に反して娯楽性の高いグルメ情報として消費され、グルメ漫画ブームのきっかけを作り、それまで料理に関心のなかった男性や小学生までが食べ物の蘊蓄を語りはじめ、「究極」は八六年の新語大賞に輝いた。

家庭料理でも、グルメ志向が高まった。一丁千円の豆腐、一本千円の牛乳、一食千円のインスタントラーメンなど、日用食品にも「千円グルメ」が出現して、外食に引けをとらない高級ブランド食品がバカ売れし、家庭向けの料理書や女性誌のクッキングページでは、シェフが作る本格的なレシピがもてはやされるようになった。

近代以降の家庭料理書は和洋中全般、店料理を規範に食生活改善を啓蒙しようとする傾向が見られるが、レシピを提供するのは職業料理人ではなく、料理研究家と呼ばれる「教えるプロ」だった。八〇年代も、「ラブおばさん」こと城戸崎愛、「おふくろの味」の提唱者である土井勝など、メディアで長く活躍しているベテラン勢に加え、新人ではパリの料理学校を卒業した上野万梨子、「システム料理学」の丸元淑生が人気を博したが、男の料理モノを含め、なんといってもスターだったのは人気レストランのシェフたちである。

「作るプロ」が教える料理だから、非日常的な材料が遠慮なく使われ、作り方も面倒なことこの上なかった。まだ手間も費用もかけられた、家庭料理が幸福だった時代だといえる。一方で、家でレストラン並みの料理を要求された女たちの負担は重かった。九〇年代から手抜き料理、アイデア料理が家庭向けレシピの主流になったのは、不況と仕事を持つ女性が増えたという社会的背景もさることながら、本格レシピへの反動だったかもしれない。

フランス料理の脱構築に続き、明治維新から続く欧米崇拝型ファッションフードを脱構築したのが、東南アジア各国のエスニック料理と激辛ブームである。地理的には近いが文化的には遠かった東南アジアとの距離が、少なくとも食に関してだけは縮まり、いまではタイ料理のトムヤムクンやガパオライス、ベトナム料理の生春巻きがコンビニ食に取り入れられ、魚醤のナムプラー、ニョクマムは家庭料理にも浸透している。

八五年のプラザ合意後の円高で出稼ぎに来日する外国人労働者が急増し、バブル開花の八八年末には東京都の外国人登録者数が二〇万人を突破した。それと並行して「無国籍」という言葉があらゆるカルチャーシーンで多用され、ファッションフード的には、はやりのカフェバーでMTVを眺めながら色とりどりのカクテルを傾け、無国籍風創作料理をつまむのが、いちばんナウでトレンディーだった。

山の手より下町、非日常より日常、新しいものより古いものを評価する「B級グルメ」の台頭は、いかにもポストモダンな現象のようで、実際のところは上っ面だけしか見ないファッション派グルメへのレジスタンスであり、滅びゆく職人気質の伝統と味を守ろうとするムーブメントだった。

この言葉を認知させた『スーパーガイド東京B級グルメ』(文春文庫、一九八六年)は、丼やカレー、ラーメンなどの大衆食をテキストに東京を読み解く都市論でもあり、洒落と諧謔精神あふれる名著だったが、まもなくB級グルメ自体がブランド化した。いつしかその概念も単なる「安くて美味い食べ物」に変わり、やがて各地のローカルフードと結びついた「B級ご当地グルメ」が地域ビジネスと外食産業に取り込まれた。今日では品質低下が見られるが、後世への影響力からいえば、八〇年代最強のファッションフードだったといえる。

グルメ化と並び、勢いづいたのがヘルシー化である。自然食志向が強まった七〇年代も体にいい食べ物のブームが頻繁に起こったが、ニンニク、紅茶キノコのように素材レベルにとどまって、自分で手間ひまかける必要があったのに対し(紅茶キノコなんて種菌から二週間かけて培養した)、八〇年代になると「飲むだけ・食べるだけ」のお手軽製品が続々と開発され、健康は企業に外注できるようになった。

図2 『スーパーガイド東京B級グルメ』

その嚆矢は、八〇年発売の「ポカリスエット」で火がついたスポーツドリンクブーム。精神主義がはびこってタブー視された運動中の水分摂取を解禁した、画期的な飲料ではあった。八二年からサプリメントのルーツである食べるビタミンブームがはじまり、八三年には医療用の流動濃厚栄養食を固形化したという「カロリーメイト」と豆乳がよく売れた。

バブル開花の八八年は、栄養ドリンクの爆発的ブーム。食物繊維の効能を認知させた「ファイブミニ」の発売もこの年だ。わずか一〇〇㎖で元気になった気になれる栄養ドリンクはバブルの波に乗って、弾けた九一年までに約三五〇種の新製品が発売されたといわれる。

国の栄養政策が、戦後以来の栄養素補強重視から、成人病(=生活習慣病)予防に方向転換したのは八五年。栄養素の過剰摂取が問題になり、食欲に対する規制がすでに兆していたとしても、二〇〇三年施行の健康増進法で「生涯にわたって、自らの健康状態を自覚するとともに、健康の増進に努めなければならない」のが国民の義務となって、正しい食生活が強制される現在より、節制と禁欲を忘れ、だれもが呑気に健康消費を楽しめたあの頃のほうがずっとよかった。

バブルの享楽的な気分を象徴するのは、イタメシブームとボジョレー・ヌーヴォー・フィーバーだとよくいわれるが、実はどちらも高級料理と高級ワインを居酒屋レベルに引きずり落とすことによって、小難しいマナーやルールにビクつかず、食べて飲めたことが流行の勝因。八〇年代的高級グルメ志向から逸脱したファッションフード現象だった。と同時に、明治維新からの欧米食コンプレックスをついに克服したことは、八〇年代の達成の頂点だったといえる。その快感を得た先には、牛肉食べ放題と粗食がせめぎ合う、長い不況が待っていた。

音楽

「みんなのうた」が存在した最後の時代

兵庫慎司

八〇年代のJ－POP（もちろん、当時まだそんな言葉は存在しなかったが）、その一〇年間の歩みや流行り廃りはどのようなものだったのか。ふり返ってみたい。

まず、山口百恵の引退で幕を開けた八〇年代前半は、アイドルから演歌まで含む幅広い歌謡曲と、当時「ニューミュージック」と呼ばれた、ロックやフォーク側から歌謡曲に進出してきたような音楽性のアーティストたちが活躍していた時期だった。この状態は七〇年代後半から継続していたものであり、『ザ・ベストテン』（TBS）や『紅白歌のベストテン』（日本テレビ）『夜のヒットスタジオ』（フジテレビ）など、テレビのゴールデンタイムの音楽番組がそれを牽引していた。

九〇年代以降のJ－POPの状況を指して、「昔は誰でも知っている歌がヒット曲だったのに、リスナーの細分化が進んで何百万枚も売れているのにファンしか曲を知らないのは普通になってしまった」というようなことがよく言われるが、その「誰でも知っている曲がヒット曲だった昔」というのは、地上波のテレビ番組がヒット曲の発信ツールだった、この時代までのことを指しているのだと思う。

今「地上波」と書いたが、当然この時代はテレビは地上波しかなく、ラジオもNHK以外の民放のFMがようやく地方にも誕生し始めた、そんな段階だった。音楽を世に放つメディアが

「テレビ」「ラジオ」「有線放送」の三つで、そのうちもっとも影響力のあるテレビの視聴者が、九〇年代以降と比べるとみんな同じ場所にいた（つまり「お茶の間」にいた）ので、ヒット曲というものが「誰でも知っている」存在でいられた、とも言える。

ともあれ、そのような音楽状況の中で、サザンオールスターズやチャゲ&飛鳥や長渕剛や安全地帯が、松田聖子や中森明菜や小泉今日子、田原俊彦や近藤真彦やシブがき隊と、あるいは沢田研二やさだまさしや寺尾聰と、そして山本譲二や大川栄策や八代亜紀や川中美幸といった演歌勢ともチャートを競っていた、そんな時代だった。

チェッカーズや吉川晃司のように、ニューミュージックを経由しないでいきなりロックと歌謡曲を直結させるような方法論で成功する新人が現れ始めたのも、この時期だ。また、YMOや大滝詠一、山下達郎や松任谷由実、アルフィーなど、六〇～七〇年代からバンド等で活動してきたアーティストたちが頭角を現し始めた時代でもあった。

八〇年代中期になると、ここに「ロック・バンド」「インディーズ」が加わるようになっていく。それ以前も――グループサウンズ以前からプロとして活動するロックバンドはいたわけだし、自主制作＝インディーズ、つまり既存のレコード会社に所属しないで自らリリースを行っているバンドも存在したが、本格的にオーバーグラウンドに浮上し始めたのはこの時期からだと言ってよいだろう。

七〇年代から活動していたRCサクセションがトップスターへと駆け上がり、八〇年にデビューしたハウンド・ドッグが大ヒット曲〝ff（フォルティシモ）〟を生み（八五年）、尾崎豊という一七歳のスーパースターが現れ、ソニー傘下のエピックから佐野元春、TMネットワーク、渡辺美里、大沢誉志幸、ザ・ストリート・スライダーズ、バービーボーイズ、岡村靖幸等、次々と人気アーティストが登場する。他方では、BOφWY、レベッカ、ザ・ブルーハーツといったバンドたちが現れ、それまでの日本のロックバンドとケタ違いのセールスや動員を記録するようになる。

インディーズに関しては、八五年にNHKが特番『インディーズの逆襲』で、当時頭角を現し始めていた自主制作レーベルで活動するバンドたちを全国に紹介したことが大きなきっかけとなってブームが起こり、特に「インディーズ御三家」と言われたラフィン・ノーズ、ウィラード、有頂天の三バンドは広く世に知られることになる。ラフィン・ノーズのチャーミーはAAレコード、有頂天のケラはナゴムレコードというインディー・レーベルを主宰しており、自らの作品だけでなく新人たちの作品をリリースしていく。特にナゴムからは、大槻ケンヂの筋肉少女帯、電気グルーヴの前身バンドである人生、現在俳優・映画監督として活躍中の田口トモロヲ率いるばちかぶり、のちに『イカ天』出演で大ブレイクするたまなど、多くの才能を世に送り出した。

アイドルのほうへ目を向けると、少年隊や男闘呼組が人気だったジャニーズ勢は何度目かの隆盛期を迎えていたし、女性アイドルも松田聖子や中森明菜に続き、早見優や石川秀美、松本伊代など次々とスターが生まれ、さらにおニャン子クラブというそれまでのアイドルの概念を覆すような存在が現れたりもして（そう、秋元康の登場だ）、こちらも充実した時期だったといえる。

そして八〇年代中期には、もうひとつ大きな分岐点となる出来事があった。CDの普及だ。八二年に販売が始まった当初は、再生プレーヤーが高価だったことやレンタルレコードの全盛期だったことが原因ですぐには普及しなかったが、八六年にはCDの生産枚数がLPのそれを上回り、九〇年代に入るとLPはほぼ作られなくなっていく。後に、九〇年代中盤以降に特に顕著になる、アルバムが何百万枚も売れるという現象が起きるようになった原因のひとつに、この「LPからCDへ」のソフトメディアの変化があることはあきらかであり、実際に八〇年代後半からCD全体の売り上げは、目に見えて伸びていくことになる。

そして八〇年代後半は、先ほど紹介したようなバンドたちの動きが本当にオーバーグラウンドになった、つまりバンド・ブームの到来がもっとも大きなトピックだろう。プリンセス プリンセス、X（現X JAPAN）、ユニコーン、ZIGGY等々の若いバンドたちが人気を博し、原宿歩行者天国に毎週末にアマチュアバンドが集まって路上ライブを行い（そしてその中からザ・ブームやジュン・スカイ・ウォーカーズなどが現れ）、TBS土曜深夜にアマチュアバンド発掘番組『三宅裕司のいかすバンド天国』が始まり、フライング・キッズやBEGIN、前述のたまなどがスターになっていく。

逆に言うと、それによって、日本のポップス史上でもっともアイドルが力を失った時代にもなった。ユーミンや達郎、サザンやチャゲ&飛鳥といったニューミュージック／ロック系の大御所たちは影響を受けなかったが、たとえば当時ジャニーズで人気があったのは光GENJIくらいだったし、女性アイドルも——有名な例を挙げると、既にキャリアがあったにもかかわらず、菊池桃子は「ラ・ムー」を、本田美奈子は「MINAKO with WILD CATS」を結成、そのボーカルとして活動した。また、バラドルとしてブレイクしたが歌手としてはパッとしなかった山瀬まみを売り出すにあたり、「山瀬まみロック化計画」と銘打って奥田民生、矢野顕子、大槻ケンヂなどのロック勢が集められて作詞作曲や演奏を担当、『親指姫』というアルバムがリリースされた。このアルバムは彼女の歌手としてのキャリアの中で最大のセールスを記録したという。

以上、ざっとふり返ってみたが、八〇年代の日本の音楽マーケットには、もうひとつ大きな特徴があった。二〇一五年の現在まで含めて、有史上、もっとも洋楽が売れた時代だった、ということだ。特に中盤以降。それまでも主にFM局で洋楽の番組が組まれたり、八一年にテレビ朝日で始まった『ベストヒットUSA』を楽しみにしている洋楽ファンは存在したが、同じ八一年にアメリカで誕生したMTVの放映が八四年に日本でもスタートし（これも当初はテレビ朝日だった）、それが火種となってマイケル・ジャクソン、ワム！、ビリー・ジョエル、ホール＆オーツ、マドンナ、シンディ・ローパー、クリストファー・クロス、ノーランズ、アラベスク——枚挙にいとまがないのでそろそろやめるが、実に数多くのアーティストが人気を博し、日本のCM曲に使われたり、西城秀樹や郷ひろみなどのように洋楽のヒット曲に日本語詞を付けてカバーされたりした。この「日本語でカバー」という手法は、中尾ミエが〝可愛いベイビー〟を歌った六〇年代から行われているが、もっとも多かったのは八〇年代ではないかと思う。

純洋楽もカバーも含め、国民にとってもっとも洋楽との距離が近かったのは、八〇年代だったのだ。九〇年代に入ると洋楽はマーケットとしてはさらに成熟していくものの、J‐POPと同じように「非お茶の間化」が進み、「誰でも知っているもの」ではなく「ファンが熱心に聴くもの」になっていく。

それにしても。八〇年代前半から中盤の「アイドルとニューミュージックの時代」は別だが、中盤の「インディーズブームからバンドブーム」の時代が、いわゆるバブル景気とリンクしているのは興味深くもある。「「歌は世につれ、世は歌につれ」というが、歌は世につれても世は絶対に歌につれない、そういう認識で音楽を作ってきた」というのは山下達郎の有名な言葉。

「私が売れなくなる時は日本社会が変わった時だと思う」。これは松任谷由実。そのどちらもが当てはまっていたのが、この八〇年代という時代なのでは、という気がする。「歌は世につれ」ていたという意味でも、ユーミンが売れている＝日本の繁栄が終わっていない、という意味でも。尾崎豊の人気（荒れる学校問題）や、おニャン子クラブのブレイク（秋元康・業界・広告代理店的な、いわゆる「ギョーカイ」の一般化）なども含め、さまざまな事象が八〇年代の世相と重なっていると言っていいだろう。

なお、この後、時代は九〇年代に入り、九二年頃にバンドブームとバブル景気がほぼ同時に終わり、そのあとしばらく音楽業界は低迷するが、九〇年代中旬頃から〇〇年代前半頃まで、先にも書いたように一枚のアルバムが三〇〇万枚も四〇〇万枚も売れる、「日本でもっとも音楽がカネになった時代」に入っていく。

あやふやな「総中流」とゆるぎない近代のベクトル

吉川 徹

昭和に埋もれた現代の起点

計量社会学の分野では、戦後日本の「ゼロ点」である一九四五年が語られることはまずない。終戦直後に人びとがいかに生き、何を考えていたのかを把握できる調査データが存在しないからだ。日本において全国規模の社会調査が計画的に繰り返され、時系列データがある程度そろったのは一九七〇年代後半になってからのことである。そこで戦後の流れがみえるようになり、現在まで通じる研究主題が整えられた。だから正直にいえば、わたしたち計量社会学者は、戦後日本の前半についてはあまり自信をもって語ることができないのだ。そうした事情があって、調査データに基づいた日本社会論では、一九七〇年代以降が扱われることが多い。

とはいえ、わたしたちの「守備範囲」も決して狭くはない。三〇年前の大規模社会調査データは、少し色褪せたスナップショットをみるようでもあり、タイムカプセルを開封したようでもある。これを二〇一〇年代の最新データと重ね合わせ、現在の視点と技法で再分析すると、同時代には気づかれることのなかった、そのときの日本社会の姿が浮き彫りになる。これがじつに面白い。

私はここ数年、そうした時点間比較社会調査の計量分析を展開する共同研究プロジェクト[*1]を進めている。そこで扱っているのは、メディア報道などでよく目にする産業・経済の指標や、労働・雇用、福祉制度、教育、地方自治などの客観的なかたちのみえる社会のしくみの趨勢ではない。わたしたちがもっぱら注目しているのは、決まった意識項目を異時点で繰り返し尋ねた回答である。そこから得られた断片をつなぎ合わせることによって、歴史年表に表れる出来事の流れの背後に伏流する日本人の「社会の心」の移り変わりをストーリー化することができる。これが計量社会意識論という研究法である。

そんな経緯から、大学の教壇で一九八〇年代の日本社会の姿を語ることがある。昭和の終盤を青春時代の実体験として記憶にとどめる私のトークは、知らずしらずのうちに熱を帯び、話柄は四方に広がる。けれども、いまどきの大学生たちは一九八〇年代の日本に、ただちに「食いついて」はこない。それはきっと、かれらの自分史と重ならない時代のことだからだろう。だれしも、自分が生まれる一〇年ほど前の社会というのは、実感しにくく興味ももちにくいものだ。

レポートを読むと、どうやらかれらの歴史観では、ポツダム宣言受諾からバブル崩壊までの四十数年は、「戦後」ないしは「昭和」という名のもとにギュッと圧縮されているようだ。高校日本史の教科書の最後に出てくる一時代というところだろうか。なかでも一九八〇年代には、オリンピック、万博、オイルショック、バブル崩壊などの重要キーワードがない。それゆえに歴史の流れに埋もれて見出しにくい「エアポケット」になっているようだ。

しかしこの章では、そんな一九八〇年代の「ど真ん中」にあたる一九八五（昭和六〇）年にあえて視点を定めたい。それは、データ分析と実体験の双方で、ちょうどこのあたりに日本社会の時代の変曲点があったという実感があるからである。以下、計量分析によって得たエビデンスからさらにイメージを膨らませて、一九八〇年代の「社会の心」の社会学的な特性を論じよう。

世代の入れ替わり

まず一九八五年の社会のかたちを、当時の日本の人口ピラミッドから読み解いておこう（**図1**）。概観すると、若い世代の比率が多く高齢者が少ないため、グラフはまだかろうじてピラミッド型をしている。周知のとおり現在では、日本の人口ピラミッドは、東京スカイツリーを思わせるような、上部（高齢層）に重心のある紡錘型となっている。そう考えつつ思い起こせば、あの頃は住宅地にも商業地にも子どもと若者が今よりもずいぶんたくさんいた。そして学校教育は、子どもが親よりも高い学歴を手にしていく高学歴化期にあった。他方、この当時「老人」と呼ばれていた六〇歳以上の高齢者は、すべてが明治生まれと大正生まれであった。ただしそのほとんどが、それぞれの家庭内に包摂されていたため、高齢者福祉の問題は、まだ社会の表面に表れてはいなかった。

産業・経済にかんしては、国内製造業が基幹産業とみなされていた時代である。このとき「大人」として産業セクターを担い、家族生活を営み、地域の活動に参加し、消費や社会参加をし、文化活動を担っていた社会の主力は、図の中ほどの色の薄い部分、すなわち一九二〇〜七〇年ごろに生まれた昭和世代だった。そのなかで三〇代後半の子育て世代の人口がとくに分厚いことを確認できる。これが団塊の世代である。そういうわけで一九八〇年代の社会調査データは、この団塊の世代の傾向を主軸とした動きをする。

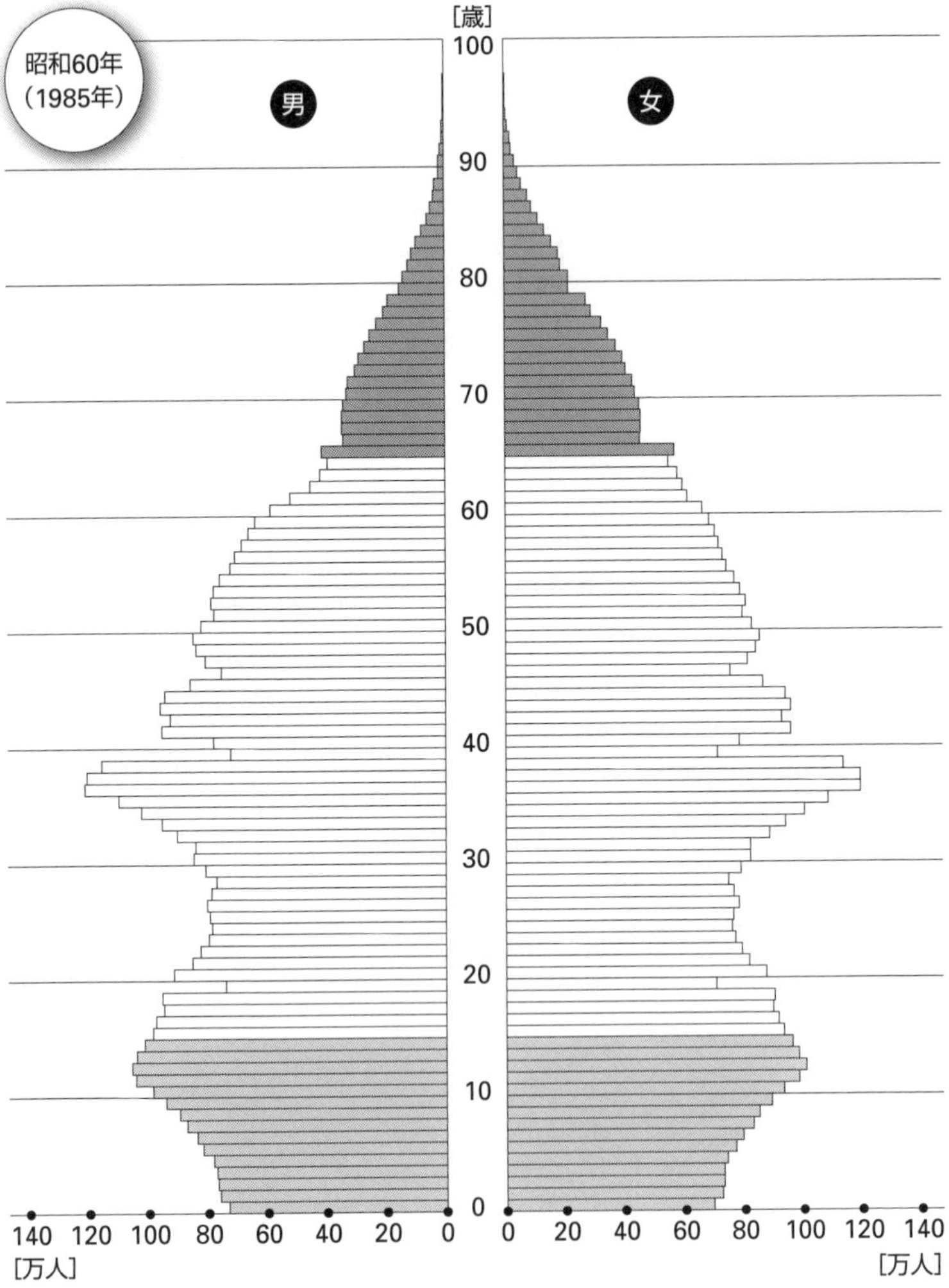

図1　1985年の人口ピラミッド（＊2）

人口ピラミッドにおいて、次に人口の厚みがあるのは一〇歳前後の児童生徒たちだ。この層に「団塊ジュニア世代」という名前が与えられ、その社会的なプレゼンスが増してきたのもちょうどこの頃である。そして図の最下部には少子化（同年人口の減少）の兆しが窺える。ちなみにこの年の生まれは、女優でいえば綾瀬はるか、上戸彩、宮﨑あおい、松下奈緒などである。

以上のとおり、同じ日本社会とはいえ、社会を構成する生年世代は現在までの三〇年で大きく入れ替わっている。両方の時代を生きた人たちも、社会のなかでの立ち位置を否応なく変えている。そう考えれば「社会の心」が当時と今で変わらないほうが不思議だということになる。ではどこがどれほど異なるのだろうか。この点に入っていこう。

幻影的平準化から覚醒的格差へ

あの時代、整い始めた時系列データから見出されたのは、日本人の大半が自分自身を社会の真ん中あたりにいるとみるようになったということだった。一億総中流と呼ばれた現象である。もちろんそれは、社会的地位が均質な理想社会が成立していたという意味ではない。それどころか、産業社会のなかでの企業や労働者の序列、資産の格差、生年世代の間の格差、ジェンダーの格差、都市と農村の格差などは、いずれも今よりも深刻だったといわれている。一億総中流とは、そんな昭和の終わりの社会状況のなかで生起した、「社会の心」の不可思議な動きを指す言葉だったのだ。

計量分析によって当時の「社会の心」を振り返ったときにわかるのは、次のようなことである。[*3] 一九八〇年代の調査データをみると、学歴、職業的地位、経済力などの個人のプロフィールと、その人の地位アイデンティティ（上下の位置づけの自覚）の関係性が弱い。多くの人が自分を日本社会の真ん中に位置づけてはいたのだが、かれらの「自分は○○だから「中」なのだ」、という根拠はあやふやなものだったのだ［吉川 2014］。

このあやふやさの背景には、急速にかたちを変えていく日本社会の産業・経済の姿について、正しく理解している人が少なかったことがある。加えて、自分自身の社会的地位をどう評価すればよいのか、つまり個人のプロフィールのうち、学歴が重要なのか、仕事が重要なのか、それとも財布の中身が重要なのかという判断が、個々バラバラであったということもあった。総中流の社会意識は、社会のしくみから浮遊した、不安定な状態だったのだ。そして、そこにおいて自分はテレビや新聞などのメディアでさかんに報道される豊かな日本社会の只中にいる、という日本社会全体への大摑みな同一性が生じ、それが「中」への求心力となっていたのだろう。社会学者は、二〇世紀近代社会を構成していた市民の無力さ、判断のおぼつかなさ、それと表裏をなす世論の浮動性に注目するとき、大衆社会という言葉を使う。良し悪しは別としてこの時代の日本社会は、まさしく二〇世紀の大衆によって構成されていたとみることができる。

以上のとおり一億総中流は、社会のしくみにしっかり繫留された人びとの自覚（アイデンティティ）であったのではなく、豊かで平等な社会という印象（イメージ）だけが先行した、やや浮き足立った、しかし無邪気な明るさをもつ、社会意識の状況であったと振り返ることができる。これを私は幻影的平準化状況と呼んでいる。

それでは、格差社会がいわれて久しい現在、人びとの地位の捉え方はどう変わっているのだろうか。じつは、外見上はこの意識には変化は生じておらず、一見するかぎり、大半が自分を社会の中ほどに位置づける「総中流」の分布が保たれている。ところが、それぞれの判断基準にまで踏み込んだ分析をすると大きな変化があったことがわかる。一九八五年と二〇一〇年のデータについて学歴、職業的地位、経済力を用いて主観の中の帰属階層を予測すると、因果モデルの説明力（決定係数）の大きさが、四半世紀の間になんと約二・五倍にもなっているのだ。［吉川 2014］。

この変化は、次のような経緯でもたらされたことがわかっている。一九八五年には、経済力があるということが上層への帰属意識をもたらすほとんど唯一の要因であった。バブル前夜という時代性を考えればこれは得心のいくことである。ところが、バブル崩壊後の一九九五年には、履歴書に書く最終学歴や、現在の生活の安定性を意味する職業的地位が高いことが評価基準に加わり、その後もこれらが徐々に影響力を強めている。その結果現在の日本人は、学歴、職業、経済力という多元的な社会階層のしくみを総合的に見極めて、そのなかでの自分の立ち位置をしっかり自覚しはじめているのだ。

「階層帰属意識の静かな変容」と呼ばれているこの知見は、近年の日本における格差社会言説について、有力な謎解きの素材となる。というのも、格差がこれほど問題化しているのは、客観的な事実として格差が拡大したということばかりではなく、「社会の心」の変容にも一因があるとみることができるからである。

一億総中流がいわれた時代には、人びとは社会の全体像を見渡して自分自身の立場を自覚することはなく、ただ社会の標準像に自分を重ね合わせたい願望だけをもっていた。これに対して現代の日本人は、絡み合う社会のしくみを正しく理解し、自分には何が足りなくて、自分に手の届く可能性がどこにあるのかも冷静に見定めている。要するに、格差問題が深刻にみえるのは、わたしたちが社会の現実を見極めるリテラシーを手にしたためなのだ。私はこれを、覚醒的格差状況と呼んでいる。

このように二つの時代を調査データで見比べるとき、明るく楽観的だが社会のかたちとそこでの立ち位置を理解できていなかった二〇世紀の大衆と、冷静沈着に社会を見渡せるがゆえに、格差に敏感な二一世紀の市民ではどちらが幸せなのだろうか、としばし考えさせられる。

個人史に刻み込まれたモノサシ

社会的地位の上下は、産業社会の重要な屋台骨であるはずなのに、高度経済成長からバブル経済に至る途上の日本人は、じつはその屋台骨を念頭において日々を暮らしていたわけではなかった。それだけを聞くと、一九八〇年代の「社会の心」は大衆社会状況とも、アノミー的状況ともいうべき、少し危なっかしいものであったように思われるかもしれない。けれども実際は必ずしもそうではなく、社会のしくみと人びとの考え方には、むしろ現在よりもしっかりつながって安定していた面もあった。それは二〇世紀近代社会がもっていた、上下の軸とは別の、もうひとつのモノサシを利用できていたからである。

そのモノサシとは伝統性と近代性の価値対立である。もっともこれは今から三〇年前の話なので、このときの「近代性」には今のわたしたちが抱くのとは違うイメージが付与されていたことに留意する必要がある。このときの伝統性は古く手堅い物事を指しており、これと対置される近代性とは、新しく合理的なシステムを指している。

当時の日本人は、「あなたは上か下か?」という問いに対しては、根拠なく真ん中あたりと答える傾向をもつ一方で、あなたは「古い(伝統的)か新しい(近代的)か」という問いに対しては、それぞれの社会的な立場に応じた回答をもっていたのだ。データから明らかになっているのは、一九八五年にはこの伝統－近代の基軸が、年齢、学歴、職業的地位、経済力としっかりした結びつきを示すということである。言い換えれば、当時の人びとはどの世代の生まれで、どのような学歴を得て、どのような仕事をして、どれくらい豊かな暮らしをしているかという複雑な地位の組み合わせを、いったん伝統－近代という価値対立軸に写照することで、シンプルに判断していたのだ。

具体的にイメージするならば、農業・自営・ブルーカラー層が伝統的な考え方を支持しがちで、専門・管理職層が近代性をもつ傾向があり、前者は地方居住、壮年・高齢世代と重なり、後者は都市居住、若年・高学歴層と重なるというように、社会のしくみと「社会の心」の対応関係が明確だったのだ。そして、客観的実態と価値観の新旧の対応関係が自明のことであったがゆえに、人びとはその軸上のスペクトルに、政治的立場の保守－革新、産業の周縁－中心、経済優先か－環境保護か、地域の地方－都市、家族形態の新－旧、ジェンダーのリベラル（ラディカル）－コンサバティブなどあらゆるものを結びつけて考えていたのだ。そういうわけで、この時代にはただ「自分は古い人間ですから」とつぶやけば、全てを諒解してもらえたのだ。

イギリスの社会学者のA・ギデンズ［1991］は、二〇世紀の近代社会を伝統性から直線的に脱する途上にある社会であるとみた。伝統性から離れるシンプルなベクトル、すなわち近代化の社会変動がはっきりしている時代には、古いか新しいかという価値観の基軸は、社会全体が共有する主要論点となる。伝統性と近代性の価値対立がモノサシとなるというのは、こういう状態を意味している。

確かに、一九八〇年代の幻影的平準化状況は、昭和の終わりの日本人に階級や格差や貧困をしばし忘れさせていただろう。けれども、伝統性と近代性の価値対立が、依然としてかれらの「上空」に明確に存在していたことで、上下の地位軸の機能不全は補完され、人びとはそちらを頼りにして社会とつながることができていたのだ。

このように、近代性を社会的なモノサシとするシステムが成立していた背景には、人口ピラミッドの中核部分を構成していた人びとが、右肩上がりの時代を自分史として経験してきた世代だったということがある。伝統性と近代性の相克は、実体験とともにこの世代の人びとに身体化されていたのだ。その自明の価値軸を日常生活におけるさまざまな判断に用いるのは、二〇世紀近代を生きた人のハビトゥス（習癖）であったし、だれもがこの対立軸を共有していると信じることもできた。

転じて現状をみると、右肩上がりの時代の後の三〇年を経たわたしたちの多くにとって、伝統－近代はもはや自明の対立軸ではなくなってしまった。データからは、この四半世紀の間に、年齢、学歴、職業的地位、経済力と伝統－近代の価値軸のつながりが希薄になっていることを実際に読み取れる。現状ではもはや、だれが伝統的な考え方を好んでいて、だれが近代的な合理性を重視しているのかということについて、社会的な傾斜がなくなっているのだ［吉川 2014］。伝統－近代の対立軸は消え去ったわけではないのだが、もはやわたしたちの有用な補助線とはなりえない。それゆえに今の若い人たちにとっては、何が近代的かという価値基準はハビトゥスというには程遠く、教えてもらわなければよくわからない「ゲームのルール」となっている。いまどきの大学生は私に次のように質問してくる。「維新の党の考え方は「新」って付いていているから伝統のほうじゃないですよね。でも革新政党って呼ばれている歴史の長い政党には、どうして「新」って付いているんですか？」

けれどもここで忘れてはならないのは、その代わりにわたしたちは今、社会の上下の枠組み（社会階層）を冷静に捉える力を身につけ、こちらを思考の補助線としはじめているということである。社会学者は、二〇世紀近代社会の安定した枠組みが無効化した後、人びとが自分自身の社会的位置づけを絶えず確認しながら日々を暮らさなければならなくなった状態を、再帰的近代（リフレクシブなモダニティ）と呼んでいる。日本型近代社会に包摂されていた時代は歴史の彼方へと過ぎ去り、現代日本はこの再帰的近代社会の只中にあるといえる。

時代の変曲点としての一九八五年

明治の日本人は、遥か先を進む欧米列強に肩を並べるべく、封建体制を廃し合理的な近代国家を急ピッチで構築しようとした。日露戦争（一九〇四〜〇五年）は、その純朴な近代化の歩みの到達点での出来事だった。そこで新興国日本は欧州の大国ロシアに負けなかった。しかし、その奇跡の「戦勝」ゆえに正しい自己認識と進むべき方向性を見失い、第二次世界大戦敗戦（一九四五年）という誤った方向へと邁進してしまった。これは、よく知られる司馬遼太郎の歴史観だ［司馬 1973］。

戦後七〇年の時の流れのなかで一九八〇年代を振り返るとき、この「司馬史観」が私の頭をよぎる。戦後復興から、民主化、主権回復、高度経済成長、そして先進工業社会としての国際的地位の確立までの三十数年の急速な日本社会の歩みに、「坂の上の雲」に向かって進んだひたむきな姿が重なるからである。そしてプラザ合意（一九八五年）からの数年、日系資本は国際的な競争力を誇示しバブル経済が花開いた。昭和の後半期の右肩上がりの坂を駆け上った日本人たちは、そこで初めて自分たちの歩みを振り返り、日本型近代モデルの晴れ姿を実感したのではなかったか。

けれども「司馬史観」になぞらえるならば、あのときの不正確で楽観的すぎる自己認識が、その先で足取りを違えていくきっかけとなったということもいえる。そこをどう評価すればよいかは今の私にはわからないが、一九八〇年代の調査データからは、日本型社会を信頼しきって、そこに包摂されている人びとを見出すことができる。けれども現代日本人の社会意識には、もはやあの時のような無邪気な明るさを見出すことはできない。

◉註

＊1 SSPプロジェクト（研究代表者：吉川徹） http://ssp.hus.osaka-u.ac.jp/index.html

＊2 出典 http://www.stat.go.jp/data/kokusei/2010/kouhou/useful/u01_z14.htm

＊3 以下においては、計量分析の結果表示は省略するが、この章の議論は吉川［2014］所収の計量分析を基にしているので、詳細についてはそちらを参照されたい。

◉文献

Giddens, Anthony 1991 *Modernity and Self-Identity:Self and Society in the Late Modern Age*, Blackwell Publishing（『モダニティと自己アイデンティティ――後期近代における自己と社会』秋吉美都・安藤太郎・筒井淳也訳、ハーベスト社、二〇〇五年）

吉川徹 2014『現代日本の「社会の心」――計量社会意識論』有斐閣

司馬遼太郎 1973『司馬遼太郎全集24・25・26』文藝春秋

社会運動

反・核兵器から反・原発へ

「私たち」による「かっこいい」運動

山本昭宏

はじめに

二〇一五年の夏から秋にかけての社会運動に関する話題の一つは、SEALDs（自由と民主主義のための学生緊急行動）だった。現代の学生が、スマートフォンを片手にスピーチし、ヒップホップのリズムに合わせてコールする姿が人びとの関心を引き付けたのである。SEALDsとは、安倍晋三政権が進めた安全保障関連法案に反対する首都圏の学生による団体であり、運動は都市部を中心に全国に広がった。

そもそも、SEALDsは、二〇一一年三月一一日以降の脱原発デモの高まりのなかで胎動し、特定秘密保護法の反対運動で注目されるようになった学生団体だった。その学生団体が、同法成立後の二〇一五年五月にSEALDsとして衣替えしたのである。「新たな学生運動」ともいうべきこのような動きの背景には、二〇〇〇年代の反貧困デモやイラク戦争反対デモに見られた「参加する楽しさ」を重視する姿勢があり、さらには前述したような脱原発を求める社会運動の高まりがあった。

SEALDsの中心メンバーの一人、一九九二年生まれの奥田愛基は、デモで行われる従来型のシュプレヒコールに違和感を持ち、自分たちは日常感覚を大事にしたいと思ったとして、次のように述べている。

> 日常って感覚は、とても大事。おしゃれを気にしながら国会前に行ったっていい。ディズニーランドも行って、海も行って、国会前にも行けばいい。日常がある上で抗議すべきときは抗議するってことに意味があるんです。「おまえこれ知ってるのか。この本読んだか」と言われ続けて、結果「学生の分際で」「主婦が何だ」と分断されてきた。じゃあいったい誰が意見を言えるんですか。この国は民主主義国家だから、学生も主婦もフリーターも考えたっていいし言ったっていい。
>
> それに日常のすべてのものはデザインされてますよね。デパ地下で白黒のチラシ渡されないでしょ？「見た目より中身が大事」と言う人もいるけど、伝える努力はちゃんとした方がいい。むしろ今まで伝える努力を怠ってきた感じがするんです。[*1]

このように、SEALDsの若者たちは自分たちがどのように見られるか、また自分たちをどのように見せればよいか、という点に自覚的だった。「おしゃれを気にしながら」、「デザイン」、「伝える努力」などの言葉からは、一種のメディア感覚を見て取ることができる。加えて、「日常って感覚」という言葉が示すように、社会運動の文法に自分たちを合わせるのではなく、自分たちに合うやり方で意思表示をしたいという意識が強い。「やりたいようにやる」という自己実現が重視されているのだ。そのため、従来の市民団体や政党主導の平和団体などとは異なる方法で反対の意思をアピールすることができた。

社会運動におけるメディア感覚と自己実現という要素は、彼ら・彼女らの発明だというわけではない。古くは一九六〇年代のべ平連（ベトナムに平和を！市民連合）にその要素を見出すことができるが、本稿では一九八〇年代に注目したい。既に八〇年代に社会運動におけるメディア感覚と自己実現の重要性を指摘していた人物がいる。小説家の野坂昭如である。八〇年代の野坂は『科学文明に未来はあるか』（岩波書店、一九八三年）を上梓し、巨大科学技術の時代に不信を表明していた。さらに、短編小説「乱離骨灰鬼胎草」（一九八四年）では、原発から出た放射線により死にゆく人びとを描いていた。このように以前から原発に注目してきた野坂は、チェルノブイリ原発事故後に日本で盛り上がった反原発運動について、『広告批評』の特集「明るい明日は原発から」（**図1**）で以下のように語っている（『広告批評』で原発特集が組まれたこと自体が八〇年代の言説空間の特徴をよく示している）。

図1　『広告批評』1987年6月号

ああいう集会においても、みんながおしゃれで、きれいな格好をした人間が集まってくるほうがいいと思うね、僕は。いま、安いでしょ、衣料が。これだけ大量消費の世の中になったんだから。逆にとっちゃえばいいんですよ。イッセイ・ミヤケとかケンゾー・タカダとか、ハナエ・モリとか、そういうものを着た人間たちが、つまり原宿にいる連中と同じような格好をした人間たちが、原子力発電に反対したときに、僕はいくらか可能性があると思う。[*2]

もちろん、野坂が言及したいわゆる「DCブランド」と呼ばれるファッションと、現代の「おしゃれ」を支えるファストファッションとでは、持つ意味は異なる。前者は一九八〇年代の半ばに、都心を中心に流行し、価格も高かったのに対し、後者は低価格が特徴で、全国的にチェーン展開するデフレ時代の象徴の一つである。そのような差異はあるものの、「その時代を象徴するファッションに身をつつんだ若者への期待」という点では共通していると言えるだろう。

また、反原発運動の当事者と言うよりは、それを外から言論で応援する立場だった野坂の言葉に対し、冒頭の引用は、まさに運動の当事者の言葉であるという点も異なっている。そのような差異にも関わらず、メディア感覚や自己実現という点で現代と八〇年代の社会運動に関する語りが似通ってしまうのはなぜだろうか。この問題を含めて八〇年代の社会運動を考察するのが本稿の主題である。

一九八〇年代の社会運動は多様な要素を持っていたが、それらを束ねる意識として「反核」があった。反核運動の八〇年代は、その前期を「反・核兵器」の時代、後期を「反・原子力」の時代と区分できる。現代の源流かもしれない八〇年代を、まずはその前半から振り返ってみよう。

文学者の反核署名とその余波

一九八〇年代の前半、「反・核兵器」の時代を代表するのが、文学者による反核運動である。一九八二年一月、二八二人の文学者が「核戦争の危機を訴える文学者の声明」を発表し、それに共鳴する人びとが反核集会を開催した。この声明は、核兵器の廃絶と軍拡競争の中止を世界に求めるとともに、日本政府に対しては非核三原則の厳守を要求するものだった。では、なぜ他ならぬこの時期に反核署名運動が起こったのだろうか。これについて、市民運動家として知られる吉川勇一は、当時の日本にみられた軍事費増大に代表される右傾化・軍事大国化に注目し、それに対する危機感が反核運動を準備したと述べている。[*3] ここではそれ以外の要因を二点に整理しておきたい。

第一の要因は、西欧世界を中心にした反核運動の盛り上がりである。一九七九年、米中国交正常化とソ連のアフガニスタン侵攻とが直接の契機になり、「新冷戦」呼ばれるほど米ソの緊張が増していた。このような状況で、一九七九年一二月、北大西洋条約機構（ＮＡＴＯ）が新型中距離核ミサイルのヨーロッパ配備を決定する。すでにソ連は、一九七〇年代後半から東欧に中距離核ミサイルを配備しており、ＮＡＴＯの中距離核ミサイル配備はこれへの対抗措置だった。これにより、西ヨーロッパの人びとに加え、東欧諸国の人びとも、米ソの限定核戦争の巻き添えになる可能性を意識せざるを得なくなった。こうして、イギリスや西ドイツを中心に反核運動が大きく盛り上がっていったのである。

第二の要因は、原水爆禁止運動の統一である。よく知られるように、原水爆禁止運動は一九六〇年初頭に、社会党系の原水禁（原水爆禁止日本国民会議）と共産党系の原水協（原水爆禁止日本協議会）とに分裂した。ここでは両団体のその後の歩みを簡潔にまとめておこう。原水禁は、一九六九年から反原発の市民運動や住民運動と連携し、社会党と総評に先んじて原発を運動の焦点にしており、一九七五年には「核と人類は共存できない」というテーゼを運動のスローガンとして採用した。そもそもこのテーゼは、アメリカ原子力委員会の元研究者で、プルトニウム内部被曝や低線量被曝問題を提起していたタンプリンが言い出したもので、原水禁は彼との交流の中で反原発の姿勢を鮮明にしたのである。[*4] 他方、原水協は原発推進の立場だったが、核軍縮には積極的に取り組んでいた。一九七〇年代以降、国際的軍縮NGOのネットワークに参加し、「被爆の実相とその後遺・被爆者の実情に関する国際シンポジウム」を開催、成功させた実績があった。

つまり、原水爆運動は一九六〇年代初頭に分裂したものの、両者は消滅することなくそれぞれの反核運動を続けてきたのだった。分裂はしても消滅はしなかったという点に、戦後日本の反核意識の定着と持続を見ることができるかもしれない。そして、七〇年代、両者には統一の動きがみられた。一九七七年から八五年まで、原水禁と原水協が統一し、世界大会を開催したのである。この統一が八〇年代前半の日本における反核運動にとって強力な追い風になった。

しかしながら、世界的反核運動と原水禁運動の統一を背景にした文学者主導の反核運動は、いくつかの限界を有してもいた。その一つに原発の問題がある。反核声明の発起人の一人であった独文学者で小説家の中野孝次は「あの時点ではおそらく原発については異論があるだろうという予想のもとに、あえて原発を入れなかったんですね」と回想している。[*5] そのような判断を下さなければならないほど、核エネルギーの「軍事利用」と「平和利用」とを峻別する態度は根強かったのである。

思想家の吉本隆明も、そのような態度を共有していた。吉本は文学者の反核声明とそれに端を発する反核運動を「ソ連に資するもの」だと厳しく批判したが、そのなかで原発についても言及している。吉本によれば、従来の化石燃料とは次元の異なる核エネルギーは科学の力によって解放されたものであり、原発の問題も純粋に科学の問題である。したがって、「政治闘争はこの科学の物質解放の意味を包括することはできない。既成左翼が「反原発」というときほとんどが、科学技術にたいする意識しない反動的な倫理を含んでいる」と述べて、「軍事利用」と「平和利用」の「混同」を批判したのである。[*6]

「心に迫るリアリティ」とチェルノブイリ

一九八〇年代を語る際の常套句に「消費社会」があるが、少なくとも八〇年代前半の反核運動からは「消費社会」的要素を見つけるのは難しい。むしろ旧来の社会運動の方法を踏襲しながら、反核運動が行われたとみるべきだろう。つまり、感覚よりも論理を、楽しさよりも真面目さを、個よりも集団を重視する態度が根強かった。そこに違和感をもったのが、物理学者で原子力資料情報室の設立者でもある高木仁三郎だった。高木は、一九八二年に反核集会に参加した際の印象を次のように振り返っている。

何十万という人たちが集まってくるのは、根底に「核の時代」に対する漠然とした危機感があるからです。しかし、「今にも核戦争のボタンが押される」とか「人類絶滅の危機」とだけ声高に叫ばれても、何か心に迫るリアリティがない。
人々の心にひそむ危機感を、もう少し別の回路でたどっていけば、生きる場と反核の運動をよりたしかに結びうるのではないか。[*7]

高木が「心に迫るリアリティ」が足りないと感じた反核運動に対し、八〇年代後半の反原発運動はリアリティに照準を当てた運動になるわけだが、まずはソ連のチェルノブイリで起こった原子力発電所の大事故について確認したい。[*8]

一九八六年四月二六日、チェルノブイリ原子力発電所では操作ミスが原因で、炉心融解が起こった。爆発で空いた原子炉建屋の穴から漏れ出た放射性物質は、ウクライナ、ベラルーシ、ロシアに及んだ。

事故後の日本社会で原発推進に反対する世論がいかに高まったのか、世論調査から確認しよう。『朝日新聞』がチェルノブイリ原発事故の発覚から四ヵ月後の一九八六年八月に実施した調査では、原発推進の賛否が問われた。その結果は、推進に賛成と答えたのは全体の三四％、反対が四一％だった。原発に関する世論調査が始まって以来、反対が賛成を初めて逆転したのである。

他方で、「日本の原子力発電は、今後、どうしたらよいと思いますか」という質問に対する答えは、日本の原発について「やめるべきだ」という回答は九％、「減らす方がよい」という回答は一三％に過ぎなかった。そして、過半数を超える六〇％もの人びとが「現状程度にとどめる」と回答したのである。

つまり、多くの人びとはこれ以上の原発増設には反対したし、不安も感じていたが、原発を「減らす方がよい」「やめるべきだ」という回答は少なかったのである。チェルノブイリのような原発事故は日本では起こらないと考えたためだろうか。原発の数は現状のまま、これまで通り稼働させていけばよい。そのような考えが根強くあったのかもしれない。

これらの世論調査の結果は、原発に関する人びとの意識は、チェルノブイリ原発事故で一時的に動揺したものの、原発が必要だという基本的な意識は変わらなかったことを示している。ただし、世論調査の数字だけでは、この時期に起こった本格的な反原発運動を理解することはできない。

「いのち」のリアリティと女性

チェルノブイリ原発事故後の反原発運動の高揚は、食品汚染問題から始まった。北欧から日本に輸入している食品が、放射線に汚染されているのではないかという不安が広まったのである。それを受けた厚生省は、一九八六年一一月、放射線汚染食品への暫定基準（食品一キログラムあたり三七〇ベクレル）を定めた。

その後、トルコ産のヘーゼルナッツや、香辛料、スウェーデン産のトナカイ肉などから、基準値を超える放射線が検出された。厚生省は輸入業者にそれらの食料を送り返すよう指示したが、今度は輸入食品の検査体制に疑問が投げかけられた。それならば自分たちで放射線を測定しようと、一九八七年一一月、原子力資料情報室が「放射能汚染食品測定室」を開設した。

放射線を独自に測定する動きと並行して、反原発のデモや講演会の開催といった運動も各地で活発になっていった。これらの反原発運動は、女性と若者たちが積極的に参加し、政党や平和団体などの組織にはとらわれず手作りで運動を立ち上げたという点で、従来の社会運動とは異なる新しい性質を持っていた。この運動が、「反原発ニューウェーブ」と呼ばれたのも、そのためである。では、女性たちが主体になった運動からみてみよう。

一九八八年一月、小原良子という一人の主婦が呼びかけ人となった「グループ・原発なしで暮らしたい」が伊方原発出力調整実験への反対運動を企画し、高松の四国電力本社前で集会を開催した。

当時、電力は供給過多状態にあり、原発を一〇〇％フル稼働させるのは電力会社にとって負担になっていた。そこで、電力会社は、電力需要が減る時期や時間に原発の出力を下げ、需要が高いときに出力を上げるという、より「経済的」な原発稼働を目指した。そのための準備として行われたのが出力調整実験である。四国電力は一九八七年一〇月に伊方原発の二号機でこの実験を行い、八八年二月に二回目の実験を行おうとしていた。
出力調整実験の反対集会には、子連れの女性の参加が目立ったわけだが、当初、彼女たちの運動に対して「政党や労働運動、従来から原発反対運動にかかわってきた学者や運動家の多くの反応は、冷ややかであった」と、当事者は証言している。[*9]
このように従来の運動関係者の冷ややかな目を受けつつも、女性たちが運動を止めなかったのは、重要な駆動因があったからだ。それは「いのち」である。この時期の女性たちの運動の一種のバイブルになっていたブックレットに、甘蔗珠恵子『まだ、まにあうのなら』（地湧社、一九八七年）があるが、そこには独特の生命重視の心性が描かれていた。「家族を守る母親」という立場を強調するこのブックレットは、生命の源である食事を司る（とされる）母親の立場から、食品の放射線汚染に対する強い不安を強調していたのである。同時期にベストセラーになった広瀬隆『危険な話――チェルノブイリと日本の運命』（八月書館、一九八七年）もまた、生命の危機がテーマの一つだった。
食生活の防衛意識だけならば、例えば一九五四年のビキニ事件以降に沸き起こった原水爆禁止署名運動とその際の主婦たちの関与と同質である。しかし、八〇年代後半の反原発ニューウエーブにおける「いのち」の重視には、フェミニズム、環境思想、有機農法への関心などがあり、それらは近代的諸制度への異議申し立てをはらんでいる点で、優れて八〇年代的だったと言えるだろう。

明るくかっこいい音楽と若者たち

女性たちの運動と並んで、「反原発ニューウェーブ」を特徴づけたのは、若者たちの参加だった。ここでいう若者たちとは、政党や平和団体に属する若者というよりは、マンガやサブカルチャーに親しんだ若者のことである。

なかでも、ロックという音楽ジャンル、特にパンク・ロックが反原発のメッセージで若者たちを惹きつけた。イギリスで起こった反核運動とロックとの結びつきは、日本にも波及し、既に一九八四年には「アトミック・カフェ・フェスティバル」という反核を訴える野外ライブが東京の日比谷野外音楽堂で開催されていた。チェルノブイリ原発事故後、反核運動とロックとの結びつきはよりいっそう密接になり、原発への反対も歌われるようになった。その傾向を象徴する人物が、忌野清志郎であり、彼の楽曲の発売中止騒動だった。

チェルノブイリの原発事故以降、忌野清志郎が所属していたRCサクセションは、エルビス・プレスリーの「ラブ・ミー・テンダー」や、エディ・コクランの「サマータイム・ブルース」に反原発の歌詞を乗せて、ライブなどで歌い始めていた。これらの曲は、シングル「ラヴ・ミー・テンダー」とアルバム『COVERS』として一九八八年に発売される予定だったが、RCサクセションが所属する東芝EMIは、これらの楽曲の発売中止を決定した。忌野清志郎は『宝島』(一九八八年八月号)で、原発産業の大手である東芝を親会社に持つ東芝EMIが、原発批判の歌詞を問題視して、発売を自粛したのではないか、と推測している。

この騒動は、他のミュージシャンたちを刺激した。ロックが持つ反体制の志向性と相性が良かったためだろうか、若者に人気のミュージシャンたちが、「反核・反原発ソング」を相次いで発表したのである。一九八八年七月には、「チェルノブイリには行きたくねえ」と歌う、

図2　ハンドレッド・クラブ編『ノー・ニュークス！イエス・ロック！』

ザ・ブルーハーツの楽曲「チェルノブイリ」が、自主レーベルから発売された。八月には「ウィンズケール、スリーマイル、チェルノブイリ」と過去の原発事故を並べて歌った、佐野元春の「警告どおり計画どおり」が発売。一一月には「放射能やだ」と連呼する、爆風スランプの「スパる」（アルバム『HIGH LANDER』に所収）が発表された。

　これらの音楽の熱心なファンたちのなかには、単に楽曲に親しみ自らバンドを組んで演奏するだけではなく、実際の反原発運動に参加する者もいた。当時の運動のノウハウを伝える資料に、ハンドレッド・クラブ編『ノー・ニュークス！イエス・ロック！』（リトル・モア、一九九〇年）というハンドブックがある（**図2**）。

　編集を担当したハンドレッド・クラブは、「10人のにーちゃん、ねーちゃんたちによる反原発、反核、反戦のためのグループ。活動開始は'80年代中期。平均年齢21・5才」だと自分たちを紹介している。[*10] 彼ら・彼女らが説く運動のなかで、重要な役割を果たすのがメディアだった。ハンドブックの目次には、「メディア」という項目があり、そこではチラシ、ミニコミ、ミニFM局、カセット・ミニコミ（カセットテープにDJ形式で自分の主張を録音して配布する）などの作成方法や使用例がくだけた口語調で解説されている。これは本稿が「はじめに」で指摘したようなメディア感覚と同種のものであり、一種の自己実現だとも理解できるだろう。では、反原発運動に関与した彼ら・彼女らの心性はいかなるものだったのだろうか。

たしかに、文化にも学問にも縁遠く、酒とロックンロールに首までひたりきっているようなおれたちの人生は、おエライ学者先生の目から見ればまったくクダラナイものにしか映らないいんだろうけれど、本人たちにとってはホントに大事なものなのさ。パンク・ロック、仲間、そして、弟や、妹や、ガールフレンドの笑顔……絶対に誰にも奪い取らせやしねえぜ！[*11]

パンク・ロックが漠然とまとっている反体制のイメージとは裏腹に、彼ら・彼女らには「自分の周囲の人間を守りたい」という意識があり、その意味で、家族の「いのち」を守ろうと立ち上がった同時期の女性たちの実践と通底する部分があったのかもしれない。

おわりに

脱原子力運動を研究してきた本田宏は、「反原発ニューウェーブ」の特徴を「象徴的・遊戯的」だと評価している。[*12]「象徴的・遊戯的」な運動は、参加者個人の自己表出が自己目的化しがちであり、内向的志向を強めるのだという。本稿も本田の理解に賛成である。確かに八〇年代後半の、特に若者たちの反原発運動には、そのような要素があった。ただし、「個人の即興的な自己表出」があったからこそ、多くの人々は八〇年代後半の反原発運動にリアリティを感じることができたのである。

さらに、原発による汚染から守るべき対象として、女性たちの運動では「家族」が、若者たちの運動では「仲間」が見出されていた点も重要であろう。自分と自分の身近な人びとの生が脅かされる可能性を感じ取り、それを守ろうとする心情は、消費社会と言われる時代にも根強かった。革新的に見えたり、反権力的に見えたりする八〇年代後半の「反原発ニューウェーブ」だが、その根幹には、ある意味での生活保守意識があったのだろう。思えば、戦後日本で社会運動が特定の階級や集団を越えて大きく盛り上がるとき、そこには必ずと言っていいほど、「守り保つ」という意識があった。このような意味での「保守意識」を刺激できない場合は、社会運動は、一部の人びとだけの運動にとどまらざるを得なかったとも言える。それは、「民主主義を守る」「立憲主義を守る」という要素が強かった二〇一五年夏の運動にも指摘できるのではないか。

八〇年代の反核運動を振り返って指摘できるのは、戦後日本社会における反核意識の定着や、本格的な反原発運動の起こりだけではない。社会運動が高揚する際には革新的要素が注目されがちであるが、そこには確かに保守的要素が潜在していた。それは「豊かな」「消費社会」を生きる人びとの感性と矛盾するのではなく、むしろ相性が良いのかもしれない。多様な人間が集い、それぞれが出会いを通して特定の認識を練り上げていく際、その場所には「革新的」心性と「保守的」心性が拮抗している。両者のバランスを見極めてみると、二〇一〇年代の社会運動の源流が八〇年代にあることが見えてくるのである。

◉註

＊1　吉野太一郎「【安保法案】SEALDs・奥田愛基さん『民主主義って何だ? 問い続ける』（インタビュー）」http://www.huffingtonpost.jp/2015/08/24/sealds-okuda-interview_n_8030550.html［最終閲覧二〇一五年一二月一二日］。また、高橋源一郎／SEALDs『民主主義ってなんだ?』（河出書房新社、二〇一五年）も参

照した。
＊2　野坂昭如「原発を選んだのは僕たちか」『広告批評』一九八七年六月号、五三頁。
＊3　吉川勇一他編『反核の論理』柘植書房、一九八二年、一一頁。
＊4　道場親信「原水爆禁止運動と冷戦」酒井哲哉編『日本の外交　第三巻：外交思想』岩波書店、二〇一三年、二四四頁。
＊5　「「文学者の反核声明」5周年　国家＝核を超えて生き残るために」『朝日ジャーナル』一九八七年四月三日、八七頁。
＊6　吉本隆明『「反核」異論』深夜叢書社、一九八二年、四七頁。
＊7　高木仁三郎『核時代を生きる』講談社、一九八三年、二二九頁。
＊8　チェルノブイリ原発事故が日本社会に与えた衝撃については、山本昭宏『核と日本人』（中央公論新社、二〇一五年）の第4章に詳述した。
＊9　中島眞一郎「いかたの闘いと反原発ニューウェーブの論理」『現代思想』二〇一一年一〇月号、五八頁。
＊10　ハンドレッド・クラブ編『ノー・ニュークス！イエス・ロック！』リトル・モア、一九九〇年、表紙の折り込み部分。
＊11　前掲書、九頁。
＊12　本田宏「日本の原子力政治過程（4）：連合形成と紛争管理」『北大法学論集』第五四巻第四号、二〇〇三年一〇月、三三四－三三五頁。

映画

撮影所システムの終焉と「フリー」の時代

鷲谷 花

一九八〇年代初頭、日本映画界の撮影所システムは崩壊の最終局面を迎えていた。本稿では、映画会社が、雇用契約を結んだスタッフとキャストを起用し、自社の撮影所（スタジオ）の設備と機材を使って、もっぱら特定のフォーマットに沿った娯楽的ジャンル映画（プログラム・ピクチャー）を、厳密な予算とスケジュールの管理下で量産し、全国の自社系列映画館で二本立て興行して収益を得る体制を指して、「撮影所システム」の語を用いる。

撮影所システムの崩壊は、敗戦後しばらく順調な成長を続けてきた日本映画産業が衰退期に入った一九六〇年代以降、段階を追ってゆるやかに進行した。六〇年代には「合理化」として、各社でスタジオ機能の縮小と人員整理が、七〇年代には製作部門と興行部門の分離が進められた。七一年、大映、東宝、松竹、東映、日活の大手映画会社五社のうち、大映は倒産、東宝は製作部門を別会社として切り離し、興行中心の経営への移行をいち早く開始した。松竹は喜劇とメロドラマ、東映は任俠映画という、自社商標的なプログラム・ピクチャーの製作体制の維持にしばし尽力したが、結局、松竹は東宝に続いて製作部門の切り離しを進め、かつては大手最大のプログラム・ピクチャー量産体制を誇った東映も、七〇年代末には製作本数を大幅に絞り込んだ。七一年に始まった日活の「ロマンポルノ」路線が、ほぼ唯一の「撮影所のプログラム・ピクチャー」として、八〇年代に至っても継続されたが、そのロマンポルノの観客動員数もやがて右肩下がりとなり、八八年に製作終了が宣言された。

撮影所によるプログラム・ピクチャーの供給停止のプロセスは、映画の作り手が「労働者」として認められる機会の減少と軌を一にしていたということができる。大手五社のうち、企業の衰退期に労働組合が大きな発言力を得た日活では、プログラム・ピクチャーの供給体制が最もおそくまで維持された。その日活でも、八〇年代初頭にベテラン技術者の退社が勧告され、初期ロマンポルノの質的充実を支えた優秀なスタッフも大半がフリーになった。八〇年代、日本映画は、製作配給会社と雇用契約を結んだ労働者ではなく、フリーの個人事業主が寄り集まって作るものとなった。

八〇年代初頭の日本映画界における重大な変化のひとつは、撮影所の労働運動とほとんど関わりをもたない世代が、一斉に監督デビューを果たしたことだった。昭和戦後の日本映画界においては、良きにつけ悪しきにつけ、労働組合が大きな存在感を発揮してきた。占領期には三次にわたる東宝争議をピークに、撮影所を舞台にしばしば大規模な労働争議が起きた。四八年の第三次東宝争議の敗北と、五〇年代初頭のレッド・パージにより撮影所を追われた組合活動家やシンパたちは、独立プロを結成し、主に総評傘下の労働組合の強力な支援を得て、社会的なテーマを扱う映画の自主製作に取り組んだ。六〇年代には、撮影所の機能縮小、人員整理、非正規雇用化、労働強化などを含む「合理化」を推し進める各社経営陣と、雇用の安定、賃金と労働条件の改善を要求する組合とが激しくせめぎ合った。各社の反合理化闘争はそれぞれに異なる道筋を辿り、多くの場合は経営側の目的達成と組合側の敗北に終わったが、日活では六二年に結成された新労働組合がヘゲモニーを握り、スタッフの正社員化、組合の経営参加、そして七九年には元組合委員長根本悌二の社長就任を実現させた。

占領期の東宝争議から、七〇年代の日活労組による経営主導権の掌握に至るまで、撮影所の労働運動が、映画製作の現場にとって歓迎すべき成果を必ずしももたらさなかったことについては、異なる立場からの複数の証言がある。第三次争議敗北以前の東宝や、七〇年代の日活の場合にみるように、労組が企画に対する発言力を得た場合、組合側と脚本・演出側の間に作品の方向性をめぐる軋轢が起こり、才能を期待された若手が、思想的な相違から「干される」事例もあった。また、組合が定めた就業規則が、現場の実情に合わない弊害もしばしば生じていた。日活出身のプロデューサー伊地智啓は、七〇年代の日活の状況について、「今や日活株式会社の存続までも背負いこんだ日活労組が社員の生活を守る一方で、映画つくりの現場に暗い影を落としたことも否めないとは思いますよ。それは就業規則の徹底的な厳守みたいなことで済んでたものが、今度は企画にまで及んでくるというおぞましい事態」[*1]「組合論理というのは人が生き延びる知恵ではあっても、ものを作る人間を活かす仕組みではありえない」[*2]と語っている。

したがって、経営側と組合側の板挟みとなって撮影所で働く映画労働者の立場から解放され、「フリー」となることは、より大きな創作の自由を意味するものとも受けとられた。八〇年代初頭、各撮影所が長年かけて独自に培った技芸と伝統が集約されたプログラム・ピクチャーが過去のものとなりゆく中、映画製作の創造的な面を代表しうる存在として、フリーの「映画作家」が新たな脚光を浴びた。この時期、撮影所に助監督として入社し、現場経験を積んだ後に監督昇格のチャンスを得る、という従来のキャリアコース外の新人、たとえば学生映画サークルでの八ミリ映画の自主製作により評価された大森一樹、石井聰亙（現石井岳龍）、黒沢清や、ピンク映画出身の井筒和幸、高橋伴明らが、三五ミリ商業映画の監督として次々にデビューを果たした。また、八〇年代を通じ、伊丹十三、和田誠、市川準、そして北野武ら、異業種の有名人による監督作品が、専業映画監督の作品を超える高い評価を得る事例も相次いだ。

フリーの「映画作家」の時代としての八〇年代を象徴する出来事のひとつが、八二年、『青春の殺人者』（一九七六年）、『太陽を盗んだ男』（一九七九年）の二作で、期待の若手監督としての評価を業界の内外に確立した長谷川和彦を代表に、先述した石井聰亙、大森一樹、黒沢清、井筒和幸、高橋伴明と、日活ロマンポルノ出身の相米慎二、根岸吉太郎、池田敏春の九人の若手監督が集まり、新映画製作会社ディレクターズ・カンパニーを結成したことだった。ディレクターズ・カンパニーの創業目的は、従来の「会社の映画」の制約から自立した映画作家による、作家性と娯楽性を両立した映画製作の拠点となることだった。ディレクターズ・カンパニーの活動期間は約一〇年間と比較的短かったが、黒沢清の商業映画デビューの機会を作り、相米慎二の代表作のいくつかを世に送り出し、また、同時代のアメリカのホラー映画のローカライゼーションに積極的に取り組むことで、九〇年代以降のいわゆる「Jホラー」登場のプラットフォームを準備するなど、その活動の意義は多岐にわたる。

ディレクターズ・カンパニーの代表作のひとつ、相米慎二監督『台風クラブ』（一九八五年）の身体表象について論じる大澤浄の論文「「過程」を生きる身体」には、いくつかの重要な示唆が含まれている。大澤は、かつての撮影所が、「そこに従事する労働者の質を向上させる継続的かつ実践的な教育」という機能を担っていたことを指摘した後に、『台風クラブ』をはじめとする相米監督作品の子どもたちの、「未分化で描く、しばしば誇張されてリアリズムを逸脱する身体」に、従来の撮影所的身体の対極に位置するような「新たな映画的身体の方向性」

を見出し、それを「可能態としての身体」と呼ぶ[*3]。

私と公、遊びと仕事、未熟と成熟、死と生を明快に区分し、常に後者に優先すべき価値を付与するヒエラルキーに組み込まれない身体。「優秀な労働者としての完成」を目標とする評価を拒む身体。「可能態としての身体」。ディレクターズ・カンパニーの作品群は、そのような身体の表象に充ち満ちていたことは確かであるだろう。『台風クラブ』の、駆けめぐり歌い踊って台風の一夜を明かす中学生たち。あるいは黒沢清の商業映画デビュー作『神田川淫乱戦争』(一九八三年)の、神田川を徒歩で横断し、対岸のマンションの一室で母親に囚われている少年を救出すべく「攻撃」を敢行するふたりの若い女性。自らの行為の妥当性や結果の不確かさを省みて逡巡することなく、唐突に行動へと転じる「可能態としての身体」と、水や風の自生的な運動が交錯する情景は、いまだに多くの観客の視線を捉えて放さない。そして、そうした情景が成立しえたことは、身体の「労働者性」からの解放のひとつの成果であったともいえるだろう。

しかし、八〇年代の日本映画の「労働者」性からの解放は、個々の映画作品の体現する創造的な活力とはまた別に、否定しがたい負の結果をもたらした。撮影所で高度な職人的スキルを身につけたベテラン技術者と、撮影所を体験せずに現場に入った若い世代の間の待遇・賃金の格差は覆いがたく開き、かつ、「作家」を頂点とする新たな階層秩序のもとで固定された。もはや就業規則もその遵守を監視する労組も不在の制作現場では、労働の条件と環境は、その時その場のヒエラルキーの上位者が恣意的かつ一方的に決定しうるものとなった。そして、「労働者」ならぬ映画スタッフが、苛酷な労働によって健康を損ない、もしくは死に至った場合、確実なセーフティーネットと呼べるものも失われた。

八六年、主に独立プロでの活動で知られたカメラマン瀬川浩が、東北電力製作のドキュメンタリー『北の仏』撮影中に脳こうそくで死去した。苛酷な条件下の長時間労働が原因の労災死として、遺族が行った労災保険の請求は、「労働基準法第九条で規定する労働者とは認められない」との理由で却下された。[*4] 後に「瀬川労災事件」と称されるこの出来事を報じた『讀賣新聞』は、テレビや映画の撮影現場で起きている労災事件のうち、表に出る事例は氷山の一角にすぎないことを指摘し、次のように伝える。

山岳、厳寒地での撮影やスタントシーンなどではかなりの頻度で事故が起こり、その実態は把握されていない。さらに、けがをした俳優やスタッフに対する補償責任が明確ではなく、その処理はケースによってまちまち。現在では、大半のテレビ番組や映画が制作会社に発注され、寄せ集めのスタッフや役者で制作される臨時的な雇用関係が常態。このため、事故があった場合の責任の所在はあいまいだ。

「ベテラン俳優の芦田伸介さんは「契約も口頭で行う場合が多く、雇用関係が不明確な上、事故が起こっても、被害者が事を荒立て今後の仕事が得にくくなることを恐れ、穏便に済ませてしまうことが多い。補償に関しても知名度のある人間か否かで、処理の仕方が違う」と、現場の実態を訴える。[*5]

九一年、ディレクターズ・カンパニーが大予算を投じた時代劇映画『東方見聞録』（井筒和幸監督）の制作中、二一歳の俳優林健太郎が、鎧兜を身につけて滝壺に飛び込む場面の撮影時に溺れ、後日死亡する事故が起きた。『東方見聞録』の劇場公開は中止され、同時期にバブル崩壊が到来し、製作元のディレクターズ・カンパニーは、巨額の不渡り手形を出して倒産した。
ディレクターズ・カンパニーの映画作品の中の登場人物たちのみならず、八〇年代の「撮影所以後」の映画作りに関わることを望んだ人びとの多くもまた、いまだ何者でもない「可能態としての身体」をもって、「選択した行為の妥当性が保証されない世界」[*6]に参入してゆくことを余儀なくされた。映画の製作に多大な労力と時間を提供しつつも、「作家」「職人」の地位を得られず、「労働者」とも認められにくい彼ら彼女らは、興行資本と創作する権力のそれぞれの目的達成のために、フリーハンドで使い捨てうる立場に留めおかれた。そして、バブル期の映画製作への潤沢な投資が失われて以降、突出した能力や権力をもたぬままに映画作りの現場に参入する者に対し、日本映画をめぐる労働環境は、苛酷さを増し続けて今日に至っている。

◉註

＊1　伊地智啓著、上野昂志・木村建哉編『映画の荒野を走れ――プロデューサー始末半世紀』、インスクリプト、二〇一五年、六〇頁。
＊2　伊地智、前掲書、一〇一頁。
＊3　大澤浄「「過程」を生きる身体――相米映画の子どもたち」、木村建哉・中村秀之・藤井仁子編『甦る相米慎二』インスクリプト、二〇一一年、三九～六五頁。
＊4　瀬川労災事件については、一九八九年に前年の労災申請が却下されて以降、芸能関連労働組織一〇団体が結成した「芸能労災連」を中心に、労災適用を求める運動を続けた結果、二〇〇二年「フリーのスタッフや俳優には労働者性がなく、国の労災制度の適用なし」とする労働行政側の当初の見解を覆し、労災適用を認める高裁判決が下された。（瀬川労災を支援する会「映画撮影監督瀬川浩労災訴訟事件の経緯」、二〇〇

九年五月一日更新、二〇一五年九月一五日確認、［http://www.geocities.jp/jiro2982/index.htm］）

＊5 「映画カメラマンの労災認定問題 芸能界 不明確な事故の補償」、『讀賣新聞』、東京朝刊、一九九二年五月一三日。

＊6 大澤、前掲書、六二頁。

◉参考文献

黒沢清『黒沢清の映画術』新潮社、二〇〇六年

白鳥あかね『スクリプターはストリッパーではありません』国書刊行会、二〇一四年

松本平『日活昭和青春記』ＷＡＶＥ出版、二〇一二年

アート

「アート」の台頭と「八〇年安保」

椹木野衣

一九八〇年代のアートについて書く――与えられたこの主題が、すでにすべてを物語っている。なぜなら、アートというカタカナ言葉（和製英語？）が、かつてなく人の口に昇るようになったのが、ほかでもない八〇年代だったからだ。以後、その快進撃（？）は現在まで続き、「アート」は、いまではすっかり市民権を得たと言ってよいだろう。いや、市民権を得たどころか、アートという語の氾濫は留まるところを知らず、いつの頃からか、あらゆるもの作りに「アート」という形容が使われるようになった。いわく、食はアートだ、アートで街おこし、この巧みの技はもうアートの域に達している……などなど。

振り返ってみれば、八〇年代にこの言葉が世を賑やかし始めるようになった頃から、その前兆はすでに十分あった。なぜなら、誰もアートがなんであるかを知らないまま、この言葉を使い始めたからだ。

「美術」はまだよい。実は美術もまた、ひどく歴史の浅い言葉ではあった。明治政府が、日本も欧米なみの文化を備えようと、急ごしらえでお上から布告した翻訳語にすぎなかった。それでも美術は、ところどころで軋みや齟齬、矛盾をきたしながらも、どうにかこうにか一五〇年近くの時を耐えて来た。さすがに「美術ってなんですか？」と唐突に聞かれたら答えに窮することに変わりはない。しかしそれでも、美術という語をめぐって、なんらかの国民的な共有感が存在するのは確かだろう。たとえば「美術」館は、私たちの観光や余暇の使い途にすっかり定着しているし、絵が好きな若者のなかには「美術」大学に進む者も少なくない。「美術」教師や「美術」教室も、盛期のような定着感こそなくても、曲がりなりに成り立っている。少なくとも「美術」は、私たちの生活に根を下ろしているのである。

他方、アートはどうだろうか。たしかになにかにつけ、やたらと多発・連発はされる。けれども、ではアートが私たちの生活に根を下ろしているかと振り返れば、それはひどく怪しい。少なくともアートは、「美術」のように（よくもわるくも）自然な存在にはなっていない。むしろ、よくわからないものに蓋をしようとする、不自然な振る舞いが必要とされるときこそ、アートという「魔法の言葉」が多用されているのではあるまいか。その気まずさを、私たちはどこかで敏感に感じ取っている。アートには、どこかで「アート（笑）」という留保が消えないのだ。

それにしても、なぜ、そんなわけのわからない言葉が世にはびこり始めたのが一九八〇年代だったのか。

言うまでもなく、アートの原語は英語の「ＡＲＴ」だ。もっと単刀直入に言ってしまえば、アートとはアジア太平洋戦争における戦勝国の側の語である。これは、帝国主義国家の仲間入りを目指す近代日本が、ドイツ語を規範に公的な翻訳を施し、西洋美術に「追いつき追い越せ」を目指したのとは、おもむきがだいぶ違っている。たとえ「美術」が、そのような「追いつき追い越せ」のもとに成り立ったのだとしても、「アート」と「ＡＲＴ」とのあいだには、そんなたぐいの「意志」や「野望」をめぐる落差など、およそ感じられない。それどころか、率直なところ、ただ音で置き換えただけだ。そこには、「美術」という語に孕まれていた欧米への劣等意識や、それさえもバネにしようとした先行者への超克といったものが、あとかたもないのだ。

しかし、だからこそ思うのだが、八〇年代の文化はいったい、そんな語にやすやすと道を譲ってもよかったのだろうか。

本来であれば、それ相応に国民に馴染んだ「美術」という語を「アート」に置き換えるようなことは、心理的に言っても、かなりの抵抗があってしかるべきだ。「野望から音読みへ」なのだから、それはもうほとんど屈従的と言ってもよい。ましてや、無条件降伏というかたちで、近代以後に作り上げて来た帝国主義の価値観を全否定された敗戦直後でさえ、美術は「アート」とは読み替えられず「美術」であり続けたのだ。いっそのこと、そうしてしまえばよかったと、今でなら思うかもしれない。しかし例えば、私たちは依然、野球のことを「ベースボール」とは呼ばない。日本語の文脈では、それがギャグの一種であり、裏返せば、どこか気恥ずかしいのを知っているからだ。だが、「(笑)」という心理を込めつつも、私たちはすでに事実上、美術の座をアートに明け渡してしまっている。つまり、私たちはアートと口に出すごとに、軽いギャグを素早いジャブのように飛ばしていることになる。そんな倒錯が、いったいどのようにして可能になったのか。悲惨な戦争を招いた封建主義的な価値観や、軍部の独裁による連帯責任的な凝集主義を一掃するというのなら、野球(=軍)や美術(=団体)も、いっせいにカタカナに置き換えられてよかったはずだ。けれども、それは結局なされなかった。そして野球はいまなお、野球であってベースボールではない。

八〇年代に美術がアートへと呼び換えられえたということは——先の「(笑)」とはやや齟齬を来す言い方かもしれないが——美術をアートと呼び換えても、さしておかしいなどと思わない程度には、言葉というものの重みに引っかかりがなくなったからだろう。言われてみれば、この時代からカタカナ言葉が異様に増えている。アートにかこつけても、アート・ディレクターという職名を盛んに聞くようになったのも、音楽家のことをアーティストと呼ぶようになったのも、おおよそがこの頃のことだ。

そしてそれは、これらの空虚な語の響きが、広告業界や音楽業界といった、一大産業規模を持つ流通・消費ビジネスと深い関係にあることと無縁ではない。言い換えれば、それがビジネス（＝金儲け）である以上、それらの「業界」が目指すのが、かつてのような文化の重みや達成などではなく、たんに流通の円滑化や利益の追求であったとしても当然だろう。ビジネスが円滑に進むためには、語などという次元でとっかかりがあっては面倒きわまりないのだ。そのとき言葉は、できるだけ透明で、あらかじめ無意識化されていたほうがよい。語の由来が歴史的に、ましてや批評的に問われるようでは、ビジネスとしてはまだまだなのである。肝心なのは、消費者のサイフの紐を緩くすることができるかどうかだからだ。疑わせてはいけない。アート・ディレクターはアート・ディレクターであり、アーティストはアーティストであるから「信じられる」し、「偉い」。そもそもが同語反復なのであれば、厄介な説明も不要で済む。

ましてや、広告業界や音楽業界と比べたとき、アート業界などというものは当時、まったく存在していなかった。つまり、ビジネスとしては成立していなかった。けれども、以上のような理由で、「アート」という語は渇望されていた。こんなに内容がなくて、その定義を問われることもなく、でも偉そうで、対象を根拠なく持ち上げるために、これほどうってつけの言葉はなかったからだ。そう、もっとはっきり言ってしまえば、アートとは、戦勝国の価値観をたんに無批判、かつ流用的に日本語化したものだったのだ。

ただし、そんなアートといえども、容易には入り込めない領域もあるにはあった。先に例を挙げた美術館や美術大学のように、産業としては成り立たなくても、権威性や歴史性によって存続が守られている――ということはつまり、金は生み出さずとも税金を投入することが許容されるということなのだが――場所では、いまもアートという軽薄な語は、なかなか侵入を許されていない。「現代美術」こそ「現代アート」へと座を譲りつつあるけれども、それでもなお、東京都現代アート館とか東京アート大学では権威も歴史も成り立ちようがない。こうした公的な機関では、依然、最低限の語の引っかかりが必要なのだ。やはりアート（笑）では、（東京芸大など「芸」の字にわざわざ「藝」を当てるくらいなのだから）どうにも困るのである。

それにしても、八〇年代が率先して美術から捨て去ろうとしたこの語の引っかかりとは、いったいなんだったのだろう。それが、「日本がアメリカに戦争で負けた」という事実確認であったことについては、すでに触れた。美術が美術のまま、野球が野球のまま、占領下でも当面は残り続けられたのは、そのことへの、せめてもの抵抗ではなかったか。ということは、八〇年代になって、市場や流通が歴史や権威性よりも社会の前面に立つようになって初めて、私たちは美術や芸術の存立根拠を、空虚なアート（「あーと♡」とひらがなでハートマーク付きで記したほうが、そのニュアンスが伝わるかもしれない）へと譲り渡すことに、抵抗を感じなくなったということになる。とどのつまり、それは敗戦という事実が完全に内面化されたことを意味している。

このことを考えるうえで、興味深いエピソードがある。すでに両者とも故人となってしまったが、画家の赤瀬川原平と写真家の中平卓馬がかわしたという、ある「すれ違い」である。実は中平は七〇年代の末に急性アルコール中毒で意識不明となり、それ以来、過去の記憶を失ってしまう。その中平から突然、赤瀬川のもとに一本の電話が掛かって来たというのだ。そのときの中平の質問は、赤瀬川の想像を絶していた。

「八〇年になると、安保闘争が始まるのでしょうか？」

そう、中平は聞いたというのである。「安保」とは当然、日米安全保障条約のことを差している。そして実際、戦後の日本は一九六〇年の安保改定のとき、死者まで出す国民規模の抗議運動を展開した。一九七〇年でも、そこまでではなかったにせよ、学生を中心に、激しい反権力闘争の嵐が吹き荒れたのは言うまでもない。中平が写真家としてデビューしたのは、ちょうどその頃のことであり、その写真には、当時の不穏な空気が「アレ・ブレ・ボケ」としてそのまま定着されている。しかし彼はその後、不慮の事故により記憶を失うことになる。

けれども、だからこそ中平は、なんとか記憶を取り戻そうとするなかで、ほとんど唯一、先のように問いえたのではなかっただろうか。混濁する時間と空間のなかで、いまが一九八〇年目前であるのを知ったとき、当然のことながら一九八〇年の安保闘争が行われるであろうことを確信したのではないのか。けれども、その気配はまったくない。そのことの不気味さが、自分の病のせいなのか、それとも社会に起因するのかを、なんとかして赤瀬川に確かめようとしたのではなかったか。もしそうなら、中平の問いは私たちの問いでもあり、記憶喪失に陥っていたのは、かつて昏倒して記憶を失った中平ではなく、むしろ赤瀬川を代理人とする八〇年代人としての「われわれ」のほうだった。

そう、なぜ八〇年安保闘争はなかったのか。赤瀬川のなかで、それはもう、記憶喪失者ゆえのとんちんかんな問いなどではなくなっていた。それどころか、記憶喪失者であるからこそ問いえた、きわめてまっとうな問いとなっていた。当時、赤瀬川のまわりでは、すでに広範囲にわたるスノビズム＝消費文化が根を張りつつあり、彼自身も彼の周囲の人間も、かつての「思想的変質者」ゆえの「芸術実行犯」（千円札裁判）から様変わりし、バブル前夜のおもしろおかしい「トマソン」的雰囲気に包まれつつあった。中平によるこの問いはそんななか、おそるべき鋭角さを持って赤瀬川に迫ったに違いない。その証拠に赤瀬川は、中平からのこの問いを機に、二編の小説「牡蠣の季節」、「冷蔵庫」さえ書いたのだ。

少し寄り道が過ぎただろうか。いや、そんなことはない。一九八〇年代になって、美術をアートへと呼び換えることが可能になった時代の背景には、まちがいなくこれと同じ忘却と記憶の抹消があった。八〇年代の渦中にあって「八〇年安保」を「思い出さなければならない」くらい、この頃、私たちの健忘症は急激に加速していた。だからこそ美術もまた、さしたる抵抗を受けることもなく「アート」へと、敗戦から四〇年を経てようやく、その座を明け渡すことができたのだ。

II

ニューアカ・オタク・ヤンキー

鼎談

斎藤　環×斎藤美奈子×成田龍一

◉精神分析時代としての八〇年代

成田　一九八〇年代を問い直す入口として、斎藤環さんの著書のタイトルにもなっている「心理学化する社会」をヒントに考えてみたいと思います。環さんは主に一九九〇年代を念頭に置きながら、人々がトラウマや癒しといった小さな物語を欲望するようになっていることや、さまざまな事件のコメンテーターとして精神科医がメディアに登場するようになったことなどを指摘されていますが、こうした社会の心理学化は八〇年代に始まっているのではないかというのが私の見立てです。

たとえば、精神分析家の小此木啓吾さんが『モラトリアム人間の時代』を書いた一九七八年くらいから、心理学と現代思想を重ねて考えるような雑誌――環さんもしばしば寄稿されましたが――『イマーゴ』が創刊された一九九〇年くらいまでを「長い八〇年代」として捉えると、「心理学化」の萌芽はここにあるのではないか。また、そうした流れを象徴する著作として、真っ先に思い浮かぶのは、岸田秀さんの『ものぐさ精神分析』です。

斎藤美奈子（以下、美奈子）　そうですね。一九七七年の本ですけれど、八〇年代に文庫化されて、私もそれから読みました。「人間は本能のこわれた動物である」というキャッチフレーズが印象的でした。最初の章のタイトルが「日本近代を精神分析する」。歴史学者の成田さんに言わせると、これはけしからん、と（笑）。要するに日本は精神分裂病であるという論理ですね。黒船でペリーが来航したときから和魂洋才、内面と外面との使い分けで自己が分裂しているというのです。皇国史観などというものは誇大妄想であるとブチ上げている。今の視点でどう評価すべきなのか。環さん、いかがですか？

斎藤環（以下、環）　インチキですね（笑）。岸田さんは、日本はアメリカにレイプされておかしくなり分裂病になったと、とんでもないことも言っていて、二重三重に問題がある。開国がレイプであり、そのトラウマが精神分裂状態だというわけです。この分裂という言葉自体も使い方がめちゃくちゃなんですよね。スキゾフレニア（精神分裂病）の分裂と、いわゆるスプリッティング（善と悪、敵と味方など、グレーゾーンなしで白か黒かしかない判断のあり方。思春期に多いが、境界性パーソナリティ障害などでもよく見られる）の分裂とを混同している。けれども、なぜかこの本は精神分析の理論が社会全体を説明できるということで、ものすごく衝撃があった。岸田さんの言う「唯幻論」も、私に言わせればラカンの劣化版なんですけれども、彼は意図してか意図せずしてかラカンのラの字も出さずに言いまくるので、当時まだラカンがよく知られていない時代ですから、私がたいへん尊敬している伊丹十三のようなセンスのよい知識人たちもコロッと騙されてしまった（笑）。ここに、日本における精神分析導入の大いなる躓きがあると声高に主張したい。

岸田秀『ものぐさ精神分析』
［写真は中公文庫版］

美奈子　そういうことは、もっと早く言ってください（笑）。この種のものについていけない私はひがんでたんだから。しかし、よく売れた。精神分析を知らなければインテリにあらず、みたいな雰囲気でしたよね。

環　ええ。大衆レベルでも広く読まれたし、インテリ層までが巻き込まれてしまったところが象徴的ですね。その意味で、成田さんがおっしゃったように、心理学化の地ならしをした功績――なのか、罪過なのか――そういった役割は大いにあったと思います。

簡単に言えば、八〇年代というのは「精神分析の時代」なんです、日本においては。いくつか入口があるんですけれども、まず岸田さんをはじめとするフロイディアン（フロイト派）、それからオカルト経由のユンギアン（ユング派）、そして現代思想経由のラカニアン（ラカン派）ですね。

成田　スター的な存在の人たちもいましたね。

環　日本精神分析学会の会長を務めた小此木啓吾さんが、先ほども挙がった『モラトリアム人間の時代』や『自己愛人間』といったフロイト入門的な本をたくさん書かれて、精神分析の導入に非常に大きな役割を担いました。

それから、二〇一三年に亡くなった小田晋さんという筑波大の精神科医が――実は私の前々任者なんですが――『トゥナイト』などの深夜番組に出まくって、犯罪者の心理分析をやってみせた。甲高い声で早口で喋りまくる方で、今にして思えばとてもキャラが立っていた（笑）。実は犯罪精神医学というのは非常に特殊な分野なんですが、彼の影響で精神科医は犯罪に詳しいという誤解が広がってしまったという点ではちょっと問題があったかもしれません。ただ非常に博学な人で、一般向けの啓蒙書をいっぱい書いた人ではあります。ラカンの翻訳にも関わってますし、精神分析家ではありませんが分析の考え方を広げた一人ですね。

美奈子　覚えています。この方自体が特異な雰囲気で、ちょっと大丈夫かなあという印象があった。

環　ユンギアンの河合隼雄さんが目立った活躍をし始めるのも八〇年代です。河合さんについても色々毀誉褒貶はありますが、ここで名前を出している先生方の中では臨床能力は一番高かったと思われます。あと、オカルト風味（シンクロニシティとか）ではないユング理解を定着させたという「功績」もありますね。

そういうスター――と言ってよいかわかりませんが――が何人か生まれて、精神分析が一般に広まっていった時代が八〇年代だったという印象があります。

成田　岸田秀さんもそうしたスター（？）の一人だったわけですが、当時私は『ものぐさ精神分析』を読み始めて、「日本近代を精神分析する」という冒頭の一編で躓いてそれ以上なかなか進めなかったのです。美奈子さんがいわれたように、今回読み直してもやっぱりつらい（笑）。精神分析が個人を対象とするだけではなく、「集団」と「歴史」を対象にできるというか、かなりラフにしてしまったという点がその躓きの石なのですが、これは岸田秀さんのオリジナリティなのでしょうか。

環　実は個人に対する精神分析を応用して、社会や時代を斬ろうという発想はフロイトの時点ですでにあったんです。「モーセと一神教」という有名な論文がありますが、これはまさに聖書の精神分析みたいなものです。それから、「トーテムとタブー」や「文化への不満」といった、すぐれた文明批評もあります。フロイトは最初からそういう可能性を秘めた手法として構想しているわけで、岸田さんはある意味それをなぞっているのです。ただし、個人の心を探るためのツールがなぜそう易々と社会に応用できるのかという点は、フロイトもあまりちゃんと説明していないんですけれども……

美奈子　要するにトンデモと考えていいんですか？

環　そうですね（笑）。なぜかというと、反証ができない。そういうもんだと言われてしまえば、「ああ、そうですか」と言うしかない。科学とちがって、精神分析の最大の欠点はこの反証可能性のなさ。それからもう一つは「事後性」。事が起きたあとでしか分析できない。科学だったら仮説を組み合わせて予測ができるわけですけれども、精神分析はあとからしか因果関係を辿れない。自然科学とはロジックがちがうのです。ただ、私はこの事後性に可能性があるという立場ですので、必ずしも致命的な欠点とは思ってはいないんですけれども、歴史を語る上で岸田さんは——私に言わせると——ちょっと雑にやってしまった。きちんとやればそれなりに説得性がある理論が展開できたんじゃないかと今でも思っております。

美奈子　なるほど。いちおう、フォローはなさっておくと（笑）。

成田　先ほど精神分析はツールだと環さんはいわれましたが、ツールということは要するに治癒を目的としているわけですね。とすれば、岸田さんの歴史分析は何を治癒しようとしているのかがわかりにくいのです。しかし、あえてそこにこだわって『ものぐさ精神分析』を読むと、最後のほう（「わたしの原点」）で自分の出自のことが書かれている。自分はいわゆる「もらい子」で、そのために子どものときからたいへん苦労したと書かれている。とすれば、個人の問題を明らかにしつつ、その個人を取り巻く、日本という集団を併せて分析することが岸田さん自身の治癒に繋がっているのか、とも思うのですね。

環　なかなか鋭いご指摘です。岸田さんは分析家でも臨床家でもありませんでしたが、自己分析に基盤をおいて議論を展開したところはフロイトと似ています。精神分析が治癒を目的としているかどうかは実は議論があるんです。分析をするとたまたま治癒が起こるということは、フロイトの最初の症例「アンナ・O」ですでに述べられています。その人が自分の葛藤をいろいろ語っているうちになんか症状が改善しちゃいましたというわけです。これは、抑圧した体験をうまく語らしめ、意識化できれば、その人は葛藤から解放されるのではないかという仮説なんですね。これがすべての精神分析の基本にあるわけですけれども、これはすごく雑な議論ではあるんですよ。つまり、外科手術をして、お腹を開いて、あとは縫合しなくても勝手に治りますよみたいな感じ。まあ、ラカンの後には治療が目的じゃないとはっきり明言する人も出てきますし、ラカン自身も治療というのは分析の副産物みたいにして起こるというような言い方をしている箇所もあります。治癒をゴールとすることはイケてないみたいな発想が、精神分析にはどうもあるように思います。

◉ニューアカ・マルクス・吉本隆明

成田　もう一つ気になっているのが、岸田秀さんの「唯幻論」は唯物論、つまりマルクス主義を相当意識して書かれた言説なのではないかということです。『ものぐさ精神分析』の中で、「人類の歴史は幻想の歴史であって、必然的な発展段階などあろうはずもない」と言っています。自分は唯物論とはまったくちがった個人や社会の説明の仕方をするのだと。こうした言説が受け入れられたということは、八〇年代にはマルクス主義がまだまだ根強かったということを意味しているのではないでしょうか。

美奈子　八〇年代はマルクス主義が強かったですか？

環　そこは私も疑問なんですけど……

成田　世代の問題も大きいと思うのですが、まだ影響力は大きかったと思います。とくに岸田秀さんは一九三三年生まれですから、知の作り方としてはマルクス主義の大きな影響を受けているはずです。同時代・同世代には、マルクス主義的な知識人が圧倒的に多く、かれらを意識せずには自己の思想を展開し難い状況を有していたと思います。

美奈子　ああ、それはそうなのか。まあ、六〇年代、七〇年代までの言説を読むと、二段階革

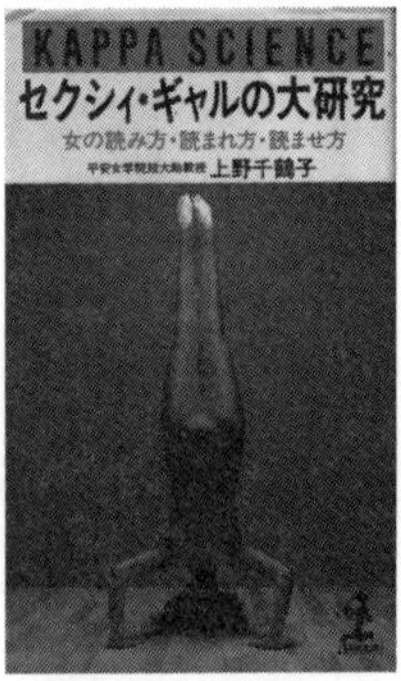

上野千鶴子『セクシィ・ギャルの大研究』カッパ・サイエンス（光文社）

命論が本気で信じられていたことに驚きますものね。

環　印象論でしかありませんが、いわゆる「ニューアカ」的なムーブメントが起こった八〇年代の雰囲気というものは、必ずしも反マルクス的なものばかりじゃなかったのではないでしょうか。たとえば上野千鶴子さんはマルクス主義的フェミニズムと言っていましたよね。柄谷行人さんや浅田彰さんもマルクスに対するリスペクトをまったく隠そうとしない。ベタな政治的な主張としての共産主義からは外れていくんだけれども、マルクスそのものには別の可能性がある、そういう信頼がまだ生きていた。そのような思想的な文脈でマルクスが延命できた時代だったかなと思いますね。

美奈子　八〇年代は「左翼が賢い」という最後の時代だという話もありますから（笑）。八〇年代はまだ「左」のなかにいろんなものが包括されていたんでしょうね。柄谷さん的な思想もあれば、蓮實さん的な文芸批評もあれば、上野さん的なフェミニズムもあった。しかし、表象がちがっている。従来のディスクールとはデザインの異なる、ある種の優美な身振りをまとって登場した。たとえば、上野さんの『セクシィ・ギャルの大研究』（一九八二年）はメディア分析の本ですね。七〇年代のウーマンリブの言説はマルクス主義的な階級論との親和性が驚くほど高かったのに比べると、スマートに見えました。

成田　一九四五年以降に大きな力を持ってきた、いわゆる「戦後知識人」にとって代わるかたちで新しい知性を掲げた知識人たちが出てきたのが八〇年代ですね。ただ、同じ八〇年代に活躍した知性で、時には一緒に「ニューアカ」と括られた人たちであっても、世代によって主張の仕方が異なるというのが私の考えです。別言すれば、格闘する対象が微妙に異なるということです。

たとえば、そうした新しい知性の代表として山口昌男さんがいます。彼は元来は国史科の出身であり、歴史学からいかに離れていくかを必死に考えて、文化人類学という学知へいくわけです。山口さんにとっては、歴史学から離れるということは同時にマルクス主義からいかに離れるかという問いとイコールだったと思うのです。

美奈子　ニューアカってニューアカデミズムですが、でも、ニューレフトだったのかもしれませんね、今思うと。新しい赤（アカ）。

成田　なるほど（笑）。「ニューアカ」といったとき、マルクス主義を補助線とすると、二種類の対応があったと思います。マルクス主義という古典的左翼に対して、新しいマルクスの解釈を引き出そうとした人もいたけれども、マルクスそのものを問題にして対抗しようとした人もいた。そして、後者の中に岸田秀さんもいるのではなかろうか。いずれにせよ、マルクス主義の呪縛からの離脱ということでは、あります。

いまひとつ、「世代」ということで言えば、一九三〇年代生まれの岸田秀さんや山口昌男さんと、五〇年代生まれの中沢新一さんや浅田彰さんとでは知的格闘の相手がちがうし、知的な体系の作り方もちがう。

美奈子　中沢さんや浅田さんは自然とマルクス主義から距離をとれるけれど、岸田さんや山口さんはマルクス主義との葛藤を経なければ自己主張ができないような枠組みを持っていたのではないか、そういうことですね？　マルクス主義中心にそこまでこだわるところが歴史学者らしいなあ（笑）。

環　ニューアカというのはアンチ吉本隆明だと総括できると思うんですよ。つまり、全共闘世代が神として崇めている吉本は、実は何言ってるのかよくわからんおじいちゃんだということを身も蓋もなく指摘して、もっと身軽になろうというムーブメントが、私から見るとニューアカ的なものです。思想の文脈が吉本勢力圏から自由になっていき、確かに語り口が徹底的に変わったという非常に鮮烈な印象を持った記憶があります。ですから、吉本的なものとの決別を抜きにして語れないんじゃないでしょうか。そこにマルクスとの関係をさらに挟まないと、ニューアカの特質を取り逃がすんじゃないかなと思います。

美奈子　吉本隆明がコム・デ・ギャルソンを着て「アンアン」に登場したのが、たしか八四年です。それで、埴谷雄高に「資本主義に迎合しやがって」みたいな形で批判された。吉本さん自体がパロディを演じているように見えました。そして八〇年後半になると、吉本隆明は、もう吉本（よしもと）ばななさんのお父さん、という認識になる。

成田　八〇年代というのはまだ論壇というものが機能していて、そのなかでの住み分けがあったと思います。山口昌男を中心とする「山口組」、吉本隆明を中心とする「吉本興業」という言い方も、されていたと思います（笑）。しかし、必ずしもそれらが対立しているという見取り図にはなっていなかった。アンチ吉本だけを軸として考えると、むしろニューアカの持っている重層性が見えてこないという感じがします。

環　マルクスの扱いに関しては、橋渡し的な役割の人が何人かいたということではないでしょうか。世代を繋ぐような存在と言いますか、山口昌男や岸田秀は両方に足がかかっている過渡的な存在として位置づけるのが妥当かもしれません。

◉オタクとは何か

成田　もうひとつ、八〇年代を論じる視点として取り上げたいのは、オタク文化の登場ということです。環さんは二〇〇〇年の著書『戦闘美少女の精神分析』のなかで、オタクをこう定義されています。オタクとは「近代的なメディア環境がわが国の思春期心性と相互作用することによって成立した奇妙で独特の共同体だ」、と。まずはここを入り口としてみましょう。

環　私がこの本を出す直前にまさに美奈子さんが『紅一点論』を出されたんですよね。戦う女の子への着目という点では先駆的な本です。「あ、やられた」と思った記憶がありますけれども、私の場合は「戦闘美少女の特異性」と「おたくのセクシュアリティ」を扱うことで差異化を図りました。いずれにしろ、幼い女の子が武装して敵と戦うなんていうストーリーは、ある程度のマスマーケットを前提とするサブカルチャーのなかでは日本にしかなかったという状況がありました。アジアでも人気はあったけれどそれはだいたい日本から輸入されたものですし、欧米ではいわゆるアマゾネス系の成人女性が戦う話はありましたけれども、女の子が戦うのはまあなかった。これはなんだろう、という問題意識です。ただ、ここからいきなり日本人論につなげてしまうのは抵抗がありました。オタクにしても戦闘美少女にしても、ある種のメディア環境があれば日本に限らず成立するのではないか。今はもう情報量が多すぎてしまってわけわかんない状況ですが、当時はちょうど端境期で私くらいのレベルでも整理できる時代だったんです。

美奈子　最初は戦闘美少女も男装していたんですね。六〇年代の手塚治虫の『リボンの騎士』では、性を偽って男のふりをしないと戦えなかった。『ベルばら』も、ジャンヌ・ダルクもそうだったわけですが。しかし、環さんがおっしゃる戦闘美少女はカテゴリーがちがう。

環　先ほどオタクの「定義」と言っていただきましたが、もう少し緩やかに考えています。いくつかの特徴が当てはまったら、まあオタクと呼べるのではないかということを記述した程度のものです。その条件の一つが今おっしゃっていただいたことですね。思春期でちょうどエロスに目覚めるときに、二次元に魅力的な少女がいたら、一定の割合の男の子、もしくは一部の女の子もですね、バーチャルのほうに恋愛感情を持っていかれてしまうということが起こるんではないか、そういう想定です。

他にもいくつかポイントがあって、まず虚構親和性が高いこと。虚構、すなわち二次元でなくちゃ意味がないんですよ。三次元はだめなんです。そういう独特の価値観があります。それから、「萌え」ですね。すごく簡単に言ってしまえばバーチャルなキャラクターに対する疑似的恋愛感情ですね（疑似とつけなくてもいいんですけれども、とりあえず対象は実在しないのでそう言っておきます）。この萌えという感情をリアルに感じられるか。まあ平たく言えばアニメ絵でヌケるかどうかですね。そういう身も蓋もない定義を私はしちゃってるんですけれども、実はこれがけっこう評判よかったんですよ（笑）。「その通り！」という人が実に多かったのでびっくりしました。でも、一般の人とオタクを分ける上ではこれがいちばん確実だと思います。アニメ絵って独特すぎて性的ファンタジーの対象にはできないと感ずるのが一般的なんですが、成人男子の二割か三割ぐらいはそうじゃないということを知っていただく必要がある。でなかったらコミケに五〇万人も来ませんから。

美奈子　なんだろう、その想像力の豊かさって。バーチャルなものにセクシャリティを向けることができる人たちは、実在の女性に対してセクシャリティを向けることはできるんですか。

環　できるんです。

美奈子　両方いけるってことですか（笑）。

環　ややこしいのは、「別腹《べつばら》」なんです（笑）。リアルな女性と普通にパートナーになりたい。そういう気持ちがあるから「リア充」っていう言葉がある。「リアルに充実」の充実って、要するに異性のパートナーがいるっていうことですから、ベタに言えば。虚構で完結しているのが幸せというのは、どちらかというと女性のほうなのかもしれません。男性の架空のキャラのカップリングを楽しむ腐女子の場合、対象がもう個人というか、単独のキャラクターですらないので……

美奈子　女性だと関係性に萌えるって人が多いですね。男子同士の恋愛を描いたボーイズラブの世界は、完全にそれだと思います。

環　はい。向けどころがそっちにいっちゃった人はなかなかリアルな男性に帰ってこられないというか、帰ってくる必要がなくなってしまうということがときどきあるように聞きます。男性のほうはまだ三次元への執着が残ることが多いですね、別腹として。

成田　それからもうひとつ、環さんのオタク論の明晰さは、日本に閉じていないということだと思います。オタク論にしばしばみられる、オタクというのは日本特有な現象だ、と閉じてしまうことを拒絶している。環さんの定義というか、規定の卓越性は、この点にあると思います。

環　ありがとうございます。オタクというのは、ある程度発達したメディア環境があり、なおかつサブカルチャーのなかにロリコン的要素があれば、一定数発生してくるものだということです。だから、アメリカにもイギリスにもドイツにもフランスにもいる。イタリアなんかすごいですよ。イタリアからうちの研究室に留学希望者がけっこう来るんですけど、みんなオタクです（笑）。『アタックNo.1』をいまだに放送しているみたいで、「あの素敵な国に行きたい」という感じですごい勢いで日本語を勉強してやってくるんです。実際に来てみてがっかりしたと思いますがね（笑）。中国人留学生も多いですが、こちらもオタクが多いですね。オタクカルチャーは結構日中関係に寄与してくるのかなと思わないでもない。ごく、微々たるものですけどね。いずれにしても、日本人論に回収しないかたちでどう論じるかということには苦労した経緯があります。

美奈子　オタクは国境を越えるんだ。

環　以前はオタクに関しては「心の構造がちが

う人」みたいな語られ方が多かったんですよ。大澤真幸さんも「超越論的な審級が弱い」(『電子メディア論』)みたいな難解な言い方をしていましたが、それ精神病のことですから(笑)。

そういう意味では『戦闘美少女の精神分析』は、オタクと一般人には特異的な差はないということを、出版された本としてはたぶん初めて明言したと思います。どうせ精神科医だからオタクも病気扱いなんだろうというすごい偏見で見られた痛い記憶があるんですけれども、一切診断してないです。オタクは我々と地続きだということを強く主張した本だということは申し上げておきたいです。日本人論にしないということと、オタクを特別視しないということはつながっていたんです。

◉八〇年代的社会状況とオタク

成田　環さんは、オタクを「他者」として見るよりもむしろ連続のなかに見ようとするわけですね。ただ、このあたりは、私などにはよくわからないところがあります。たぶん、ここでも世代の問題があるのでしょう。私は一九五一年生まれですが、どうしても、あとから出てきた若い世代として、自己と切断する捉え方をしてしまう。「おたく」という命名がなされたとされる一九八三年から三〇年以上が経ちますが、オタクをいちばん熱心に論じてきたのはオタク世代です。大塚英志さんにせよ岡田斗司夫さんにせよ、一九五八年生まれ。環さんは……

環　六一年です。

成田　そうすると、オタク第一世代とほぼ同年代ということになりますね。美奈子さんは私と環さんのあいだくらいですよね。

美奈子　そうですね。オタクという言葉は私の学生時代にはなかったですけど、今思うと「あれはオタクだった」っていう人はいっぱい知っています。オタクという言葉が普及してから、思い返せばあれがオタク現象だったんだなっていうのはいろいろあったと思いますね。べつにアニメに特化しているわけではなくて、たとえば軍事オタクは、わたしの世代はとても多いです。新婚旅行でグアムにいって、日本軍が残してきた遺物を拾ってきたりするわけです。べつに戦争賛美とかではなく、軍事的なものに対するフェティシズムですね。環さんがおっしゃるオタクの定義とはちがっていますけど。

成田　私の世代からすると、オタクと呼ばれている人たちは成熟を拒否しているように見えたのですが、ある時から考え直して、一九六八年にはヒッピーが出てきたように、戦後が作り出した規範からの逸脱という自己主張のかたちなのではないかと捉えるようになりました。その意味でまさに、八〇年代的な社会状況の産み出した存在のように見えます。オタクの場合はとりわけ、男らしさ／女らしさという社会的規範からの逸脱という面が強く、しかも（ヒッピーとは異なったかたちで）消費社会に対応している存在なのではないかと。

環　全共闘世代のいわゆる「政治の季節」のあとで、「三無主義」とか「しらけ世代」といった言葉が流行しましたけれども、その七〇年代初頭くらいから若者問題のモードは一貫して「非社会性」だというのが私の大まかな見取り図です。「社会順応」ではもちろんないが、「反社会性」に照準されたこともありません。オタク、ひきこもり、ニート、パラサイト・シングル……若者に対するレッテルがいろいろありますけれども、すべて社会に背を向けていると捉える点で共通している。どんな態度で背を向けているかを差異化した言葉でしかないんです。

美奈子　ああ、そうですね。その前だと、愚連隊とか、カミナリ族とか、暴走族とか。あと、全共闘も、かな？　かつての「反抗する若者たち」はアウトドア派だったから、わかりやすかった。

環　そうした背景のなかで、オタクというのは非社会的な存在だと、私から言えばまちがった捉え方をされた。リアルな異性を求めていないじゃないか、子どもの愛好するようなアニメやゲームに没頭しているじゃないか、もっと現実と向き合え、というわけです。しかし、彼らの態度は自己主張やイデオロギーとはおよそ無関係なので、そういう「お説教」は届きません。社会全体の変化と並行してオタク人口はだんだん増えてきたのだと思います。

これは私の持論ですけれども、社会の成熟度と個人の成熟度は反比例する。──要するに成熟社会においてはモラトリアム期間が延びますので、個人はどんどん未成熟化していく。もっと言えば未成熟でもいい社会がやってくる。今の日本もそうなっていると思います。オタク的な人ほど成功しやすい分野さえある。特にＩＴ関係はそういう要素がなかったらまるで無理ですよね。昔はパソコンに熱中していたりすると、それだけでちょっと偏った人だと思われましたが、いまやプログラミングができれば巨万の富を手にする可能性があるわけですから、非常に適応的な趣味になってきていますね。

◉「ロリコン」という問題そして宮﨑勤事件

環 あともう一点、これは小さい話題に聞こえるかもしれませんが、意外と重要なのは、「ロリコン」の問題です。「オタク遺伝子」という言葉があって、これは要らないけれども持っている人はいるし、逆にどんなに欲しくても持っていない人もいる。たとえば、村上隆さんはオタクネタをずいぶん使いますが、本人はオタク遺伝子はないと言っている。どこが分水嶺かというと、性癖の問題が出てくるわけです。すなわち、ロリコンか否かというところですね。村上さんは自他ともに認める「熟女好き」ですから。

八〇年代初頭は日本でロリコン・ブームが起こった時期。当時は非常に児童ポルノの規制が緩くて、成人ヌードのヘアは出せない代わりにヘアがない少女ヌードはＯＫみたいな奇妙な時代があったわけです。まずそのようなポルノ的な文脈でロリコンが消費される一方で、吾妻ひでおさんらが作った『シベール』という同人誌があるんですけれども、そこからロリコン漫画ブームが一挙に流行します。手塚治虫のようなかわいらしい絵柄でポルノを描くという一種のパロディだったんですが、それが新たな欲望の鉱脈を掘り当ててしまい、一大ムーブメントを起こすわけです。一九八〇年前後のことですね。このくらいの時期からオタク的なカルチャーが形成されたことを考えると、オタクとロリコンとは切っても切れない関係があるんだろうと思います。そういったことが重層的に重なりあって成熟していったのがオタクカルチャーではないでしょうか。

成田　ロリコン問題が重要なのは、このあとに事件が起こったからでもありますね。一九八八年から八九年にかけて起こった東京・埼玉連続幼女誘拐殺人事件、一般には宮崎勤事件と呼ばれているものです。一人の青年が四人の少女を殺害した。そして性的な凌辱も加えたと言われている。その部屋がテレビカメラで映し出されましたが、彼はビデオを膨大に収集していて、ロリコン雑誌もあった。そのせいもあって、オタクがそうした犯罪を引き起こしたとして、メディアで大きな話題となっていきます。

環　はい。ロリコンの最も暗い部分が突出した事件ということでオタク第一世代の人たちには一種のトラウマみたいなものですね。これに関連して、小児性愛（ペドファイル）とロリコンはちがうという、おそらく日本でしか通用しない主張があります。私はその違いをある新聞記者に聞かれて「ハヤオとツトムのちがいです」と答えたことがあるんですが、おわかりいただけますか（笑）。宮崎駿は小さい子が大好きだけど絶対に手を触れない、宮崎勤はつい手を出しちゃうということですね。オタクは実際行動は起こさないところで一応倫理性・道義性を保っていますという、現在の児童ポルノ規制問題まで連綿と続いている非常に危うい論点を浮上させた事件だと言えます。

ところで、宮崎勤事件というのは実は精神医学史においても大きなトラウマになっているんですね。当時の非常に高名な精神科医や臨床心理士が何人も駆り出されたのですが、診断が三分裂してしまい、結局鑑定結果とはほとんど無関係に死刑判決が下されたのです。

美奈子　裁判過程での精神鑑定ですね？

環　そうです。精神医学は敗北したとしか言いようがない。まあ、精神医学とはそんなものだということを正しく認識してもらえた事件ということで意味があったかとは思いますけれども、要するにオタクというもののメンタリティを当時の精神医学は扱えなかったんです。妄想を持っているから統合失調症とか、変なこと言ったりまともになったりするから解離性同一性障害とか、既成のものに当てはめるしかなかった。

成田　吉岡忍さんの『M／世界の、憂鬱な先端』という、この宮﨑事件を描いた優れた書物があります（二〇〇〇年刊）。宮﨑事件の裁判は実は精神鑑定書をめぐる裁判だったと吉岡さんは言うのですね。実在の宮﨑が何を行ったのか、なぜそのことをしたのかという肝心のことが裁判では扱われず、しかも、環さんがいわれたように、どの精神鑑定書もそれぞれにずさんだった。だから、吉岡さんは自分で取材を重ねて宮﨑に接近しようとするわけです。

それから、事件のすぐ後に、大塚英志さんとオタクの命名者である中森明夫さんが中心となって『Mの世代』という本を作りますね。大塚さんは、万が一、その青年が犯人であったとしても彼を擁護し続けるつもりだと論陣を張るわけです。感受性が裁きの対象になるというのはおかしいとも主張しています。また、大塚さんは映された宮﨑の部屋に自分が編集した雑誌があったのを見つけて、読者を守らなければいけない、メディアという同じ親で育った宮﨑と自分は兄弟であると言って自分たちの世代を守ろうという立場を打ち出している。ここでは、オタク論が一つの世代論として展開されているとも言えると思うのですね。

環　当時は、宮﨑の部屋を見て俺の部屋そっくりだから俺もやばいと思った人もいっぱいいたと思います。なかには相当まちがった共感をする人も出てきていた。『Mの世代』に関しては、擁護だけでなく、もしかしたら免責したいのかなと疑わせる文章もあったので、何がしたかったのか今でも不思議な気がします。この種の事件で必要なのは、免責ではなく理解とともに処罰することでしょう。

ただ、事実かどうか分かりませんが、当時のワイドショーでレポーターがコミケの会場に乗り込んでいって「ここに一〇万人の宮崎がいます」と言ったらしい。そういう話がまことしやかに語られる程度には、オタクへの偏見が一時的に広まったのは事実です。大塚さんをはじめとして岡田斗司夫さんとかいろいろな人がオタク擁護論を展開して、ようやく少し変な人ぐらいまでに回復できた。その後『電車男』ブームがあったりして、格好いいとは言わないまでも、オタクもいいやつじゃんみたいな程度には名誉回復ができて（笑）、だんだん社会的に適応できる場所が広がったという印象がありますけれども、しかし、ロリコンという一点だけは揺るがない。

美奈子　恋愛を成就させる『電車男』をもってしても揺るがない……。

環　アニメの美少女などのアイコンを見ればわかると思いますけれども、基本フォーマットは幼児です。目玉が大きく口が小さい、そういう幼児のかわいい顔が基本フォーマットで、あとは瞳の描き方とか髪型とかで差異化しているにすぎない。これはロリコン的な感性がなかったら到底許容できないものと考えていいと思います。そういったライトなロリコン環境が非常に広まっていって、それが青少年にどう作用しているのかということが問題なんですよね。私はメディアにおける性表現に関しては、いわゆるカタルシス理論を採用するので、バーチャル空間にこれだけ魅力的なものがある以上その欲望が現実に向かう確率は減らせるだろうと考えていますが、このカタルシス理論と受け手に直接的な影響を及ぼすとする強力効果説とは、なかなかどちらにも軍配が上がらない話なので難しい。児童ポルノ禁止法改正をめぐる議論もまだ終息していませんから、いずれにしてもこのロリコン問題はこれからもずっとクリティカルな話題であり続けるだろうという予感はしますね。

それから、ぜひ言っておかねばならないことは、オタクと呼ばれる人の犯罪率は非常に低いということ。二〇〇〇年に柏崎の少女監禁事件が起こってひきこもりに犯罪者予備軍というレッテルが貼られかけた時に、一所懸命火消しにまわった経験がありますが、オタクに関しても、アニメを視聴することとそういう犯罪を犯すこととの間に因果関係はないと思っています。そういう犯罪に走りやすい人はアニメも好きであるといった「相関関係」はあるとしても、アニメを見たことが原因で犯罪に走るという「因果関係」はないという立場です。これはまだデータがないし、証明はなかなか難しいんですけれども……。

◉事件に欲情するということ

環　宮崎事件に関しては、この事件を我々がどう受容したかのほうが大事であって、そちらを分析することで時代背景がはっきり見えてくると思います。宮崎勤をオタクの代表選手みたいに扱うとちょっとやり過ぎになってしまうのではないか。私から見ると、その受容ぶりには八〇年代の乱暴さ、荒々しさみたいなものがまだ反映されていると感じます。オタクという集団に対してかなり露骨な偏見を向けてもあまり咎め立てされないという、今ならとても考えられない野蛮な認識が、社会にまだまだくすぶっていたのではないでしょうか。

美奈子　私は当時からメディアも論者も事件に欲情している感じがとても気持ち悪かったですね。最近では二〇〇八年の秋葉原事件にしても、必ず僕らの事件だというふうに欲情し反応する人たちが出てくる。そのあり方が宮崎事件を反復しているような気がします。まだ何もわかっていない時点からすぐ論じたがるんですね。私は宮﨑事件のときは観客として本だとか雑誌の特集だとかを見ていたんですけれども、秋葉原事件のときは原稿依頼がくるわけですよ、私にも。ぜんぶ断りましたけれども。何か起こったときにみんなが寄ってたかって語ろうとする、それはもしかしたら宮﨑事件から始まったのかなと思うのですが。

成田　大きな出来事があったときに、メディアでは必ず識者がコメントしますね。そのコメントの中身とともに、識者なるものも時代ごとに変わってきているでしょう。八〇年代、特にこの宮﨑事件をきっかけにして社会学者や心理学者、精神科医が前面に出てきたという印象があります。

美奈子　おそらく求められている語り方が二種類あって、ワイドショーなんかに出てきて「いったいこの事件はどういうことなんでしょうか?」「容疑者の心はどうなっているのでしょうか?」と問われたことに対して、「いや、これはですね……」と説明する係がひとつ。「心の闇を探る」みたいな方向ですね。一方で、それとは全然ちがって、評論の対象としていく分析的な語り方。アニメだったり文学だったり社会情勢だったりを語るように、事件について語る、ある種の批評ですよね。

環　確かに宮﨑事件以降ですよね、世代論的なものが事件の語り口に入り込んできて、まさに欲情とおっしゃったように強い共感性を持って擁護するという身振りが定着したというのは。それは秋葉原事件でもそうでしたし、最近では黒子のバスケ脅迫事件がそういう対象になってましたけれども、そのなかに精神科医も取り込まれてしまうという状況が起こってきていて、八〇年代は高みに座ってわかったふりして説明をするという作法がまだありましたが、だんだん世代が変わってくると、精神科医も専門性をかなぐり捨てて「わかる、わかる」みたいな感じになってきます(笑)。

いわゆる識者のコメントについては調べたこ

とがありまして、七〇年代まではほとんど小説家とか教育学者なんです。潮目が変わってきたのはやはり八〇年代以降で、だんだん心理学者や精神科医になってくる。九〇年代がピークですね。社会の心理学化もかなり進んできます。ただ、ぜひ知っておいていただきたいのは、あいう場面で精神科医はすごく困って言葉を捻り出しているということです。そういえばあの本にこういう論文があったみたいなことを断片的に継ぎはぎして、すべてわかっているような喋り方をしますけれども、本人はすごく不安を感じている（笑）。つまんない解釈をしたら馬鹿にされるんじゃないか、みたいな。

美奈子　精神科医に対して、心の中はこうだとすぐに診断ができるにちがいないという錯覚を私たちは起こしがちですよね。

環　心を読まれるとかすぐに言われますが、絶対無理ですから（笑）。

美奈子　その錯覚を活用して勝負しているところもありませんか？

環　（苦笑）

成田　八〇年代以前は、たとえば、（六〇年代末の）永山則夫事件などにみられるように、犯罪を生みだしたのは社会のせいだという認識があったと思うのですね。しかし八〇年代以降は、犯罪はその個人の「心の闇」によってもたらされた、ということが落とし所になっていく。そのことと精神科医や心理学者の活躍というのはパラレルになっていると思います。その後、現在に至るまで社会の心理学化は終わっていないということがいえるのではないでしょうか。

環　はい。語り手はどんどん代わりますけれども、そう考えていいと思います。ひところ流行った社会学も相当心理学寄りだったと私は思いますし、いちばんまずいのは今の脳科学です。あれは、巧妙に偽装された心理学ですからね、騙されないでください。あれは脳科学という看板をつけた心理学です。今の脳科学の水準で人間の社会的な行動を説明できる発見は一つもありません。まだ一つもないんです。偽装された心理学を信じるぐらいだったら精神分析を信じましょう（笑）。

◉「ヤンキー」の未来

美奈子　最後にぜひ「ヤンキー」の話をお聞きしたいのですが、実は私もヤンキー論をけっこう真面目に準備していたのです。ところが、河出から『ヤンキー文化論序説』が出たり、環さんも『世界が土曜の夜の夢なら』を書かれたりして、もう出番はないやと思って、あっさり捨てました。

きうちかずひろ『ビー・バップ・ハイスクール　第1巻』講談社

環　それはもったいない。絶対切り口が違うと思うので、ぜひ書いてくださいよ。

美奈子　いえいえ。もう、すんだ話ですから（笑）。八〇年代に絡めて言うと、『ビー・バップ・ハイスクール』あたりがいわゆるヤンキー文化の初期形態のように思っているんですけれど、いかがですか？

環　そう言っていいと思います。バイブルですし、大事なのはパロディ的要素があるかないかですよね。結構あれは笑いを交えてパロディックに語っていましたし、そういった意味でも重要な作品と言っていいんじゃないでしょうか。

また、ヤンキーは基本的に八〇年代以降の命名と考えていいでしょう。本物の暴走族がブイブイ言わしていた七〇年代はこの呼称はあまり一般的ではなかったはずです。ルーツが今一つわからないんですけれども、八〇年代以降この不良の存在がパブリック化され始めてからヤンキーという半笑い的、揶揄的な呼称が生まれてきたのではないかと思っています。

美奈子　私がヤンキー論を書こうと思ったのは、

オタクとヤンキーとの連続性・非連続性を考えたいという発想からだったんですね。オタクとヤンキーの関係は、インテリと非インテリ、ある種の階層なんですね。たとえば朝日新聞なんかは、かつて「インテリが作ってヤクザが売る」って言われてました。それでいくと、インテリの今の形態がオタク、ヤクザの今の形態がヤンキー。大雑把にそう理解をしているんですけれども、環さんは日本人の八割はヤンキーでオタク二割とおっしゃっている。そうなると、ヤンキーのバッドテイストの強さにインテリオタクは敵わない——ということですよね？

環　ジブリが典型ですけれども、オタクが作ってヤンキーが売るというのがいちばんヒットするんですよ（笑）。宮崎駿というオタクが作ったものを鈴木俊夫というヤンキーが売りまくるわけです。これが最強のビジネスモデルらしいです。パチンコもそうですよね。キャラクターはオタクが作る、パチンコ屋の経営はヤンキーですね。このビジネスモデルはたぶんこれからますます広がっていくんじゃないかという懸念を……

美奈子　懸念を（笑）。

環　持つんですけれども、そういった協力関係がだんだん増えてきているという印象は強く持っています。オタクはヤンキーが嫌いだしヤンキーはオタクを軽蔑しているというところがあるように見えて、実は相互乗り入れが相当進んでいるという感じがある。それがなかったらいわゆる「イタ車」ブームみたいなものは来ないと思いますし、それから発展の仕方も似ている。

美奈子　「痛車」ですね。アニメの萌えキャラをクルマのボディに貼ったりする。あれはちょっとイヤですね。ヤンキーは「ヤングオート」（雑誌の名前ですけど）に出てくるような改造車で勝負してほしいです。でも、あれももう「旧車」という、中高年の趣味と化しているからなあ。

環　いわゆるロリコンカルチャーというのはパロディによって進化してきたところがあるんで

すけれども、ヤンキーカルチャーも基本的にある種のパロディによって進化する。先ほどの『ビー・バップ・ハイスクール』がそうですし、それから横浜銀蠅。これは正統的なヤンキーからすると偽物なんですよね、なぜ革ジャンに白いボンタンなのかという理解できないファッションらしいんですけれども、四大卒の非行体験のない連中がパロディとしてやったことがいつの間にかマジになってしまう。知らないうちに「みんなの兄貴」みたいになっちゃって本人もすっかりその気になっていく。だからヤンキーというのはパロディを作ってもすぐマジに取り込まれてしまうという恐ろしいカルチャーなのです。唯一パロディの最前線で生き残っているのが綾小路翔なんですよね。彼はヤンキー嫌いなんです、本当はね。嫌いなんだけれども内部にいたからよくわかるので、ヤンキーを知的に洗練していこうという戦略で戦っている。DJ OZMAというのは自分のなかにあるバッドテイストの寄せ集めで作ったらヒットしちゃったみたいなことらしいですけれども、氣志團よりもあれが受けてしまう状況のほうを我々は危惧すべきなのかもしれませんが。

とはいえ、不良体験もなく、ただ上京志向がない若者をみなヤンキーとするならば――いわゆる「マイルドヤンキー」ですね、ものすごい乱暴な定義ですけれども――、ご指摘のとおり八割がヤンキーとなってしまう。地元にとどまって、イオンに行って、エグザイルを聴いて、ミニチュアダックスフントを飼って……みたいな生活スタイルが日本中を席巻しているということですね。これでは文化的貧困ではないかと非常に危惧しています。

美奈子　薄められたヤンキーテイストが、ゆるーく広がっていく。そして電通や博報堂のような広告会社は、もうそこにマーケットを見いだしている。

環　やっぱりロールモデルがいなくちゃいけない、ヤンキーとしてのね。本来ヤンキーが持っているのは反社会性ですから。その反社会性にもっと触れるヤンキーが、人に迷惑をかけない範囲で増えてもらわないと困るわけですね（笑）。そういうモデルとして私がイメージするのが今申し上げた綾小路翔。それからもう一人、西原理恵子ですね。彼女も非行体験ありの人ですけど、徹底して個人主義ですよね。子どもは大事だけど夫はどうでもいいという、ヤンキーのいちばん気持ち悪い部分である家族主義、絆主義を切り捨てるくらい腹が据わっている。オタクにはそれこそ岡田さんとか大塚さんとかいろんなモデルがいるように、ヤンキーもそうやって引っぱってくれるロールモデルが出てくると未来が少し明るいんじゃないか、という前向きな結論で終わりにしたいと思います（笑）。

成田　環さんは、ヤンキーを「ヤンキー的なスタイル」といい、「表層的な記述」しかできない、といいます（『世界が土曜の夜の夢なら』）。しかし、というか、だから、というか、おふたりのやり取りを聞いていると、あらためて「ヤンキー」もずいぶん奥行きがあるなあと思います。八〇年代の若者文化として、オタクの系列とともに、いまひとつヤンキーの流れも見る必要があるということがよくわかりました。一九八〇年代半ばに連載されていた、紡木たく『ホットロード』が二〇一四年のいま、映画化されるのも意味があることなのですね。

八〇年代といったとき、その様相は一筋縄ではいかないことが、ヤンキー論を含めた、きょうの議論からもうかがえると思います。八〇年代を考える、多様な入口があるということです。きょうは、どうもありがとうございました。

美奈子　ありがとうございました。

［二〇一四年八月二三日、かわくらシンポ「そうだったのか、一九八〇年代」エスパス・ビブリオにて（初出：『文藝』二〇一四年冬号）］

思想・批評

八〇年代日本の思想地図

外部と党派性、あるいは最後の教養主義

大澤 聡

一九九〇年代の思想状況を象徴する論争に「歴史主体論争」がありますね。冒頭から別年代の事項になってしまいますけど。いわずもがな、主に加藤典洋と高橋哲哉とのあいだで交換された歴史認識や戦争責任をめぐる一連の論議です。詳細は省きましょう。

戦後五〇年を迎えた一九九五年、加藤の「敗戦後論」(『群像』一月号)と、それを批判した高橋の「汚辱の記憶をめぐって」(同誌三月号)を起点とし、周囲も大きく巻き込みながら論争に発展していきました。雑誌『批評空間』も関連する共同討議「責任と主体をめぐって」(九七年四月)を掲載。列席したのは同誌の責任編集にあたった浅田彰と柄谷行人、加えて高橋哲哉と西谷修でした。西谷が呼ばれたのは、当該テーマで加藤と対談し共鳴しあう部分が多かったためらしい(「世界戦争のトラウマと「日本人」」『世界』九五年八月号)。西谷ならまだ話せそうだというところでしょうか。結果的に、不在の加藤の弁護役を西谷が担わされる構図となります。ともあれ、加藤典洋は『批評空間』に呼ばれないし、呼ばれても出なかったんじゃないでしょうか。竹田青嗣や小阪修平、あるいは笠井潔といった加藤の近傍に位置した書き手もおおかた同様です(ただし笠井は多少異なる)。そこには決定的な溝があった。

この溝は急に発生したものではありません。八〇年代に淵源がある。象徴的には「「外部／共同体」論争」がそれ。個別には読まれても論争としてはあまりクローズアップされてきませんでしたから、多少説明の必要がありそうです。サンプルとしてこの論争を整理しながら、八〇年代の思想状況全体の概括へと接続してみようというのが、ここでの僕の心算です。ちなみに、副題はスタイルを八〇年代っぽくしてみました。これらも順次触れます。

外部と共同体

まずは、八〇年代の柄谷行人の仕事を一瞥しておきましょう。なにより、六八年のインパクト以降、九〇年代後半にいたるまで日本の批評シーンの趨勢を一身に体現したのは柄谷にほかならなかったからです。

八〇年に『日本近代文学の起源』を発表し、種々の自明視された意味体系＝「制度」を問題化します。八三年には『隠喩としての建築』、八五年には『内省と遡行』を刊行、「外部」に出るための回路を模索する。そこでは、「内部」＝形式体系の徹底化によってシステムを自壊させる戦略が採られました。ただし、その「外部」はネガティブにのみ示される。肯定的に実体的に語ることができない。その後、「転回」を経て、八六年に『探求Ⅰ』、八九年に『探求Ⅱ』。「他者」へと焦点がシフトします。コードを共有する者同士の交流は共同体内部に留まっているにすぎず内省と変わらない。規則を共有しない存在こそが「他者」であると強調します。共同体の慣習に準じてはいないかとたえず疑い続けること、それが要求される。

多くは文芸誌が初出媒体です。およそ似つかわしくない議論ですね。テーマも参照先も哲学的。論理だけで形式的に駆動していくその文体も日本的な文芸の世界からほど遠い。そして、柄谷フォロワーたちは彼のターミノロジーの圏内で思考するようになります。柄谷自身が『批評とポスト・モダン』(八五年)の冒頭でこう表現している――「ここ数年に日本の批評タームが変わってしまった」。

とうぜん、その傾向を受け入れられない人間もいる。典型的症例が、鼎談「批評は今なぜ、むずかしいか」(『文學界』八八年四月号)でした。出席者は加藤典洋と高橋源一郎と竹田青嗣。柄谷や蓮實重彥の批評スタイルに関する疑念が提起されます。要するに「むずかしい」、と。無意味な晦渋さの氾濫は「悲しい」ことだという。そこで、CMディレクターの川崎徹が使った「なんとなく、わかるでしょ?」というフレーズを持ち出して、批評もこれで行くべきなんじゃないのと主張します――川崎は八〇年代の広告ブームを検討するうえで不可欠の人物ですね。批評は「裸眼」で対象と向きあい、「生の感覚」に裏打ちされた言葉で行なわれるべきだ、竹田はそうも発言します。外来の概念や用語を前提とすることへの批判です。

柄谷や蓮實と近いポジションの浅田彰が連載「手帖」を使って反論文「むずかしい批評について」を書きます(『すばる』八八年七月号)。「裸眼」とは共同体に規定されたもの。批評とはなにより共同体の外へ出ようとする地点からはじまるのではなかったか、と。翌月、加藤は「「外部」幻想のこと」という反批判を発表(『文學界』八月号)。相手方を外来思想に「眩惑」されていると非難しました。かくして、対立構図がくっきり浮かびあがる。浅田はかなり苛立っていたようで、共同討議「近代日本の批評」をはじめ、いくつかの場面でこのやりとりを揶揄しています――それにしても、ロマン主義批判を基本とする浅田が、ロマン主義の開祖であるフリードリヒ・シュレーゲルのような役割(「難解ということについて」)を演じさせられたのはなんともアイロニカルな事態です。

加藤のロジックはこう。内部とのダイナミズム抜きに外部は語れないし、国家や文化的風土に規定されない抽象的な議論へと一足に飛ぶことも不可能。内部をがっちり固めて、そのうえで外部との関係を語るほかない。そんな論理でした。後に発表される「敗戦後論」と完全に同型ですね。日本の三百万の死者を弔い、共同的主体を立ち上げる。そのことによってはじめてアジアの二千万の死者たちを弔うことも可能になるのだといったわけですから。

知識人と大衆

ちょっと整理しておきましょう。一方に「外部」派（＝柄谷・浅田ら）がいて、他方に「共同体」派（＝加藤・竹田ら）がいる。ただし、後者は相手方から貼られたレッテルです。前者はポストモダンを標榜している。共同体的な思考は批判対象。後者は反対に共感ベース。これを吉本隆明との距離で説明してもいい。「反吉本」派と「親吉本」派の対立と見るわけですね。柄谷や浅田は知識人による高踏的な啓蒙路線。経験論的な世界に存在しない実体なき他者へと向かいます。他方、吉本や吉本シューレは大衆に寄り添う立場。大衆路線。自分自身の言葉で、目の前にいる共感可能な他者からはじめる。柄谷たちは八八年に『季刊思潮』を創刊し、方向性をはっきりと打ち出していきます。それが『批評空間』（九一年創刊）へと発展。論争に象徴される対立は意外と尾を引いて、同誌の党派性の一因にもなります。他方、「共同体」派は雑誌『ＯＲＧＡＮ』（八六年創刊）に集った人たちを中心としました。主に全共闘世代です。彼らは『別冊宝島』の常連寄稿者でもある。ちなみに、吉本自身は『試行』の巻頭連載「情況への発言」などで執拗なまでにポストモダン派を批難しています（当該論争にも言及し、後者の肩をもちます）。

この対立は村上春樹をめぐる評価の分岐の前提でもありました。「外部」派は村上を一貫して軽蔑、けれど「共同体」派は個々に支持し続ける。解読本もやたらと出す。笠井・加藤・竹田で『村上春樹をめぐる冒険』（九一年）という鼎談本も出しました。村上が共同体的原理で物語を紡いでいる証左でもある。それが世界的な普遍性を後々もつにいたるあたりが興味深いのですがおいておきます。柄谷や蓮實たちはそもそも「物語」批判のスタンスですので、当然ながら物語に淫する村上には一貫して否定的。一連の対立はポップカルチャーへの評価とも連動しています――竹田には井上陽水論『陽水の快楽』（八六年）もありましたね。つまるところ、知識人側に立って上から啓蒙していくか、それとも大衆にぴったり寄り添った地平から思想を立ち上げていくか。この路線対立は明確です。ともあれ、八〇年代後半には九〇年代の「歴史主体論争」の構図の原型があらかた用意されていた。

ただ、いま見ると、ポストモダン派の「外部」を語る手つきは「共同体」的なんですよね。そこで語られる「他者」からは具体的なイメージが湧かない、というかそもそも原理的に湧いてはいけないんですが、にもかかわらず一派の間では暗黙裡に了解される構造になっていた。

ニューアカと大学

この論争は、八八、八九年に文芸誌を主な舞台として展開しました。文脈も期間も限定されてはいますが、そのまま八〇年代後半の批評界の縮図にもなっている。ここで取りあげた所以です。陣営が大きく二極に区画されていた。

批評の世界から視圏を少し拡張してみましょうか。八七、八八年にはいわゆる東大駒場騒動が発生しています。中沢新一が東大教養学部の教員採用候補にあがる。が、教授会で異議が出た。最終的に否決されてしまいます。科学的なタームを本義から逸脱して比喩的に、それも誤って用いており、学術業績として認めるわけにはいかんというわけです。『雪片曲線論』（八五年）などで援用したフラクタル理論が典型ですね。九〇年代半ばに物議を醸すソーカル事件を先取する事件だったともいえそうです。

とはいえ、定義問題は表面上の理由にすぎません。ジャーナリズムとアカデミズムの間、あるいはアカデミズム内部のディシプリン間に作動する政治的な力学の問題だと捉えるべきでしょう。だからこそ、『朝日ジャーナル』などで学内の経緯がゴシップ的にリークされもしたのです（ちなみに、同誌は八四年に筑紫哲也の編集長就任とともに全面リニューアル、七〇年代までの政治路線から思想・サブカル路線へといっきに転轍しました。インタビュー連載「若者たちの神々」［八四－八五年］が好例）。中沢を推薦した西部邁は抗議表明として東大を辞することになります――内幕や顚末は西部の『剝がされた仮面』（八八年）、『学者この喜劇的なるもの』（八九年）に詳しい。その後、西部は評論家として活動していくわけですが、雑誌『発言者』（九四－〇五年）を発刊するなど、平成期の新しい保守論壇の一角を確立していくその後の展開を考えるならば、騒動は局所的な人事問題に回収させて済ますわけにはいかないでしょう。村上泰亮や公文俊平、遅れて舛添要一らも大学の閉鎖体質を批判し去っていきます。西部も舛添も八七年に放送開始した「朝まで生テレビ！」の常連パネリストでしたね。八〇年代以降の日本の思想を考えるうえでテレビは検討要素として必須です。

さて、一連の騒動は八〇年代半ばのニュー・アカデミズムの成果を学的伝統のなかにどう位置づけるのかにかかっていたはずです。ニューアカは八三年刊行の浅田彰『構造と力』と中沢新一『チベットのモーツァルト』が異例のセールスを記録したことを契機に醸成された思想潮流です。ニューアカの旗手とされた論客たちは意想外の文脈へと自在にアイデアを連絡させていく。その手捌きの軽快さにおいて記号消費型の社会動態に適合していました。ですから、大学よりもむしろサブカルや広告などの文化産業に同期しやすい。マスコミ扇動型の現象でもありました。ですが、当然ながら大学もその動向を無視できなくなる。というよりも、八〇年代終盤には、現代思想ブームやニューアカブームを（読者として）経由した若手が各学問領域において続々頭角を現わしはじめ、研究スタイルの主流も刷新されていくことになります。九〇年代中盤以降、日本型カルチュラル・スタディーズが隆盛しますが（柄谷たちはそれを「カルスタ」と蔑視）、担い手となる人物たちが最初の一冊目を世に問うたのもまさに八八年前後。例えば、吉見俊哉『都市のドラマトゥルギー』が八七年、小森陽一『構造としての語り』『文体としての物語』が八八年。九〇年代の下地はやはりここで用意されています。

そうした流れの延長で、九〇年代前半にはニューアカ的な思考と文体がアカデミズムに馴致＝制度化されていく。『知の技法』（九四年）がその象徴です。東大教養学部の基礎演習のテキストとして一般刊行され、それが爆発的にヒット。中沢事件から五年後のことです。ニューアカを経由した世代が大学運営に回るタイミングだったことも影響したでしょう。うがった解釈をすれば、中沢事件の反動ともとれる。騒動がトラウマとして作用した。過剰な一般性の演出はその帰結だと捉えるわけです。九〇年代からゼロ年代にかけて「社会学の時代」も到来しますが、そこで活躍する書き手たちも八〇年代後半に最初の単著を出版しています。例えば、橋爪大三郎『言語ゲームと社会理論』が八五年、大澤真幸『行為の代数学』が八八年、宮台真司『権力の予期理論』が八九年。言語研究会や『ソシオロゴス』に集った若手社会学者たちが次々とデビューし、九〇年代に入って一般向けの社会批評に従事するようにもなる。

八〇年代前半、批評や思想の中心地はジャーナリズムにあった。それは確かでしょう。けれど、八〇年代後半以降は、大学や大学人がそれを肩代わりするようになる。批評のアメリカ型化と表現してもいい。アメリカでは批評家として自立した書き手はさほど存在しません。大学で理論や文学を教える、でなければ記者として勤務している。かたや日本の批評には在野の伝統があります。しかし、環境的にそれも立ち行かなくなってくるのが九〇年代。大学回帰が進行します。このあたりの動向は現在の批評の場所を考えるうえで重要な論点でしょう。

固有名とエディターシップ

いや、事態はむしろこう解されるべきかもしれない。つまり、批評や思想がアカデミズムではなくジャーナリズムでかくも興隆しえた八〇年代はずいぶんと例外的な状況だったのではないか、と。

この時代、相対的な好況を背景にたくさんの雑誌が発刊されます。ニューアカ全盛の八四年だけでも、『GS たのしい知識』、『エピステーメー』第Ⅱ期、『へるめす』などが創刊されている。単行本と異なって複数の論考が併載される雑誌は、新たな知の潮流を〝面〟として可視化させます。並行して、『別冊宝島44 わかりたいあなたのための現代思想・入門』など思想状況をマッピングしたガイド本も(やはり八四年)。思想のカタログ化やマニュアル化の象徴例ですね。八八年には、橋爪大三郎『はじめての構造主義』が新書で出た。「わかりたい」「入門」「はじめての」などを合言葉に、難解な思想ががんがん消費対象に繰り込まれていく。

ほかにも、『遊』『カイエ』『W-Notation』『季刊哲学』といった雑誌が出ていました。いずれも、エディトリアルデザインの可能性が追求される。で、エディターシップが前景化する。

『エピステーメー』『季刊哲学』のほか『パイデイア』『週刊本』「ポストモダン叢書」などこの時代を代表する雑誌やシリーズを手がけた中野幹隆、あるいは松岡正剛や三浦雅士、高田宏、安原顕などプロデューサー的な編集者の固有名が際立ちます。同時に、作品や編集に形を与えるデザインなりタイポグラフィなりも前景化。杉浦康平や戸田ツトム、鈴木一誌の版面実験は強烈な批評意識に裏打ちされていました（その固有名が更新されていないこと、つまり思想書のデザインの固着化も問題にすべきでしょう）。裏方とされたポジションに光が当てられるのは、八〇年代のどのジャンルにも該当する傾向ですね。

こうしたメディア環境のなか、批評家たちのいわばシミュラークル化が進みます。存在が記号的な商材と化していく。固有名は編集者の手元で自在にシャッフルされ、思考の断片化と情報化と商品化が加速します。批評家やその思想はカタログとして読者に提供される。僕の『批評メディア論』でいう「固有名消費」が顕著になる。続々と新しい書き手がフックアップされるのですが、その固有名が雑誌の表紙にずらっと並ぶ。そして、それ自体が商品価値を増強させる。さらには、そこに載ったテクスト自身も古今東西の固有名を縦横無尽に、しかもセンス良く配列するスタイルをとったわけですね。極端には、哲学とサブカルの固有名が隣接する。特定のジャンルが支配的になることなく、すべてフラットな地平で並列させることが可能、それがいわゆるポストモダン状況だといってみてもよいでしょう。

さて、この渦に先行世代も呑み込まれていきます。七〇年代中盤から八〇年代初頭にかけての現代思想ブームを盛り立てた書き手たちです。そのブームのときには、構造主義やポスト構造主義のインパクトを受けて、記号論や都市論、情報論、身体論といったアリーナのもと、領域横断的な議論が取り交わされました。便宜上、僕はこの時期を転倒的に「プレニューアカ期」と名指しています。その豊穣さはニューアカの到来によって遡行的に発見されたという事情もあるからです。ニューアカの面々が登場したことで、むしろ「プレ」の側が逆に巻き込まれていく。彼らは各自の専門領域をもっていました。だからこそ、境界の融解に意味があった。専門的基盤を前提に他領域と対話することで新たな知のうねりを生み出します。重要な論文集や研究会が多いのはその表われですね。しかし、後接するニューアカではそうしたジャンルの混交が早くも前提と化しています。しかも、交配を集団ではなく個人が単独で担う。となると、専門的基盤の衰弱は必然でしょう。シミュラークル化はその帰結です。アマチュアリズムがむしろ称揚されもする。

余談ですが、このことは文体の変化にも関係してきます。専門性が保持されたプレニューアカでは、その専門性ゆえに文体における一般性が意識されていた。端的に読みやすいし、なにより明快ですね（入試現代文で頻出の論者も多い）。かたや、専門性を欠くニューアカはどうかといえば、反対に晦渋であることによって商品価値を発生させるスタイルをとる傾向にあった。文体で特異性を確保する。もちろんフランス現代思想の影響もある。冒頭で触れた「むずかしい」はこの先に派生したわけですね。

思想のマニュアル化は、知の最終消費への加速を意味します。全部整理し尽くして、「おしまい！」とやるわけですから。けれど、浅田彰がいったとおり、そのつもりで作成したマニュアルなりチャートなりが、かえって新たな思考を駆動させてしまう。最終消費のカタストロフとしてニューアカがあるはずだったのに、反転的に「はじまり」として機能する。「浅田彰を生んだ山口昌男や栗本慎一郎」といった具合に再固有名化が組織されるわけですね。他ジャンルでも進行した事態です。先行する固有名がいくつも召還され、リングにあげられる。あるいは自発的にあがる。

ニューアカと政治

ニューアカは「たのしい知識」を人々に提供しました。それは八〇年代の大衆消費社会とマッチするものだった。知と「戯れる」なんてフレーズも頻用されました。テレビや娯楽雑誌もそうしたモードに溢れています。高度な思想を容赦なく高速でポップ化し、次から次へと商品化していく。

前後の時代状況を振りかえるならば、八〇年代はいわば二つの「政治の季節」の間隙に出来したエアポケットのような時代として浮かびあがります。既往の左右のイデオロギー対立も思想の世界では後退してシャッフルされている。少なくともそう見えた。けれど、記号的あるいは表層的に知を消費し尽くすだけの文化的ナルシシズムの空間だったかというと、そうでもないんですね。基層にはマルクス主義が伏流していました。六八年の大学闘争をピークとして、六〇年代は熱い「政治の季節」でした。しかしそれも七〇年代初頭の連合赤軍事件などによって急速に冷却していきます。その後、いわば凪のような服喪の時代を一〇年ほど挟んで（七〇年代、人文の世界では文化的な共同体主義が広がりました）、ニューアカブームが到来。一〇年越しに、学生運動から現代思想へと矛先を転回させるかたちでラディカリズムが結像する。当然ながら、失望や挫折が後景にあります。マルクス主義をどう乗り越えるか、どうズラしていくか、否定するにせよ継承するにせよマルクス主義というグランドセオリーが基軸に存在した。そのうえにニューアカは成立しています。

だから、高度消費社会のなかで単純に「たのしい」ことを嬉々としてやっていただけと考えると実態を捉えそこねてしまう。八〇年代はコピーライターが一躍脚光を浴びた時代です。その代表的存在である糸井重里にしたって、基層には一見相容れないような政治性が残存していました。当時の雑誌『現代思想』などもちゃんと読めばそのあたりの文脈がわかるはず。イメージ先行で語ってはいけない。そして、九一年の湾岸戦争勃発、および文学者らの反戦声明。九〇年代にはバブル経済の終焉とともに、ポストモダン思想が清算されて、政治方面に次々と転用されていくことになる。このときの左旋回も、八〇年代に底流した政治性を把握しておかないことには経緯を見誤ることになる。八〇年代には、ミクロポリティクスの分析が精緻化していきました。いたる局面に政治性が見出された。その到達点から考えるなら、九〇年代の大文字の政治語りは反動というか後退だともいえるでしょうね。

ともあれ、ニューアカは既存のマルクス主義や具体的な政治運動からのデタッチメントにおいて新しさを見せつけたのですが、それはあくまで表面的なものであって、デタッチするからにはその対象がしっかりと前提にあったということ。その落差が新しさを生んだという側面にこそ着目すべきだと思います。七〇年代以前の「政治と思想」のカップリングが不可視化していき、しかし確かにたえず残っていて、それが九〇年代に再び表面化した。

別の角度から乱暴に図式を立てておくと、六〇年代には「歴史」や「意味」に固執していた。それが構造主義やポスト構造主義を経由して、八〇年代に「構造」や「形式」あるいは「情報」へと行き着く。過渡期ゆえに両義的だったのが七〇年代ですね。で、九〇年代には再び「歴史」や「意味」、「政治」へとぐっと回帰していくことになる。

出版大衆化と教養主義

そろそろ締め括らないといけませんね。出版大衆化が再加速した時代だったことを最後に指摘しておきます。それは難解な思想誌が数多く存在しえた要因でもありますから。

どの国でもほとんど同型の経路をたどるのですが、特権的な階級が出版や知を囲い込む時代が長く続いたのち、技術革新によって出版物の大量生産と大量流通が可能となる時代を迎えます。種々のクラスの人たちが出版物にアクセスできる環境が整う。出版が大衆化するわけです。日本の場合、一九二〇年代後半にそのプログラムがセットアップされました。以降、読者層が一挙拡大する波が幾度かあり――戦後のある時期は河出書房の全集類がその象徴でした――、八〇年代前半もそのタイミングだった。『構造と力』は一般の人が読みこなせる内容ではないのだけれど、とにもかくにも一五万部以上売れた。それはやっぱり異常な事態ですよ。本来手に取るはずのない文化圏の人たちにまでリーチしたことになります。そして、出版大衆化と表裏にあるのが教養主義です。出版大衆化によって教養主義がブームと化すし、教養主義の台頭が出版大衆化を支える。ニューアカも教養主義です。僕は一九三〇年代の昭和教養主義に対応させて「昭和末期教養主義」と呼んでいるんですが、まさにパロディとしてのみそれは実演されえた。そもそも教養主義はスノッブな欲望を梃子に発動するものであって、その意味で原義にかなっている。八〇年代はまさにあらゆる領域において教養主義全盛の時代だった。オタクカルチャーの興隆もこの文脈で捉えなおすべきです。

先ほど触れた「わかりたい」「はじめての」、あるいは「たのしい」というキーワード群はこの時代の教養主義を的確に表現しています。八〇年代は「わかりたい」大衆が異様に膨化した時代でした。それは『別冊宝島』（七六年創刊）の好調に象徴される。一億総中流時代にあって

「みんな読んでいる、だからこれとこれは押さえねばならない」という教養主義的抑圧と横並び志向とが機能しえた。が、九〇年代に入るとこのサイクルも維持できなくなります。ニューアカは「最後の教養主義」だったと評定すべきでしょう。知の最終消費はこのかぎりにおいて実現されたとはいえるのかもしれません。『構造と力』の翌年、つまりニューアカブームの渦中で、浅田は『逃走論』というエッセイ集を出します。同書は知的処世術として読める。だからこそ、「スキゾ／パラノ」というキーワードは一人歩きして、第一回流行語大賞の銅賞に選ばれました。大衆化の外延を知るのにちょうどよい逸話だと思います。

ここで、考えるべきは日本社会が抱えた基本原理です。偶然ですが、同じ八四年に特筆すべき日本論がいくつか刊行されているんですよ。山崎正和『柔らかい個人主義の誕生』や、村上泰亮『新中間大衆の時代』、位相は少し異なりますが、鶴見俊輔『戦後日本の大衆文化史』などもそう。というより、『逃走論』こそが最良の日本論だったといってもいい。高度消費社会における個人主義を検討するという意味ではどれも通底している。カレル・ヴァン・ウォルフレン『日本／権力構造の謎』（八九年）など、外から見た日本の輪郭も組み合わせて、八〇年代の思想空間と大衆社会との接続点を見定めるうえでも、一連の日本論や日本人論は大きなヒントになるんじゃないかと思っています。じつはそれがいま僕が取り組もうとしている課題です……と予告しておいてこの項の終わりとしましょうか。

（談）

＊拙稿「批評とメディア――「史」に接続するためのレジュメ」（『ゲンロン1』二〇一五年一二月）と内容的に重複する部分を含む。あわせて参照されたい。

フェミニズム

「女の問題」の八〇年代

学問的深化とフェミニズムの「終焉」

瀬地山 角

はじめに　八〇年代のフェミニズムと私

のっけから恐縮だが、まず弁明から始めなければならない。読者の多くは「なぜ男性のおまえがフェミニズムの概観のような文章を書くのだ」と疑問を抱くに違いないからだ。その批判に答えるために、私自身がどのような距離でフェミニズムと関わりを持ちながら八〇年代を過ごしたのかについて、同時代の事象の流れとともに、少しだけ説明をしておきたい。

「国連婦人の一〇年」が宣言されたのが一九七五年。日本では国内法の整備や政策調整などのために、総理府の下に「婦人問題企画推進本部」が設けられた。女子差別撤廃条約（CEDAW）の批准のためには、いくつかの法改正が必要だった。

一つは国籍法で父系主義を父母両系主義に改めること。つまりそれまでは国際結婚の場合、父親が日本国籍である場合のみ、日本国籍が認められていたが、母親が日本国籍の場合でも日本国籍を認めるようにした（一九八五年）。二つめは高校の家庭科が女子のみ必修となっていたところを男女共修とすること（一九八九年、施行は一九九四年）。

この二つはそれほど大きな注目を浴びたとは言いがたいが、三つめの男女雇用機会均等法の制定（一九八五年）は財界を巻き込んだ大論争と難産の末の大きな出来事だった［赤松 2003］。意外と知られていないことだが、労働基準法には実は男女を均等に処遇しなければならないという条文がない。第三条に「使用者は、労働者の国籍、信条又は社会的身分を理由として、賃金、労働時間その他の労働条件について、差別的取扱をしてはならない」とあるのだが、ここに性別は入っておらず、次の第四条に「使用者は、労働者が女性であることを理由として、賃金について、男性と差別的取扱いをしてはならない」と男女同一賃金の規定のみがある。これでは、女性を職種や労働条件で区別してしまえば、「女性であることを理由」とした差別に当たらず、「合法」となる。したがって条約批准のためには、「労働者が性別により差別されない（均等法第二条）」と明記した法律が必要だったのだ。

均等法は成立が一九八五年で施行は八六年四月。私は八六年に大学を卒業しているので、ちょうど「総合職」が生まれた均等法一期生の世代にあたる。女子学生は極めて少ない大学だったが、学部生の頃にこれにまつわる論争に触れ、こうした問題に興味を持つようになった。社会学を学び、卒論は一九七〇年代以降に生まれた「新しい社会運動論」と呼ばれる理論について書いたのだが、その過程で「これからの社会運動で可能性があるとすると環境問題とフェミニズムくらいかな」と感じた。どちらかといえば後者に関心を持ったので、大学院ではフェミニズムについて研究しようと決めた。後述するが当時は「ジェンダー論」という言葉は一般的ではなく、また女性問題というと、女子労働論と家族社会学が二つの領域で、「どちらをやるのか？」とよく聞かれた。しかしその区分自体が不当なものに思われ、自分の専門については「フェミニズム」としか答えようがなかった。

なので私は「フェミニズム」を最初から専門として研究することになった最初の世代になり、

おそらく最初の男性だったと思う。当然ながらフェミニズムを研究分野とする指導教官など東大にはおらず、大学院に入ったときに指導教官から「フェミニズムでは就職が見つからないから、他の分野の論文も書けるようにしなさい」と言われたのを鮮明に覚えている。一九八七年に書いた修士論文は日本と韓国と台湾の主婦や既婚女性の労働パターンの比較に関するもので、上野千鶴子や江原由美子から多くの刺激を受けた。その後まだ大学院生だった頃に勁草書房の町田民世子さん[*1]から声をかけていただき、友人と八〇年代から九〇年代初頭までのフェミニズムを概観するような論集を作るチャンスを与えられ、九三年に『フェミニズム・コレクションI～III』（勁草書房）を出した。というわけで、八〇年代のフェミニズムというのは、いわば私にとっても研究者としての原点となる思考や議論、論点を提供してくれたものであった。

「男性なのにフェミニズムをやるのか？」と、さまざまな人からうんざりするほど聞かれた。大御所の先生に「男は男性学をやればいい」と言われ苦しかったことも覚えている。その意味ではフェミニズムの内部にいるようで、実はフルメンバーとしては認められずに、半ば外部から当時のフェミニズムに関わったのかもしれない。そうした私の立っていた場所を明らかにした上で、以下では八〇年代のフェミニズムについて、その前と後との違いを踏まえつつ私見を述べてみたい。

「女性」と「フェミニズム」の時代

一九八〇年代以前は、「婦人問題」という言葉が使われた。それがフェミニズムの広がりの中で、「女性問題」と呼ばれるようになった。婦人の「婦」は「箒を持っている女性」をさし、主に結婚している女性を指す言葉であったことが一因である。だがさかのぼれば七〇年代のウーマンリブのなかに「婦人」という語は出てこない。自らを表現する言葉として、「女」とともに「女性」が使われるようになった。「婦人」→「女性」はそうした変化に対応したものである。これは「婦人参政権運動」を闘った第一波フェミニズムとは異なる、第二波フェミニズムの特徴を反映した変化であろう。行政の世界にもそれが浸透しており、全国に「女性センター」が設置されたのが、この八〇年代である。

そのように八〇年代のフェミニズムは、七〇年代のウーマンリブを背景として育っていた。ただリブが運動志向だったのに対して、八〇年代のフェミニズムは学問的な深まりを求めようとした。

その中間段階にあったのが女性学の存在である。中心人物のひとりであった井上輝子は「女性の、女性による、女性のための学問」として明示的に男性を排除した。また一九八〇年に発刊された『女性学年報』のめざすものとして、日本女性学研究会（一九七七年発足）は「女性学は、既成の「学問」が女の視点を欠いた、ゆがみをもったものであることを告発する形でおこってきました。また、難解な学術専門用語で武装した、素人を寄せ付けない「学問」のあり方にも疑問を投げかけてきました。わたしたちは「女であること」にはプロもアマもなく、女性学の出発点はまさしくこの「女（わたし）であること」を問い直すことであり、この「わたしからのフェミニズム」こそが、わたしたちの運動の原点であると考えています[*2]」と現在も記している。

それは職業としての学問がしばしば女性を排除すると考え、運動のひとつとして女性学を考えようとするものであった。声を奪われた女に専門用語で語れというのが抑圧なのだとすれば、これはある意味で既存の学問に対する大きな挑戦であった。

八〇年代のフェミニズムは、しかし、必ずしもそうした「女性学」的な考え方と完全に指向性が一致しているわけではなかった。七〇年代から八〇年代への変化というのは、その担い手が「『運動から制度へ』『活動家から研究者へ』『ミニコミからジャーナリズムへ』」〔江原 1990:5〕変化していく動きだった。つまり当時の一つの方向性として学問的深化がはかられた。

一九八二年に『セクシィ・ギャルの大研究』（現在は岩波書店刊）でデビューした上野千鶴子は周知のようにその後三〇年以上、この分野で大活躍することになるが、彼女の作業は「難解な専門用語」を用いた学術的なものも多い。

彼女は同年の『主婦論争を読むⅠ・Ⅱ』（勁草書房）で、七〇年代までの主婦をめぐる言説の布置を明らかにしている。主婦の功罪・賛否をめぐる議論を男性のものを含めて再現しており、女性の置かれた状況への、資料を用いた客観的な分析となった。紹介されている議論は学問的な文章ではないが、その論点整理は間違いなく学問的作業であり、かつそうした作業はそれまで行われてこなかったために画期的であったということができよう。

学問的深化と並んで、もう一つ八〇年代を象徴するのは、ジャーナリズム等を巻き込んで行われたさまざまな論争である。

まずはアグネス論争。アグネス＝チャンが芸能活動の場に、一歳に満たない長男を連れていったことに、林真理子や中野翠がかみついた。「大人の静かな空間を犯してほしくない」「喫茶店でたばこを吸おうと思っているのに、子どもを連れてこられるとそれもできない」。たばこ云々は今から考えると隔世の感があるが、「通勤電車にベビーカーで乗る」と考えると、今でも批判は起きそうだ。

論争は一九八七年の三月から一九八八年の一二月ごろまでであり、ちょうど雇用機会均等法

（八五年制定）と育児休業法（同九一年）の間に起きている。「女性が働く」ということがクローズアップされ、「じゃぁ子どもはどうする？」という議論が立ちあがったという意味で象徴的とも言える。そもそも育児休業法自体が、一九八九年の合計特殊出生率が丙午の一九六六年を下回って一・五七だったことが、一九九〇年に明らかになり、政財界を巻き込んで大騒ぎとなったいわゆる「一・五七ショック」を背景としたものだ。一九八〇年代は、子どもを産まないという形で、子育てのしにくい日本社会に対して、女性たちが静かな抵抗を始めた時代だったということになる。

上野千鶴子や江原由美子がフェミニズムの立場から、「そんなこと言ったって子どもはいるんだから」とアグネスを擁護して論争に加わったのもそうした文脈からである。一方で、江原が正しく指摘したように、「いつでも母乳をあげられるように」というアグネスの行動にはいささか過剰な母性主義が見え隠れする。子どもの泣き声を迷惑だとは考えない中華文化圏の発想も背景になっているだろう。

そしてその母性主義の裏返しとして、ここには男性が子どもを連れていく、という発想がない。私自身、週末の講演には一歳前後から子連れで全国に行った。二〇〇〇年代以降のことである。イクメンという言葉が定着した現代なら、さすがにこれが「女性だけの論争」になることはないだろう。つまりこれが「女の問題だ」と捉えられていたこと自体が、ある種の時代の刻印を受けている。

次にエコロジカルフェミニズムをめぐる論争だ。俗にエコフェミ論争とも呼ばれた。出発点は、イヴァン・イリイチの書いた『シャドウ・ワーク』『ジェンダー』がそれぞれ一九八二年、八四年に翻訳されたことであった。ここでの「ジェンダー」とは、現在ジェンダー論の世界で使われる「生物学的性差に対して、社会的文化的性差を指す概念」ではない。「前産業社会での固有の性のあり方」と呼ぶべきもので、そこには性に基づく役割の相違はあっても、産業社会のような差別は存在しないとされた。

当時は今とはかなり違う意味でのエコロジー・ブームとでも呼ぶべき状況で、産業社会に対するオルタナティブとして「エコロジー」という言葉が意味を持っていた。六〇年安保、七〇年代の学園紛争やウーマンリブに比べると、八〇年代は社会運動の比較的沈静化した時期だが、その中ではエコロジーは、一定の影響力を持っていたのだ。そしてイリイチに触発されるように山本哲士編『経済セックスとジェンダー』、青木やよひ編『フェミニズムの宇宙』が一九八三年に出版されている。同じシリーズから一九八六年に出された青木やよひ『フェミニズムとエコロジー』[*3]を含め、エコフェミの論者たちは、近代産業社会が「女性原理」や身体性を抑圧してきたことに問題の根源を求めた。

それに対しては、当然であるが、前近代の性役割のあり方をきちんと吟味することなく肯定してしまっている、という批判がフェミニズムの内部からわき上がる。江原由美子の『女性解放という思想』(一九八五)、上野千鶴子の『女は世界を救えるか』(一九八六)がその代表格であった。エコフェミ批判の立場を表明した女性たちには大学に属する研究者が多く、エコロジカルフェミニズムは、そうした場所とは距離を置く人たちが多かったのも、ひとつの特徴だったと言える。八〇年代にフェミニズムが見せた学問的深まりはこうして研究者の立場をとる人からの批判という形で、議論を深化させたということができるだろう。

一方で日本女性学研究会が一九八五年に企画したシンポジウム「フェミニズムはどこへゆく——女性原理とエコロジー」では、上野千鶴子と青木やよひの「激突」が期待されたのだが、青木も男女には生殖機能の差異以外に絶対的な違いはなく、また個人差が性差を上回ることを認めていたので、大きな論争とはならなかった。そしてその後青木やよひ以外にエコフェミの立場をとる論者は現れず、この論争はいつの間にか忘れ去られるようになった。

ただ江原［1985］はこうした「女性原理」を持ち出すような議論は、リブの中でも潜在的に主流だったと述べている。それが「主流」であったかどうかの検証は難しいが、ここでの「女性原理」を「母性」と読み替えれば、それは確かに日本のフェミニズムの一部の底流であったことは間違いない。

戦前の婦人参政権運動の中で主導的立場にあった平塚雷鳥は「母性は国家によって保護されるべき」と母性中心主義を主張した。これに対して与謝野晶子は「国家や男性に頼るべきではない」として平塚の主張を「依頼主義」と一蹴した。この時期にすでに「母」という問題系が女性運動の中に潜在しており、ウーマンリブの頃の、中ピ連とリブ新宿センター系の運動の路線も同様の方向の違いを含んでいる。*4 したがって一九八〇年代のエコフェミをめぐる論争も、そうした議論の延長線上とみることができるだろう。

後述するが、「男女は異なっているが平等だ」という論法は異質平等論と呼ばれるもので、ややもすれば固定的性役割分業を是認したまま、男女が対等であるという議論をしてしまう。これは明治時代の良妻賢母主義の導入に当たっても用いられた考え方で、保守主義や近代主義と共鳴しやすい。フェミニズムの内部にこれが見られたのは、この時期が最後だったことは強調しておきたい。

ジェンダーそして男女共同参画

そして現在のジェンダー論の起源となるジェンダー概念は、このあとにようやく輸入された。江原由美子、山田昌弘らの『ジェンダーの社会学――女たち/男たちの世界』が一九八九年で、これが現在のジェンダー研究につながる最初の本であった。そして九〇年代に入ると、徐々に生物学的性差⇔社会的文化的性差といった考え方は、広く人口に膾炙するようになり、社会学にとどまらず、あらゆる分野で「ジェンダー」という言葉が使われるようになった。

ただ私は一九九四年に「フェミニズムは女性のものか」という論文を書いている［瀬地山 1994］。その程度には、まだフェミニズムという言葉を使う必要があったのだ。ジェンダー・ジャスティス（ジェンダーの正義）という観点から見れば、フェミニズムは現実の女性すべてを解放するものではない。というよりすべての女性を解放する思想などそもそも存在しないことは自明だ。すべての男性が恩恵を受ける思想などないのと同様に。人口の半分を占める女性は、その程度には個別の利害対立をうちにはらむ集団だし、そう考えれば、フェミニズムの主張するジェンダー・ジャスティスが女性の専売特許であるはずはない。そう考えたのだが、それでも案の定「男のフェミニズム」にはかなりの批判があった。

一方でジェンダーという言葉は、フェミニズムの中から、ジェンダー・ジャスティスのみを取り出し、それを主張する者の性別を消し去ることができる。性別を空欄にしたままフェミニズムの内容を受け継ぐことができるようになったのが、ジェンダー概念の大きな意義だった。

行政でも大きな変化があった。「男女共同参画」という言葉が生まれたのである。「女性問題」に代わって一九九一年から行政の用語として使われるようになり、九九年には「男女共同参画社会基本法」が生まれた。このプロセスには大沢真理［2002］が深く関わっており、同法の前文には「性別にかかわりなく、その個性と能力を十分に発揮することができる男女共同参画社会」との文言がある。

これは行政が明確に異質平等論を否定したものとして、大きな意味を持っている。フェミニズムはそれまでの、運動を重視する方向性から、八〇年代に学問的な深まりを見せ、「ジェンダー論」へと徐々にその名称を変化させていき、異質平等論を乗り越えていきながら、結果として男女共同参画社会基本法を導くこととなったのだ。

八〇年代とフェミニズム

こうして八〇年代のフェミニズムをふり返ると、「差異派」「母性派」と呼ばれるような、異質平等論の立場が、学術の世界では消えたことが、この時代のひとつの大きな特徴であることがわかる。こうした異質平等論は、二〇一〇年代の今も、依然政治家や評論家を含めた一般人たちの「常識」の中には一部で残存しているが、これが思想や学術の世界で相手にされることは稀といってよい。異質平等論の否定は逆に言うと、「女性の一体性」を認めない立場となり、加納実紀代［1987］のように、太平洋戦争時の女性の「加害責任」を問う流れにも通じている。

女性はもはや、一律に庇護されるべき集団でも、一枚岩の「階級」でもない。そうした、ふり返ってみれば、「自明だ」と思われる論点を突き詰めて、成熟させたのがフェミニズムにとっての一九八〇年代であり、だからこそフェミニズムという言葉があまり使われなくなり、ジェンダー論に取って代わられることになる。

それは確かにある意味において、フェミニズムの「終焉」であったということもできる。

『フェミニズム・コレクションⅠ』（一九九三）の私の解題はいきなり「フェミニズムはもう古いか」［加藤他 1993:361］で始まっている。問題意識が共有され、その故に、実在の「女性全体」とは切り離された。

ただフェミニズムという言葉が頻用されなくなったのは、その言葉が意味を持たなくなったからではなく、その考え方が汎用されるようになったからである。その意味での転換点がこの時期となるのであり、言い方を換えれば、この時期が頂点だったと言ってもよいのかもしれない。

◉註

＊1　町田氏は編集者として八〇年代から二〇〇〇年代にかけて、勁草書房から大量のフェミニズム関連の本を出している。彼女自身が研究者であったわけではないが、この時期の日本のフェミニズムを考える上で、その功績は特筆に値する。

＊2　http://www.jca.apc.org/wssj/（二〇一六年一月一八日アクセス）

＊3　中心となった文章「女性原理とエコロジー」の初出は一九八五年。

＊4　「中絶禁止法に反対しピル解禁を要求する女性解放連合（中ピ連）」は、「産む・産まないは女性の自由である」という立場から、中絶の自由化や避妊の女性化（＝ピルの解禁）を求めたのに対し、田中美津を中心としたリブ新宿センター系のグループでは、産む性としての女性がより重視された。

◉参考文献

青木やよひ編 1983『フェミニズムの宇宙』新評論

―――― 1986『フェミニズムとエコロジー』新評論
赤松良子 2003『均等法をつくる』勁草書房
江原由美子 1985『女性解放という思想』勁草書房
江原由美子他 1989『ジェンダーの社会学』新曜社
江原由美子編 1990『フェミニズム論争』勁草書房
婦人問題企画推進本部 1991「西暦二〇〇〇年に向けての新国内　行動計画（第一次改定）」『社会教育』一九九一年九月号
イリイチ、イヴァン 1982=1984 玉野井芳郎訳『ジェンダー――女と男の世界』岩波書店
加納実紀代 1987『女たちの〈銃後〉』筑摩書房
加藤・坂本・瀬地山編 1993『フェミニズム・コレクションⅠ〜Ⅲ』勁草書房
大沢真理 2002『男女共同参画社会をつくる』日本放送出版協会
瀬地山角 1994「フェミニズムは女性のものか」庄司興吉・矢澤修次郎編『知とモダニティの社会学』東京大学出版会
―――― 1996『東アジアの家父長制』勁草書房
上野千鶴子 1982『セクシィ・ギャルの大研究』光文社
―――― 1982『主婦論争を読むⅠ・Ⅱ』勁草書房
―――― 1986『女は世界を救えるか』勁草書房
―――― 2012『ナショナリズムとジェンダー新版』岩波書店
山本哲士編 1983『経済セックスとジェンダー』新評論

個性化教育のアイロニー

八〇年代教育改革の意図せざる結果

土井隆義

中曽根内閣における教育改革

第二次大戦後の日本の学校教育にとって、一九八〇年代は大きな分水嶺だった。中曽根内閣の下で八四年に設置された臨時教育審議会（臨教審）が、それまでの教育政策を大幅に転換するように求める答申を出し、その後の学校現場を規定する基本原理となったからである。今日に至るまで連綿と続くことになる新自由主義的な教育改革は、この時期から本格的にスタートしたのである。

日本の教育政策は、第二次世界大戦を挟んで教育勅語から教育基本法へと理念上の転換はあったものの、具体的な施策としてはずっと明治維新以来の立身出世主義の下に展開されてきた。加えて大戦後は、戦前のエリート主義が放逐され、新たに平等主義の理念が付け加わったため、すべての生徒に等しく高い学力の修得が期待されるようになり、結果として厳しい学歴競争が繰り広げられることにもなった。

近代に入って誕生した公教育の制度は、しばしば近代的工場と類比されるように、資本主義経済にとって必要とされる均質的な労働者を生産する装置だった。学年制度も、学級制度も、その装置として有効に機能してきた。そのため、学校教育に対する批判者から見れば、八〇年代までの学校は、子どもの個性を押しつぶす暴力装置にほかならなかった。その批判者の一人である芹沢俊介の言葉を借りるなら、学校とは子どもに集団的身体を強制する場だった[*1]。事実、七〇年にOECDが行なった教育調査の報告書でも、日本の教育の画一性、中央集権的な統制、激しい受験競争が厳しく批判され、多様化への方向性と選択の自由の必要性が訴えられていた。

　ところが八〇年代の半ば、産業界からの要請を受けた臨教審の答申によって、この教育政策は大きな転換を迎えることになる。当時の日本は、国民一人当たりのGDPが初めて米国を抜き、社会構造も消費資本主義の段階へと移っていた。そこで産業界が求めるようになったのは、画一的な大量生産を前提とした工場労働を担う均質的な労働力ではなく、多種多様な商品ニーズに応えうる創造的な感性をもった労働力だった。労働力の生産装置としての学校にもその対応が求められ、結果として個性主義へと大きく舵を切ったのである。

　臨教審が八五年に出した第一次答申では、「個性重視の原則」について次のように述べられている。「今次教育改革において最も重要なことは、これまで我が国の教育の根深い病弊である画一性、硬直性、閉鎖性、非国際性を打破して、個人の尊厳、個性の尊重、自由・自律、自己責任の原則、すなわち個性重視の原則を確立することである」。この政策転換が個々の学校現場へ浸透し、実質的な効果が表われるのはもう少し後になる。しかし、この答申を機に学校カリキュラムの弾力化が図られ、飛び入学など制度の自由化にも手がつけられるようになったことの意味は大きい。

　このような教育政策の路線変更は、子どもの個性を尊重するという大義名分を掲げてはいたものの、じつはすべての子どもの学力を一律に伸ばす政策から、勉強のできる子どもとできない子どもの能力の違いを認める政策への転換を含んでいた。この頃から、日本の学校教育は、従来のように子ども全体の学力を上げることを諦めて、それぞれの適性に応じた教育の提供を模索しはじめていたのである。

ところが、臨教審の答申は、従来の教育の画一性と過度の平等主義を批判することで、それまでの文部省の教育政策にも、また日教組をはじめとする革新的教育運動にも、どちらにも矛先を向けたものだった。大内裕和が指摘するように、むしろ両者の共犯関係が教育の弊害をもたらしているという論理を展開することで、その対立構造そのものを崩していった。[*2]そのため、じつは教育機会の平等を阻害する要素を内包していたにもかかわらず、教育サービスの低劣さを改善するものとして国民に広く受容されていった。

また、子どもの個性を重視し、各自に見合った教育を提供しようというこの政策は、たんに大戦後の平等主義政策に対するアンチテーゼにとどまらず、大戦前から一貫して続いてきた立身出世主義に対しても大きな見直しを迫るものだった。それまでの学力重視が見直され、かわって「生きる力」の育成がクローズアップされるようになったからである。これは、今井康雄の言葉を借りれば、「生活と科学」から「美とメディア」への価値観の大転換ともいえるものだった。[*3]

では、このような教育政策の大転換は、学校現場を生きる当事者の子どもにどのような影響を与えてきたのだろうか。この転換を機に始まった「ゆとり教育」については、すでに多くの論者が功罪を論じている。しかし、子どもにとって学校とは勉強するだけの場所ではない。クラスメイトや部活仲間と友人関係を紡ぐ場所でもある。そもそも個性とは、一方的な教育によって個人の内部から掘り出されてくるものではなく、他者との比較のなかで自覚され、育まれていくものである。その意味で人間関係の函数といえる。そこで以降では、この個性化教育の推進が子どもの人間関係にもたらした影響を振り返ってみたい。

公的な空間から私的な空間へ

子どもの個性を重んじ、それを伸ばしていくことが教育の目標だとすれば、学校現場において具体的に想定される目標は、各自の個性に応じて多様なものとならざるをえない。したがって、その目標達成のための具体的方策も、またその評価規準も、それぞれ多元化していかざるをえない。画一的な知識や技能の伝達とは異なって、「各自の個性重視」や「生きる力の獲得」といった目標には、いったいどんな課題をどこまで達成したらよいのか、その客観的な物差しがないからである。

教育目標がこのように変質するなかで、教師と生徒の関係もまた変わっていく。端的にいえば、かつて両者の間に成立していた役割演技の関係が成立しにくくなっていく。学校に集う人びとの主観的な差異を抑圧することで、教師には教師の役割を演じることを期待し、生徒には生徒の役割を演じることを期待するといった従来の学校に成立していた演技空間が、八〇年代以降の学校では揺らいでいくことになるのである。

かつて、教師の言葉には従うべきだと生徒が感じていたのは、人間としての個人的な魅力を教師に感じていたからではない。もちろん、そういうケースもあったことを否定はしない。しかし多くの場合、教師という役割主体が、その演技として発した言葉だったからである。教師の言葉の強制力は、彼の個人的な人間の魅力によって支えられていたわけではなく、教師と生徒という役割関係の構造によって支えられていた。

ところが、個性化教育の浸透とともに学校のさまざまな局面で生徒の自己表出が期待されるようになると、学校における公的領域は私的領域によって侵食され、徐々にその姿を変えていくことになる。教師と生徒の間の役割演技の関係が崩壊し、また両者のヒエラルキカルな関係も解体されることで、「先生はそう考えるかもしれないが、自分はこう考える」といった発想が受容されるようになっていく。その結果、個々の生徒の立ち振る舞いも、教師との役割関係によってではなく、親疎関係によって規定されるものへと変質していく。生徒にとって「好きな先生」とは、「教え方がうまい先生」である以前に、まずは「自分と気が合う先生」となったのである。

学校で生じたこのような人間関係の変化は、教師と生徒の間だけに留まらず、生徒どうしの間にも及んでいく。たとえば、給食時間にどの席に座るかも規則で強制されるものではなくなり、生徒たちの自主性に任せられるものになると、生徒どうしの人間関係が具体的に可視化されやすくなる。どの席に座ったかが友人関係での位置を示す指標となるのである。こうして生徒どうしの関係においても、役割関係より親疎関係のほうが重視されるようになっていく。

それ以前を振り返ってみると、ことの善悪は別にして、たとえば同じクラスの生徒になった以上は仲間でなければならないとか、同じ部活のメンバーである以上は助けあわなければならないとか、かつての学校にはそういった規範的な圧力が強力に存在していた。しかし、八〇年代以降、学校現場でも人間関係の自由化とフラット化が進行していくなかで、クラスや部活といった組織や制度が有していた拘束力は徐々に弱まっていく。多くの現場の教師が、クラスの内部が幾つかの仲良しグループに分断化されてしまって一体感を保つのが難しくなったと学級経営上の困難を訴えるようになるのもこの頃からである。

もちろん現在でも、学校で友だちになる最初のきっかけは、たまたまクラスが一緒だったとか、部活が一緒になったとか、往時と大して違ってはいない。しかし、その後の関係を維持していく上で、制度的な基盤が果たす役割は大幅に小さくなっている。同じクラスの生徒だからといって、自分と気の合わない相手と無理して付きあう必要などないし、同じ部活の一員だからといって、無理をして助けあう必要もない。制度的な枠組みの拘束力が弱まっていくなかで、そう考える子どもは確実に増えている。

近年のモバイル機器の発達が、この傾向に拍車をかけているのは間違いない。いまではクラスや部活にとらわれない複層的な人間関係が、学校のなかで同時に築かれるようになっている。たとえば、各自の趣味嗜好に応じて気の合う仲間ごとにグループを使い分け、それらの関係を同時並行で進めるようになっている。学校ではほとんど口をきかない生徒どうしが、ＬＩＮＥのグループ内では密接につながっていたりもする。しかし、学校のなかで人間関係の流動性が高まってきた背景の根底にあるのは、八〇年代以降の社会状況の変化と、それを受けて方向転換した教育政策だといえる。

人間関係のリスク化と内閉化

ところで、かつてのように制度的な枠組みが人間関係を強力に拘束しなくなったということは、裏を返せば、制度的な枠組みが人間関係を保証してくれる基盤ではなくなり、それだけ関係が不安定になってきたということでもある。既存の制度や組織に縛られることなく、付きあう相手を勝手に選べる自由は、自分だけでなく相手も持っている。したがって、その自由度の高まりは、自分が相手から選んでもらえないかもしれないリスクの高まりと表裏一体である。

このとき、人間関係が親疎の度合いによって規定されるということは、互いに友人であることの根拠が、互いにそう思っている感情の共有にしかありえないということである。このような状況下では、互いの親密さをつねに確認しつづけていないと、その関係を維持していくことが難しい。組織や制度から自由になり、一面では軽やかになった人間関係も、他面では流動的で壊れやすい関係となったのである。

同様のことは、教師と生徒の関係にも当てはまる。両者がタテの関係からヨコの関係へ近づいていくと、教師にとっては指導の困難が増すことになるだろうが、生徒にとっては居心地のよい学校空間が実現するかのように思われる。しかし、両者の関係がフラットに近くなるということは、生徒の側が教師を一方的に信頼したり、すべてを頼り切ることが難しくなることも意味する。友人との関係がそうであるように、相手の期待にそい、気に入られるような人間でなければ、自分を認めてもらえないのではないか。そういった不安が募っていきやすくなるのである。

このように、友だちとの関係にせよ、教師との関係にせよ、人間関係の自由度が高まるにつれ、その満足度は上がっていくものの、不安感もまた同時に募っていくことになる。人間関係を保証してくれる制度的な基盤や役割の比重が下がった分だけ、相手は自分のことを本当はどう思っているのだろうかと、疑心暗鬼のスパイラルへ陥っていきやすくなるのである。

ところが皮肉なことに、このように人間関係の流動性が高まってきたからこそ、その関係を無視して生きていけないと誰もが強く感じるようになってもいる。従来のように組織や制度によって自分の居場所が守られているとは思えなくなったからである。とりわけ子どもが日常の大半を過ごす学校ではそうである。学校という空間は、一般社会よりも人間関係の落差が目立ちやすい。街角の雑踏に一人で立っていても目立たないが、休憩時間のクラスに一人でいれば目立たざるをえない。外部に開かれた空間ではなく閉じた空間の内部で、しかし人間関係の流動性だけは高まっているため、いわばゼロサム的な友人の争奪戦が展開されることになる。

この友人の争奪戦を生き延び、人間関係のリスクを逓減させるためにもっとも現実的で手っ取り早い方法は、できるだけ価値観の似通った者どうしで関係を築くことである。今日の学校には、あらかじめ客観的な評価の物差しが存在しているわけではない。勉強ができるとか、スポーツが得意とか、そういった評価軸の比重は、少なくとも子どもの間ではどんどん下がっている。それらを頼りに安定した人間関係を築くことは難しい。真面目な子どもを揶揄する「意識高い系」とか「ガチ勢」といった言葉にも表われているように、むしろそれらは友人関係を疎遠なものにすらしてしまう。

今日、ほぼすべての子どもから同意を得られやすい評価軸は、いわゆるコミュニケーション能力だけだろう。しかし、その能力の有無は、学校のなかではまさに友だちの数が多いか否かで測られることになる。それが人間としての価値を決定するかのような空気が、今日の学校には広く蔓延している。だから、学校に通う誰もが友人の獲得競争に走らざるをえなくなっているのである。

ところが、コミュニケーション能力とは個人に内在するものではなく、相手との関係しだいで変化するものである。しかも互いの価値観が異なれば、相手が自分に対してどんな評価を与えてくれるか、前もって予想することは難しい。その評価は、ときどきの空気しだいで簡単に変化してしまうことも多い。自分を認めてもらえる承認を得られるか否かは、その場になってみなければ分からず、評価された結果を待って初めて判断せざるをえない。そのため、友人関係に対するリスクはますます高まっていくことになる。

このような状況下の学校を生きる子どもは、その不安感を少しでも和らげようと、できるだけ人間関係に安全パイを求め、自分と似通った価値観の人間だけとつながろうとする傾向を強めていく。自分が魅力の欠けた人間と周囲から見られはしないかとつねに怯えているため、その視線からわが身を守るためになるべく自分と趣味嗜好の重なる相手だけと関係を築き、つながりの安定化を図ろうとしている。それを防御壁として周囲に張り巡らし、学校という熾烈な友人獲得競争の世界でけっして自分だけが一人ぼっちにならないための努力を日々ひたすら続けているのである。

個性を忌避する今日の子ども

先述したように、教師と生徒の関係がフラット化するにつれ、両者の関係は良好になっていく。もちろん立場が違う以上、完全にフラットになることはありえない。しかし、かつてと比較すれば、抑圧的な態度で生徒と接する教師は明らかに減少している。今日の生徒にとって、教師とはもはや鬱陶しい存在などではなく、むしろ友人感覚で付きあえる相手である。その分だけ教師に親しみを覚える生徒も増えている。しかし、それは同時に、教師から与えられる評価が、それだけ重さを失ってきたということでもある。

自分の生殺与奪の権を握るほどの圧倒的な他者から否定されれば、そのダメージは限りなく大きい。しかし、そんな他者から承認された場合には、その評価は圧倒的な重さを有する。他方、自分と対等に近い他者からの評価であれば、ネガティヴなものだった場合のダメージも小さい代わりに、ポジティヴなものだった場合の高揚感も小さくなってしまう。評価に疑念をぶつけられるような相手からの承認には、それがプラスであろうとマイナスであろうと、その程度の重さしかないのである。

こうして今日では、教師から与えられる評価の底が浅くなっている。質が劣化しているといってもよい。そして、その分だけクラスメイトなどの友人に承認対象を幅広く求めていかざるをえなくなっている。承認の質的劣化を量の増大でカバーすることによって、少しでも安心感を強めようとしているのである。ところが皮肉なことに、そこで安定した友人関係を築くことは、かつて以上に難しくなっている。子どもどうしの価値観の相違もまた、かつて以上に大きくなっているからである。

子どもに対して描画分析によるカウンセリングを続けてきた三沢直子によれば、以前は子どもの描く内容から、学年を推測できるほど互いに均質的だった絵画が、最近はあまりに多様化して、絵画に表われる問題が個々人でまちまちになっているという。[*4] もちろん、彼らにしても価値観の多様化した現代社会の空気を吸いながら生きているのだから、それが個性化教育による影響だけとはいいがたい。しかし彼らが、かつて芹沢の批判した集団的身体から、いまや個別的身体へと移行していることは事実だろう。

それに付け加えるなら、生徒にとって教師が抑圧的な存在だった時代には、子どもの反発心はまず教師へ向けられたため、生徒どうしの細かな相違はさほど目立たなかった。「あの教師はうざい」などと語りあっていれば、それを潤滑油に互いの関係を良好に保つことも容易だった。ところが現在では、教師が共通の敵として生徒の眼前に屹立しなくなっている。その分だけ友人どうしの関係への鋭敏さが助長され、かつてより摩擦を帯びやすくなっている。

こうして今日では、学校のなかで人間関係を営んでいく上で、個性的であることは大きなリスク要因と感じられるようになってきた。価値観の似通った者どうしで形成される集団の内部で、仲間とは異なった「特別な自分」を自己呈示すれば、自分だけが浮いてしまう危険もある。そのため、現在の子どもは、周囲から突出した個性を見せてはならないと強く感じるようになっている。個々の形は微妙に異なるが、しかし全体の構図のなかにぴったりと収まるジグソーパズルのピースのように、集団のなかで自分の居場所を確保するためという限定付きでのみ、彼らの個性は表出される。

これを換言すれば、彼らが必要としているのは、集団のなかで自分の立ち位置を守るために必要とされる個性であって、そこで自分の居場所さえ確保できてしまえば、それ以上の特別な個性は必要ない。限度を超えた過剰な個性は、人間関係の一体感を保ち、維持していく上でむしろ邪魔にすらなる。仲間集団という全体の構図のなかに一つのピースとして収まらなくなるからである。彼らが求めているのは、周囲のピースの輪郭とぴったり噛み合うために必要な個性にすぎないのである。

このように、今日の子どもは、周囲の人びとに対して個性的な自分を誇示して自らを際立たせたいという願望よりも、その人間関係から排除されるかもしれないことを恐れる不安をより強く抱くようになっている。その結果、なるべく周囲から浮かないように配慮し、個性的であることをむしろ回避しようとする傾向を強めている。このような志向性を拡大させる発火点となったのは、皮肉なことに「個性の尊重」を掲げた八〇年代の教育改革だった。新自由主義を招来した社会状況の変化がそもそもの火薬であることに違いはないが、少なくともそこに火をつける導火線の役割はこの教育改革が果たしたのである。

◉註

＊1 芹沢俊介『子どもたちはなぜ暴力に走るのか』岩波書店、一九九八年。

＊2 大内裕和「象徴資本としての「個性」」『現代思想』二九（二）、八六〜一〇一頁、青土社、二〇〇一年。

＊3 今井康雄「現代学校の状況と論理」『学校像の模索』一七〇〜二〇三頁、岩波書店、一九九八年。

＊4 三沢直子『描画テストに表れた子どもの心の危機』誠信書房、二〇〇二年。

アイドル

スターからアイドルへ、グループへ

辻泉

八〇年代アイドルを巡る風景から

八〇年代もはるか昔となってしまった。一九七六年生まれの筆者にとって、それはまさにさまざまなポピュラー文化に触れた幼少期の体験と重なる。だが、はたしてどれほどの読者とその記憶を共有できるか、心もとない。よって、当時のアイドルを巡る筆者の体験談から始めてみたい。

当時は、日本におけるアイドルの第一次黄金時代であった。そしてその前半と後半でやや様相が異なっていた。今日でも、男女それぞれに、さまざまなアイドルが活躍しているが（これは、第二次黄金時代と呼んでよい）、その源流となった存在や変化があったのが八〇年代であったと思われる。

さて、筆者が最初に好きになったアイドルは、松本伊代であった。テレビの歌番組で、一九八一年のデビューシングル曲『センチメンタル・ジャーニー』の、あの独特のイントロを耳にしたのがきっかけだった。小学校に入ったばかりの頃、友達同士で好きなアイドルを言い合うことになったとき、周りが中森明菜か松田聖子かとばかり答えている中で、なぜか自分の好みがマイナーに感じられて気恥ずかしかった。iPodはおろか、ＣＤすらまだない時代、ヒット曲を聴く機会といえば、歌番組が中心であった。姉や兄とともに、男女の別なく、いろいろなアイドルの歌を聴いていた。

やがて小学校三~四年生になると、自分一人で勝手にテレビを見始めるようになった。特に、母親が夕食の準備で忙しくなる平日の夕方は、子ども向けの再放送アニメが放映される楽しみな時間だった。おニャン子クラブが登場することになる『夕やけニャンニャン』(フジテレビ系列)も同じ時間帯に放送されていたが、登場するアイドルの数が多すぎて、残念ながら筆者の印象にはあまり残っていない。

八〇年代の最終年、一九八九年に小学校を卒業することになるのだが、当時、女子の間で光GENJIが大ブームを巻き起こしていたのを鮮烈に覚えている。というのも、そうした輝かしき男性アイドルは、多少なりとも異性を意識し始めるようになる小学校高学年の男子にとって、他ならぬ嫉妬の対象だったからだ。クラス中の女子たちが、「私は、かーくんがいい」「私はウチウミくん」などと言い合っている様子が極めて理解不能なものに映った。

また、歌番組が姿を消していったのもこの頃である。それとともに、アイドルの歌謡曲を聴くことが、「若者文化の先端」を行くことというよりも、むしろマイナーな、(当時まだポピュラーではなかった表現でいえば)オタク的な趣味になっていったように思う。小学校の卒業アルバムに一言メッセージを記す欄があって、二~三名の友人と「好きなアイドルは南野陽子です」と書こうと誓い合ったのにも関わらず、結局やめてしまったのもそういう気持ちが働いたからであった。

さて、ここで簡単に素描してみせた八〇年代の風景は、筆者自身の個人的な体験に過ぎないものである。だがそこからは、八〇年代が、今日のアイドルへとつながる二つの大きな特徴の誕生時期であったことがうかがい知れるだろう。それは「親近感への特化」と「グループ化戦略」であり、日本社会の成熟と文化の細分化とともに起こった変化といえる。

特徴その一 「親近感への特化」

一つ目の特徴である「親近感への特化」とは、「スターからアイドルへ」の変化といってもよい。主として八〇年代前半に起こったものと考えられる。

高度成長期に活躍したスターは、大衆の夢を具現化した存在であり、それゆえに、「親近感」を覚えつつも、むしろ「尊敬や憧れ」を抱く存在であった。魚屋の家に生まれつつも、抜群の歌唱力でスターに上り詰めた美空ひばりは、まさにこの時代を代表するスターであった。それゆえ、スターは非日常的な存在であり、わざわざ料金を支払って見に行く、映画などのメディアを通して受容されていた。また七〇年代に活躍した山口百恵には、そうしたスターの要素が幾分か残されていた。

それとは対照的に、松田聖子や中森明菜（そして筆者がファンであった松本伊代）などが、間違いなく八〇年代（前半）を代表するアイドルであったのは、テレビという日常空間に置かれたメディアを通して受容され、大衆の夢の具現として仰ぎ見るというより、むしろ若者たちとともにある存在だったからである。筆者が姉や兄とよく見ていた『ザ・ベストテン』（TBS系列）、『ザ・トップテン』（日本テレビ系列）といった歌番組が最高視聴率をたたき出したのも、八〇年代初頭であった。

よって、スターに憧れた当時の年長世代からすれば、アイドルは、さして演技力も歌唱力もない、随分と「中身のない」存在に見えたことだろう。だが、だからこそアイドルは、「尊敬や憧れ」ではなく「親近感」に特化した存在として人気を集めることとなったのである。「僕らの／私たちのアイドル」という言い回しは、まさしくそうした様子を表したものであり、そのように八〇年代前半のアイドルとは、テレビメディアを中心として活躍する、若者文化を象徴する存在であった。

特徴その二 「グループ化戦略」

二つ目の特徴である「グループ化戦略」は、八〇年代前半にその萌芽が見られたものの、本格化していったのはやはり後半からといえよう。八〇年代前半に若者文化を象徴する存在であったアイドルは、さらなる細分化の流れの中で、その姿を変えていった。

多くの若者が視聴する歌番組の中に、男女を問わず単独のアイドルが登場して活躍する時代は終わりを告げ、男性向けの女性アイドルと、女性向けの男性アイドルとが、分化して売り出されるようになっていった。小学校高学年の頃の筆者が、クラスの女子とアイドルについての会話が成立しなくなっていったのも、異性への関心の高まりという個人的な変化だけでなく、そうした文化の細分化も背景にあったのだと、今ならば理解できる。

そして、(極端に言えば一般人とも区別がつかないほど)「親近感」に特化した存在でありつつ、「グループ化戦略」がとられたアイドルとして、男性向けであれば、おニャン子クラブを挙げないわけにはいかないだろう。その企画に、のちにＡＫＢ48をプロデュースすることになる秋元康が関わっていたのは知られるとおりである。八〇年代後半に放映されたバラエティ番組『夕やけニャンニャン』では、オーディションのプロセスから、このアイドルグループのデビューを演出して見せていた。

だが、『夕やけニャンニャン』は二年ほどで放映が終わってしまい、「おニャン子クラブ」もグループとしてより、むしろ解散後に個別に活躍したアイドルの方が多かった。このことを振り返れば、むしろ「グループ化戦略」については、今日でも女性向けの男性アイドルとして君臨する、いわゆるジャニーズ系アイドルの成功にこそ注目すべきだろう。

「ジャニーズ」という複数形の名称からして分かるとおり、実はかなり前から「グループ化」が試みられてはいた。だが、それを意図的かつ戦略的に押し出していったのは、八〇年代からであった。その初頭において、ドラマ『3年B組金八先生』（TBS系列）に出演していた田原俊彦、野村義男、近藤真彦の三人が、たのきんトリオとして人気を博したが、これは決して正式名称ではなく、楽曲の売り出しにおいても、あくまで個別に行われていた。転機といえるのは、当時「〇〇トリオ」というくくり方が乱立していた中で、シブがき隊（布川敏和、薬丸裕英、本木雅弘）という名称で、明確に「グループ化」して売り出したあたりからである。レコードデビューは、シブがき隊は一九八二年だが、その後一九八五年に少年隊が、一九八七年に光GENJI、一九八八年に男闘呼組が続くことになる。

こうした変化は、当時の雑誌を見てもよくわかる。**表1**は、一九八〇年代に『明星』（集英社）の二月号（新年特大号）の表紙に登場したアイドルを列挙したものである。一九八一年には、松田聖子と、近藤真彦、野村義男、田原俊彦のたのきんトリオという八〇年代前半を代表するアイドルが表紙を飾っているが、一九八七年以降になると、女性では渡辺満里奈や渡辺美奈代、工藤静香といった元おニャン子クラブのメンバーが、さらに男性では、少年隊が三年連続で表紙を飾り、まさに「グループ化」時代の到来をうかがわせている。『明星』はこののち、一九九二年にリニューアルし、ほぼジャニーズ系アイドルに特化した女性向け雑誌となっていくが、

1980	ツイスト[松浦善博・神本宗幸・ふとがね金太・世良公則・鮫島秀樹]　石野真子
1981	近藤真彦　野村義男　松田聖子　田原俊彦
1982	近藤真彦　田原俊彦　松田聖子　河合奈保子
1983	田原俊彦　近藤真彦　河合奈保子　松田聖子　柏原芳恵
1984	田原俊彦　近藤真彦　中森明菜　小泉今日子
1985	中森明菜　近藤真彦　田原俊彦　小泉今日子
1986	中森明菜　近藤真彦　田原俊彦　小泉今日子
1987	少年隊[植草克秀・錦織一清・東山紀之]　菊池桃子　小泉今日子　中山美穂
1988	少年隊[植草克秀・錦織一清・東山紀之]　渡辺満里奈*　南野陽子　渡辺美奈代*
1989	少年隊[植草克秀・錦織一清・東山紀之]　工藤静香*　中山美穂　浅香唯

表1　『明星』2月号の表紙に登場したアイドル
(明星編集部編 2002 を基に作成。*は、おニャン子クラブの元メンバー)

この頃にはSMAPもデビューすることとなる。

そして九〇年代に至ると、「グループ化戦略」のさらなる発展形態として、同じ事務所のアイドルグループ同士が頻繁にコラボレーションしたり、それに伴ってファン同士の交流も広まって、まさにジャニーズ〝系〟と呼びうるような、マーケットの拡大がなされていくことになるのである。光GENJIの頃は、まだ同じアイドルグループ内に限られていたファンの交流が、いまや同じジャニーズ系のアイドルグループ同士のファンが広く交流するようになっている。こうした形態は、モーニング娘。などのハロプロ系であったり、AKB48系といった、のちのアイドルにも少なからぬ影響を与えていくものと考えられるが、その源流は、やはりここで見てきたような、八〇年代の変化にあったというべきであろう。

以上に見てきたように、八〇年代のアイド

ルは、その前半に見られた「スターからアイドルへ」という、「親近感」に特化した存在としての確立と、後半に定着していった「グループ化戦略」によって第一次黄金時代を迎えていた。そしてそのことは、今日の第二次黄金時代ともいうべきアイドルの状況に、間違いなく大きな影響をもたらした源流として存在しており、おそらくは、今後の日本のアイドルの在り方を考えるうえでも、決して外しては語れないものとなっていくと思われる。
最後も個人的な感慨で締めくくらせていただけるのならば、八〇年代アイドルとともに育ってきた立場として、今後も引き続き、そうしたアイドルのゆくえを見続けていきたいと考えている。

◉参考文献

明星編集部編　2002『「明星」50年　601枚の表紙』集英社新書
辻泉　2004「ポピュラー文化の危機――ジャニーズ・ファンは〝遊べているのか〟」宮台真司・鈴木弘輝編著『21世紀の現実（リアリティ）――社会学の挑戦』ミネルヴァ書房二一～五二頁

ファッション

あらゆるアイテムが出尽くした至福の時代

谷川直子

八〇年代ファッションは、竹の子族で幕を開けた。竹の子族は、原宿の歩行者天国に集まって、音楽に合わせて踊りまくる若い男女の集団で、原色をつかったサテン地のつなぎやハーレムパンツにロングジレあるいはロングコートといったアラビアンナイト風の衣裳を着て得意げに揃って踊る姿は、多くの観客を集めた。

観客となった若者の方はというとトラッドが主流だ。女の子たちの間では、セミロングの髪に細かくレイヤーを入れ後ろに流した聖子ちゃんカットが大ブーム。ラコステのポロシャツにボートハウスのトレーナー、巻きスカートに紺のハイソックス、ミハマの靴とキタムラのバッグという健全なハマトラファッションには、ブリッコがお似合いだった。

こうして明るく始まった八〇年代ファッションは、翌八一年のコム デ ギャルソン、ヨウジヤマモトのパリコレ進出でぐっと様変わりすることになるのだが、それを語る前に、その基礎を作った七〇年代を少しおさらいしておこう。

まず、七〇年代には、ファッション環境を大きく変える雑誌が次々創刊されている。七〇年「アンアン」、七一年「ノンノ」、七五年「JJ」、七六年「ポパイ」。これらの雑誌がそれまでの雑誌と決定的に違っていたのは、カタログとしての価値だ。モデルが着ている服の情報、どこのブランドで値段はいくらかということを、一つ一つ載せたのである。そして、海外ブランドやパリコレの情報を教えてくれる教科書でもあった。

またこの時期に、その後のDCブランド時代を担う日本ブランドが次々旗揚げしている。コム デ ギャルソン(川久保玲)七三年、ワイズ(山本耀司)七二年、ニコル(松田光弘)七一年、ビギ(菊池武夫)七〇年。どれも小規模ながら存在感を持ち、買い手に「国内ブランド」を意識する基本姿勢が整っていく。

そして「パルコ」のようなファッションビルが建設され、こういうブランド店の受け皿となる。いままでのデパートの洋服売り場とはちがい、人々はブランド店を渡り歩き、自由に自分のスタイルを選ぶことができるようになっていったのである。

今ではあたりまえのこれら、カタログ的雑誌、ブランド直営店、ファッションビルの三つが始まったのが七〇年代だった。

さて、話を戻そう。八一年、日本ファッション史に残るできごとが起こった。コム デ ギャルソンとヨウジヤマモトがパリコレに進出したのだ。翌八二年三月にコム デ ギャルソンが発表した前衛的な黒のデザインは世界に衝撃を与える。穴があきほつれてのびきったセーター、左右非対称のドレスやジャケット、これらのいわゆるボロルックは、同時期にやはり全面的にアバンギャルドなコレクションを発表したヨウジヤマモトとともに賛否両論を巻き起こし、熱狂的なファンを獲得していく。七三年からビッグルックとフォークロアファッションでパリコレの復興を引っ張ったと言われるケンゾー(高田賢三)とは違った意味で日本人デザイナーのファッションが大きくクローズアップされた。

このニュースは日本のファッションに敏感な若者に大きな自信を与え、東京コレクションのブームを支えて、国内ブランドが空前の発展を遂げることになる。前出の七〇年代に設立されたブランドのほかに、イッセイ ミヤケ、ジュンコ コシノ、ジュンコ シマダ、やまもと寛斎などのブランドが一気に売れ始めたのだ。

それまでの大手アパレルとデザイナーズブランドが大きく違っていたのは、その服作りのシステムだ。生地原料から製品になるまで二〇回前後の売り買いが行われるという複雑なシステムを大手アパレルがとっていたのに対し、デザイナーズブランドでは生地の買いつけから直営店における販売まですべてをブランドが手掛けたのだ。直営店はどれもひと目でそのブランドだとわかるような内装で、ハンガーに至るまでブランドオリジナルを使う。ブランドの服を着たハウスマヌカンが客の対応にあたり、その店にいること自体それだけでカッコいいと思わせる。客は店に何度も通ううちに、マヌカンとは友だちのように親しくなって、ブランドの信者になっていく。実際、ショーで人気を集めた商品を手にするためにはマヌカンと懇意でなければムリだった。

当時は、デザイナーを表に出さず、一貫したキャラクターを持って直営店を展開していた国内ブランドをキャラクターブランドとしてデザイナーズブランドと区別し、両者を合わせてDCブランドと呼んでいた。キャラクターブランドには、コムサデモード、パーソンズ、アトリエサブなどがあり、デザイナーズブランドより買いやすい価格だった。

八二年には雑誌「オリーブ」が創刊。ポパイ少年にならい、誌上で提案されるスタイルを実践するオリーブ少女が流行する。リセエンヌを真似たコーディネイトや、ピンクハウス、田園詩、アツキ オオニシといったロマンティックファッションで全身を固めた女の子たちも登場。コム デ ギャルソンやヨウジヤマモトが買えない若者の間では、全身黒ずくめでアシメトリーなデザインのコピー服が流行り「カラス族」と呼ばれる。雑誌でDCブランドのショッパーがプレゼントの景品として出されるなど、熱いDCブームは地方に住む若者にとっては憧れで、ハウスマヌカンは人気の職業としてもてはやされた。

一方で「JJ」に代表されるニュートラの流れはしっかり続いていて、クレージュやグッチ、セリーヌ、ロベルタなどインポートブランドも着々と若者たちの中に根づいていった。八一年に発表された田中康夫の『なんとなく、クリスタル』には三〇以上のファッションブランドが注に登場し、主人公がその微妙な差異にこだわる様子が細かく書かれている。雑誌記事を勉強することによって大都市だけでなく全国の若者が膨大なファッション知識を持つようになったのは驚異的なことである。彼らは多くのブランドイメージを把握しており、その中から自分を表現するのにふさわしいブランドを選んで自分をトータルコーディネイトすることを覚えていったのだ。若者は安物しか買わないというそれまでの業界の定説は完璧に覆り、ファッションとは個性的であるべきだという考え方が普及した。

八五年にバブル景気が始まると、第二次インポートブームが訪れ、アルマーニのスーツを着る若者が登場する。人気ブランドはベルサーチ、グッチ、プラダ。DCブームはフェイドアウトし始め、ミラノコレクションの影響を受け、ワンレン・ボディコンがバブルを代表するファッションとなる。ショッキングピンクやレッドなど鮮やかな色でいかり肩、ウエストマークされたワンピースに身を包み、ゴールドのアクセサリーをつけワンレンの前髪を逆立てピンヒールの靴をはいて、ジュリアナ東京などのディスコに通う女性たちはバブリーな夜の都会を謳歌した。チェッカーズの影響でチェックが流行り、朝シャンと引き締め効果のある高級パンストがブームになる。キャリア志向の女性の間ではノーマ・カマリ、ダナ・キャラン、カルバン・

クラインなどが人気を集め、ナイキのエアジョーダンの流行に伴うアスリートファッションの流れも始まる。それに反発してエレガンスを追求したお嬢様ルックも人気になる。

八〇年代末期には、アメリカの定番商品が評価され、シンプルなデザインでトータルなライフスタイルを提案するラルフ・ローレンが大人気になった。女たちは白いシャツにブルージーンズ、そこにインポートのスカーフをあしらうといった垢抜けたおしゃれに目覚め始め、男子では渋カジが流行し、ストリートファッションの先駆けとして、ジーンズに紺ブレというこなれたスタイルが生まれた。

こうして見ると、八〇年代は「日本のブランド」が初めて欧米のブランドと肩を並べた時代だと言える。ブランド信者は、デザイナーに共感してコレクションを増やしオタク化していったコアなファンと、ブランドのタグさえついていればTシャツでもかまわない、できればロゴ入りのトレーナーがわかりやすくてよいというミーハーにわかれていった。日本人のブランド志向は後者のタイプが圧倒的に多く、ファストファッションの服にルイヴィトンのバッグといったアンバランスなファッションスタイルが定着している。

また八〇年代ファッションは、その高いクオリティと多様性において、あらゆるアイテムが出尽くした時代であった。女が男物を着る、男が女物を着る、ジャケットの袖を腕まくりし、上からベルトを締める、シャツの裾を外に出して見せるなどといった掟破りに始まり、後の流行の原型が多出している。コム デ ギャルソンやヨウジヤマモトの店でいままで見たことのなかった服を見て、多くの人々が既成のファッション概念から解放されたことも大きい。コム デ ギャルソンの店舗では、フィッティングルームの中でマヌカンから着方の説明を受け、ここに足を、ここに手を、などというやり取りが実際に行われていた。顧客は課題を与えた川久保玲と一対一で試合をしているようなもので、着ることに緊張感があった。川久保玲と山本耀司の二人は多くのデザイナーに影響を与え続け今日に至っている。その影響はファッション界にとどまらず、文化人がコム デ ギャルソンやヨウジヤマモトの服を語りたがったのもおもしろい。

何よりDCブランドが全盛だった前半は、お洒落することに生きがいを感じることのできる雰囲気があった。たった半年で消える最先端のデザインを誰より早く着て街を歩く。そういうファッションフリークがたくさんいたのだ。このポジティヴな姿勢は後半も続き、続く九〇年代のギャルファッションが、足が短く（↓超ミニ）膝下が真っ直ぐでない（↓ルーズソックス）、顔が大きい（↓ガングロ）、目が小さい（↓濃いアイメイク）などといった身体コンプレックスの克服に端を発していて切実であることと対照的である。

新ブランドが続々登場し、発掘する楽しみもあった八〇年代。日本のファッショニスタにとってあんな楽しい時代はもう二度と来ない気がする。多くのデザイナーが九〇年代を迎えて消えていったし、ヨーロッパブランドのプレタポルテはいまでは信じられないほど高価になって、ふつうの人がちょっとがんばったくらいでは手に入らなくなってしまっている。何より、多くのメゾンのデザイナーが過去の焼き直しをカスタマイズしたストリートファッションの影響を受けて服を作るようになってしまって、追いかける意義を感じさせてもらえない。戻れるなら、大金を持って八〇年代に戻ってみたい、と思う。

◉参考文献
坂口昌章『ポストDC時代のファッション産業』日本経済新聞社、一九八九年。

遠入昇『あのファッションは、すごかった!――いっきに読める日本のファッション史』中経出版、二〇〇八年。

城一夫・渡辺直樹『日本のファッション――明治・大正・昭和・平成』青幻舎、二〇〇七年。

田中康夫『なんとなく、クリスタル』河出書房新社、一九八一年。

南谷えり子『ザ・スタディ・オブ・コム デ ギャルソン』リトルモア、二〇〇四年。

田口淑子編集『山本耀司。モードの記録。』文化出版局、二〇一四年。

III

地方・フェイク・へるめす

鼎談

平野啓一郎×斎藤美奈子×成田龍一

◉『少年ジャンプ』の時代

斎藤　平野さんにとっての八〇年代はほぼ小学生時代と重なるんですね。北九州ですよね？

平野　はい。生まれは愛知ですが、育った場所と言えば北九州です。

成田　小説を書き始める時には、子ども時代の思い出から書かれる場合も多いのですが、平野さんは全然違うところから出発されていますね。

平野　そうですね。小説のテーマとして関心がなかったというのが大きいですが、実際、書きづらいことも多い、やくざのこととか……。いま流行のヤンキー論とか、オリエンタリズムに見える。

斎藤　そんなヤワなものではない。

平野　ああいうのは、奥に分け入っていくと、色々と事情のある世界なんですよね。ヤンキーとか暴走族とかがそんなところで好き勝手にできるわけがなくて。

斎藤　『花と龍』（火野葦平の小説）の世界ですよね。

平野　『ビー・バップ・ハイスクール』ってマンガは福岡が舞台ですけど、その辺の話がチラチラ出てきて、リアリティがありました。まぁ、あとは、二〇代の頃から北九州に対してノスタルジックになることはなかったですね。まだ離れたい年齢だったので。

斎藤　自分のことを書こうという気はなかったわけですね。『日蝕』は、むしろ逆に振ってやろうという意志がはっきりと表れていますものね。

成田　少年時代──八〇年代の思い出といえば、どんなことでしょうか。

平野　たとえば、小学三年くらいから『キャプテン翼』（連載一九八一～八八年）が突然流行ったことです。それまでは野球が圧倒的でしたが、ある日、いつものようにグローブとバットを持ってグラウンドに行ったら、皆がサッカーをしていた（笑）。でも、僕はその時、サッカーが流行るのはわかる気がしたんです。僕は父親を早くに亡くしていますが、野球はどうやったってひとりで上手くなりようがない。キャッチボールもノックも、ひとりではできない。野球マンガって基本的に、父と息子の物語なんですよ。

斎藤　『巨人の星』からしてそうですね。

平野　そう、『キャプテン』とか。プロ野球選手でも、松井とかイチローとか、父親の存在感、大きいでしょう？　だけどサッカーは、ひとりでも上手くなりようがある。ドリブルとかリフティングとか。野球大会に行くと、父親が熱心な子が上手いに決まっているんですよ。だけどサッカーやバスケがストリートでやられて、貧困国や貧困地域で愛されるのは、友達同士で上手くなれるからじゃないですかね。

斎藤　なるほどね、ものすごく腑に落ちた。

平野　あの時代は、父親たちがサッカーをやってきた世代ではないので、皆が同一線上だった。それはすごく解放感があったんです。『キャプテン翼』だって、父親じゃなくて、ロベルトというブラジル人が主人公に教えるという設定。これもサッカーというスポーツの本質を突いている気がします。

斎藤　そうか。野球はやっぱり昭和のものなんだね。Jリーグができるのが一九九三年ですから、八〇年代にサッカー少年がマスとして生まれていたということですね。

平野　しかも日本だけじゃなくて、ジダン（元フランス代表）とかも、本国で『キャプテン翼』を見てサッカーに目覚めたといいます。

斎藤　すごい影響力。

平野　海外のサッカー選手のインタビューを聞いていると、よく出てきます。

成田　もうテレビは、日常的な存在でしたが、平野さんはテレビっ子といえるような少年でしたか。

平野　すごく見てましたね。八〇年代の出来事は、テレビで騒がれたものほど印象に残っています。学校での会話は、ほとんどテレビの話題でした。

斎藤　他に共通体験は？

平野　『週刊少年ジャンプ』が圧倒的な影響力をもっていましたね。全盛期の編集長と長く喋ったことがあるんですけど、彼は梶原一騎が好きなんですよ。あのド根性の世界を爽やかに更新した形で『ジャンプ』の世界はつくられていたんだと感じました。その世界観の刷り込みは、僕らの世代にはけっこうあると思います。

成田　それがまた、テレビアニメの世界にすぐ繋がっていくという構造ですね。

斎藤　『北斗の拳』とか『キン肉マン』とか『ドラゴンボール』とか……

平野　はい。ただ、僕は別に好きで読み始めたわけではなくて、学校で皆その話をしているから、もう読まざるをえなかった。でも僕は二、三年で熱が冷めた。毎週必ず買っていたんですけど、三週我慢したらもう読まなくて平気になった（笑）。

成田　まわし読みから、皆それぞれがこぞって買って読むという時期に、入り込んでいたのですね。

平野　買っていましたね。一四〇円くらいだったので。一時は四〇〇万部とかとんでもない部数が出ていましたよね。あと適度にお色気マンガも載っていて、思春期にさしかかる頃の男子にはそれも購読の理由の一つだったんじゃないでしょうか。

◉地方から見た八〇年代東京

成田　平野さんにとって、八〇年代の東京はどう見えていたのでしょうか。どのような東京観をもっていましたか。

平野　少年時代に限らず、東京に対してすごくネガティブな感情をもってました。まったく憧れがありませんでした、一〇代の頃は特に。

斎藤　大学は京都に行かれるんですよね？

平野　そうです。バブルで浮かれている東京の人たちをテレビで見てて、本当に馬鹿だなと思ってました。あんな人間にはなりたくないし、自分の未来があそこにしかないのは嫌だなと。まぁ、テレビで誇張されたそういう部分を見てたというのもありますが。でも地元は地元で嫌だったんです。ここにいても未来が見えない、と。

斎藤　浮かれている感じがわかったわけですか、小中学生にも。

平野　中学くらいからですね。でも、たとえば漫才ブームがあって『オレたちひょうきん族』が始まったのが八一年くらいだと思うんですが、「昔のお笑いはよかった」とか言う人がいますけど、僕はあるとき関心があってあの頃の漫才をYouTubeでたくさん見たんです。紳助竜介とかはパートナーいじりみたいな感じで、いま見ても笑えるんですけど、ツービートとかはちょっと笑えない。すごい話芸ですけど、ブスと田舎者をディスる、とか。

斎藤　差別ネタなんですよね。

平野　ええ。でも、みんな笑ってましたからね。今の過剰反応のネットも息苦しいけど、あれを今やったら、炎上するでしょうね。

成田　平野さんにとっての東京は、メディアを介在させたイメージで「東京なるもの」であり、同時に、それに反発するということですね。二重の意味で、東京への距離を意識するということとなりますね。

平野　そうです、完全に。僕というか、地方の人は皆そうだと思います。

斎藤　きっと、東京だけが面白がっていた。東京にいるとわからないんですよ。

平野　高校くらいになると「原宿系」とか言われ始めましたけど、原宿がどこにあるか知らないし、田舎にいて原宿系も何もないだろうという感じでした。ちょっとカルチャーのアンテナがある子はフリッパーズ・ギターとか聴き始めましたけど、それに対して何とも言えない気持ちがありました。だから小沢健二をどう思うかとかいうところで、その頃に東京にいた人と僕とではものすごいギャップがある。

成田　八〇年代は、どこも東京化していく時期でもあるんですよね。東京の全国伝播と地域の東京化という画一化・均一化。

平野　そこはアンビバレントで、大きいデパートが来たりすると、やっぱり喜んでいたんですよね。地方の人の典型ですけど。だから地元がひたすら大事とも思わなかった。今あるものを残したいとは思わなくて、ダメになっていってはいるから、中央からそういうものが来れば少しは発展するだろうという感じはもっていました。

とてもくだらない話なのですが、小学生のある時、法事で父の実家の愛知に行っていると、自転車のことを「ケッタマシーン」と呼んでるのを聞いたんです。僕はそれをてっきり東京からの流行が名古屋まで来ていると思いこんで、九州に帰っていち早く自転車のことをケッタと言い始め、皆も僕に感化されてケッタと言っていたんです。だけど、待てど暮らせどブームが来ない（笑）。おかしいなと思ったら、単に愛知県の人がそう言っていただけだった。とにかく文化は東からやって来ると思っていたんですよね。そんな感じです。

◉昭和の終わった日

成田　八〇年代がほぼ小中学校時代に重なると

すると、「昭和」の終わりは……
平野　中学に入ってからです。昭和が終わったところで、自分の中で断絶みたいなものがある。というのは、僕だけじゃなく、皆、今が平成何年なのかすぐにわからないんです。
斎藤　そうそう。
平野　もう二十何年も経っているのに、皆、平成になってから迷子になっている感じで。二〇〇〇年に何があったかというとまだ思い出す手だてがあるんですけど、平成何年となると途端にわからなくなる。
斎藤　うまく換算できない。
平野　小学生の頃までは昭和何年というのがまだわかったんですけど、それ以降はわからなくなっちゃった。
成田　平野さんは、「昭和の終わった日」を覚えていますか。
平野　はい。実はその年、祖父が亡くなったんです。天皇の死とわりと近い時期でした。祖父はビルマに戦争に行って帰ってきた人だったんです。僕にとっての戦争体験はほとんど祖父から聞いた話でした。その祖父が亡くなって、昭和天皇が亡くなって、自分の中で昭和が終わった。それは少年ながら感じていましたね。
成田　平野さんの中に、戦争経験の伝承があるということになりますね。記憶の中で、大きな位置を占めていましたか。
平野　ありますね。僕が子どもの頃には、特攻隊の話よりも、『ビルマの竪琴』とか、ジャングルの中で餓死して……というような話が今よりももっと描かれていた。
斎藤　そういう話が出てきた頃でしたもんね。
平野　『ビルマの竪琴』で、ひとり部隊から離れてしまった水島が、ジャングルの中で死体をたくさん見て、踏みとどまってしまうシーンがあるんですが、あれを見て、祖父はいつも泣いていた。祖父も二回かなりひどい負傷で病院に入っていた。だけど部隊に帰りたくて追いかけていって、やっぱり同じような体験をしてるんです。その時に祖父が話していた戦死は、ほとんど飢餓状態でのマラリアとか赤痢とか、病死なんですよね。祖父はインパール作戦にも参加していて、戦争に対して、今あるようなヒロイックなイメージはまったくなかったですね。

斎藤　平野さんの世代でそういうことを聞いているというのは、珍しいんじゃないですか。

平野　はい。祖父の場合、大戦のかなり末期に行って、しかもビルマだったので、これは反論や批判もあるべきですが、祖父の実感としては結局イギリスと戦ったから、ビルマの現地の人にいろいろ良くしてもらったというのです。加害者意識があまりなかったんですよね。とにかく行ったらずっと空爆で、逃げて逃げて逃げているうちに戦争が終わったという感じで、だから祖父はよく喋ったんだと思います。

斎藤　孫にちゃんと語って聞かせてくれる人って、そんなに多くないんでしょう?

成田　そうですね。それに加えて、祖父母－孫と、父母－子とでは、語る方も聞く方も構えが大きく異なっているでしょうし。

平野　だから、別の戦地で、もっと強い加害者意識を抱えながら帰ってきて、まったく何も言わなかった人も僕の周りにはいました。祖父は歯医者だったんですね。田舎のインテリだったから、部隊で上官にさんざん苛められて、とにかく理不尽な理由で呼び出されては殴られたりしていたそうです。帰ってきてからも、戦友とのつきあいは続いていましたけど、家からわりと近所に住んでた祖父の元上官とは、戦後一度も会ってません。だから軍隊を美化するという感じはなかったですね。

斎藤　というか、その頃は全体的にそうでしたよね。今みたいな感じがむしろ……

平野　すごく最近、唐突に広がっている感じですね。

斎藤　すごく最近ですよね。八〇年代はそもそも軍隊を忌避する感じだった。ヒロイックな気持ちになるというのは、そういう人もいたでしょうけど、メジャーな感覚ではなかった。

成田　そうですね。特に昭和天皇が死ぬ前後は、天皇の戦争責任があらためて問われますが、その中で、もう一度当事者の戦争経験が呼び起こされ、語り継ぎがなされようとします。その最後の機会だったといってよいでしょう。それを文字どおり直接に見聞きされているのは、平野さんの世代では稀有でしょうね。

平野　祖父が母に語ったことを聞いていたということもけっこうあります。それから、祖父は歯医者ですから召集されるのが遅かったんです。三〇歳を過ぎており、既に三人子どももいました。だから帰って来なきゃいけないという思いが強かった。独身で一〇代ですごく思い詰めて行った人たちと、かなりギャップがあったんだなというのは、のちに大岡昇平『俘虜記』とかを読んでわかりました。彼も三〇くらいで、しかも京大の仏文研究者というインテリとして戦地に行っていますが、若い一途な人たちこそどんどん死んでいって、自分たちみたいなのが生き残ると書いていています。

斎藤　観察して、ちゃんと語れる言葉があったということですよね。

平野　最前線よりもちょっと下がったところで、衛生兵みたいなことをやっていたので、そういう意味でも語りやすかった。

成田　平野さんの「初七日」という作品は、（平野さんからすれば）父の世代から、祖父の戦場での経験を推察し、その「沈黙」の意味を類推する、という小説です。戦争経験の意味の探求が、「戦後」の葬送と重ねあわされています。あらためて、今うかがった平野さんの環境が投影されているように、読めますね。

平野　かなり投影されていると思いますね。帰って来てから、いろいろ問題はあったんです。マラリアは何度も再発するし、やっぱり軍隊式で祖父もおかしくなったところがあるし、暴力を振るうこともあったし、全部が戦争のせいとも言えなくて、祖父のパーソナリティの問題もあったと思いますけど、家族がそのことを戦争に関係づけながら、祖父をどう受け止めていくかという問題があったんですね。大体、今はイラク・アフガニスタン戦争からのアメリカの帰還兵のＰＴＳＤが大きな社会問題になってますけど、あの当時の日本の復員兵は、そういう精神的なケアを受けてないですからね。戦後にあった「カミナリオヤジ」のような、突発的に激高する「恐い父親」像には、帰還兵のＰＴＳＤの問題があったのではないかという気がします。他方でもちろん、戦中の祖母や母の苦労話もありました。

成田　斎藤さんの説によれば、戦争経験の伝達をめぐって、一九六四年生まれくらいを境に、六四年生まれ以前は直接的、以後は間接的に受け取り、それが異なっているとされます。しかし、平野さんは、むしろ直接受け取っているところがありますね。

斎藤　自分は直接受け取っていなくても、両親が戦争体験をして、それをダイレクトに聞かされて育っていくのと、それもないのとでは違うという意味ですが、祖父母が登場してくるとまた別の展開があるんですよね。

平野　僕の家庭の特殊事情もあったと思います。父親が早く死んで、母親が子どもを連れて実家に帰ったんですね。そこに父がいたら、祖父も日常的に戦争体験の話をしなかったかもしれない。それから、北九州はもしかしたら小倉に原爆が落ちていたかもしれない関係もあって、小学校がかなり熱心に戦争教育をやっていたんです。夏休みの登校日には原爆のかなり悲惨な映画を毎年見ていました。あとは『ビルマの竪琴』みたいに、いくつか具体的にそういう話をするきっかけがあったんですよね。

成田　その『ビルマの竪琴』は、一九八五年のリメイク版の方ですね。

平野　はい。そのリメイク版を祖父と見に行きました。ただ祖父は、前の白黒の方が好きだと言っていました。

成田　同じ市川崑の作品ですが、一九五六年版は戦争の記憶がまだ濃厚で、その人たちに訴えかけようとしていました。しかし、リメイク版は、戦争を知らない戦後世代を想定しており、見比べてみると印象がかなり異なります。

平野　幼心に、戦場で竪琴なんか弾いている余裕があるのかなと思ったんですけど、意外と祖父は気にならなかったみたいですね。全体的にはリアリティがあると感じていたようです。とにかくいつも泣いてましたから。

◉後付けとしての冷戦

成田　冷戦体制ということについては、いかが考えられていますか。

平野　今回の鼎談のためにいろいろ思い返していたんですが、八〇年代に少年として実体験したところと、もうちょっと大きくなってから、バブルや冷戦終結も含めた九〇年代を八〇年代の一つの帰結として捉え、その印象を八〇年代にフィードバックさせているところと、たぶん二つあるんです。そのフィードバックのさせ方が正しい場合と、その印象を無理やり投影している場合もあるような気がしているんですよね。

八〇年代は、たとえばポップスでは、マイケル・ジャクソンが席巻した時代でした。「ウィ・アー・ザ・ワールド」が八五年ですね。いま聴くとアメリカ中心の、キリスト教的な歌詞とかちょっと屈折をもって受け止めざるをえないんですけど、当時は小学生でしたから、あのクオリティにとにかく圧倒されて、邦楽は洋楽に絶対勝てないと思いました。スティービー・ワンダーらも脂がのっていた時期だったので、これは凄いと……

斎藤　地上波でMTVとか、普通に見れたもんね。

平野　僕は姉が八歳上だったこともあって、「ベストヒットUSA」をいつも一緒に見ていたんです。日本の音楽はダメで、外国の音楽が凄いと思いこんでいた。たぶん「USAフォー・アフリカ」なんかは冷戦の中で政治的にも上手く使われていたと思う。そういう意味で言うと、『ロッキー4』のような映画にも見られるように、社会主義の国は閉鎖的でひどい、やっぱり資本主義の西側陣営は自由でいいねという、アメリカ文化のメッセージをわりとストレートに受け取っていました。
だからゴルバチョフが出てきた時にヒーローに見えましたし、『ウォー・ゲーム』や『ザ・デイ・アフター』のようなハリウッド映画とか、『北斗の拳』といったサブカルチャーからも、核戦争の恐怖をすごく感じていましたから、核軍縮の話がスタートした時には、世の中が良い方に変わっていっているなと単純に感じていました。

斎藤　ゴルバチョフやワレサが出てきて、ソ連が、東側が変わるんだ、と。

平野　ロックミュージシャンとかもソ連に行ってライブをやったりし始めた時期でもありました。島田雅彦さんが左翼をサヨクとカタカナに書き換えましたけど、僕が中学・高校の時は本当に皆、政治的ではなかったんですよ。左と右の区別がつかない人がいっぱいいたんです。「天皇陛下万歳はどっち?」とか、信じられないかもしれないけど、けっこうそういう人たちがいて、今の方がはるかに政治化している。今頃、左翼／右翼という、ものすごく単純化された対立が蒸し返されている。

成田　先ほど言われた、二つの認識——特に、九〇年代以降からのフィードバックで八〇年代を見ているというのは、鋭い認識だと思います。今でこそ冷戦冷戦と言いますけれども、実際に渦中にいた時は、ほとんど無自覚、というか自明のことで、とりたてて冷戦とは言いませんでした。

平野　キューバ危機とかをリアルタイムで経験したわけでもないですし、なんとなく西側陣営にいて、ソ連が崩壊していったから「ああ、やっぱりこっち側でよかったんだな」くらいのことですね。それから、バブルだとか言っても八〇年代後半になってからのことですから、前半と後半でずいぶん違うと思うんですよ。バブル崩壊後からの不景気で、就職とか割を食った世代だということに我々はなっていますから、後からの恨みつらみを含めた回想の仕方になりがちですね。

成田　文化についても、僕などは、アメリカは遠くにあって触っていくものだと思っていましたけれど、平野さんはもう体に染み込んでいる（笑）。世代なのでしょうが、ベースがずいぶん違うような感じがしますね。

斎藤　もうそこにあるという感じ。音楽にしても消費文化にしても。

平野　北九州みたいな街は寂れゆく工場都市なんですよね。第二次産業の時代がもう終わりつつある中で、実際に鉄冷えと盛んに言われ、第三次産業が盛んな博多の方はどんどん発展していきました。俺の住んでいる場所はもう終わっていくんだなとひしひしと感じていて、文化的なものはメディアに乗ってくるものしかなかったんですよね。

斎藤　そうか、博多とはだいぶ違うのかもしれないな。

平野　全然違いますね。

◉八〇年代のインチキくささ

平野　今よく中国などでバッタもんのミッキーマウスとかを見て若い子たちが馬鹿にしていますけど、あんなのは僕が子どもの時、いくらでもあった。ガンダムなのか何なのかわからないロボットとか。駄菓子屋でマイケル・ジャクソンのサインを売っているとか（笑）。経済大国という面とインチキくさい面と、両方あった。だから今、日本が凄いと思い込んでいる人たちって、八〇年代くらいまでかろうじてあった日本の嘘くささみたいなものを知らない世代なのかなと思いますね。僕は日本が文化的に凄いなんて、八〇年代を通してまったく思わなかったんです。

斎藤　たしかに地方の少年が感じていた感覚としてそうだったろうけれど、大人も皆そうだったと思いますよね。東京でも地方でも。だから『ジャパン・アズ・ナンバーワン』は、「ええ！嘘でしょ?!」みたいな感じでベストセラーになったんだと思うんですよ。まさに文化は不毛で、映画なんてダサいのに、「まさか!」と。

成田 そうですね。思想の面で言えば、「戦後思想」がそういう意味づけをし、日本の近代はまだ未完成で、ありうべき近代に達しなければならないと発破をかけていました。日本の文化はまだ本物ではない、という意識が強くあったと思います。

斎藤 明治時代と一緒ですね。追いつけ追い越せで、いつか追いついたと錯覚する日が来るんだけれども、まだ八〇年代は追いついていないと思っていた。

成田 まさに、八〇年代がちょうどその入れ替えの時期だったでしょう。「戦後思想」から「現代思想」へのギアチェンジの時期とも言えると思います。

平野 あと、それまでは中国とか韓国のことをあまり意識して考えていなかったんですけど、ちょうどNIESの工業製品などが北九州の方に入ってきて、たとえば携帯音楽プレーヤーの性能がソニーとかに比べると悪いとか。それで、あのへんは遅れているんだなみたいなことを、なんとなく感じました。だけど、差別意識とかまでにはいかなかった。

それから、八〇年代の「嘘」ということでいうと、プロレスですね。ちょうどプロレス世代なんで、九〇年代になってプロレスがフェイクだとわかった時に、けっこうショックを受けたんです。八〇年代は情報も少なかったし、フェイクとリアルなものとが、かなり曖昧だったと思うんです。しかし、ネットが出てくると「全部、打ち合わせをしている」とか暴露され始めた。九〇年代の格闘技ブームは、ガチンコが見たいという反動としてあったんですよね。そこからまたプロレスとは何かというアイデンティティが議論されて今がある。

ネット空間の中では「世の中でこう言われているけど、本当はこうだ」みたいな言説が今に至るまでずっと続いていますけど、その象徴的なものとしてプロレスがあったと思うのです。

「実はこうだ」ということが虚実取り混ぜながら語られて、かつての本音と建前みたいなものがネット空間で表と裏みたいに完全に構造化されている。八〇年代には、そういうふうに構造化されて世の中を覆っている感じではなかったと思うんです。あったかもしれないけど、言っちゃいけないこともあったし、それは簡単には可視化されなかった。

成田　プロレスでは、ヒールとベビーフェイスという役割分担、勝負の結末に至る約束事ができ上がっている、とまことしやかに語られていました。その勢いでいうと、いささか牽強付会ですけど、戦後における役割分担、建前と本音の使い分けという意識自体の揺らぎが、九〇年代にあらわれてくる……

平野　そうですね。それが揺らいできたところにネットが登場して、それ以降、プロレスに限らず、何もかも急にディスクロージャーされちゃった。そこから、デマまで含めて何を言ってもいいし、言ったもの勝ちになっているのが今かなと思います。

◉『へるめす』と八〇年代の知

成田　八〇年代の「知」の状況についての話に移っていきたいのですが、平野さんは八〇年代の思想としては、雑誌『へるめす』周辺の思想家に関心があるそうですね。

平野　はい。実は僕が一九九八年にデビューした時のリアクションが、九〇年代のポストモダニズム系の批評家と、山口昌男さんや中村雄二郎さんなど『へるめす』の人たちとではまったく違っていたんです。山口さんや中村さんはすごく肯定的に評価してくれて、面白がってくれた。どうしてこの人たちはこうなのかと気になり、山口さんの『文化と両義性』とかは読んでいましたけど、中村雄二郎さんの仕事を本格的に読み始めました。献本もしていただいてましたし。

成田　『へるめす』は一九八四年に創刊された

雑誌で、磯崎新、大江健三郎、大岡信、武満徹、中村雄二郎、山口昌男さんたちが編集していました。それに先立って、「文化の現在」というシリーズが一九八〇年から八二年にかけて出ていたのですが、「八〇年代の知」として、実に多様な領域をまたいでいます。

平野　山口さんや中村さんの本を読んでいくと、そうした様々な文化領域に対するアプローチの仕方が、僕のようなものが出てきた時の彼らのリアクションに反映しているのだと、その学問的背景がわかってきた。僕が中村さんの本を読み始めた二〇〇〇年前後、中村さんはオウム問題とか生体肝移植といった、時事問題に対して積極的に発言していた。フットワークが軽かったし、柔軟で、読んでわかるというか、自分の頭で考えたことを書いているという感じがしたんです。尊敬の念を抱きました。一方、現代思想をやたらめったら引用して、結局何を書いているのか、本人もわかってないんじゃないかというような人が、当時は多かったんです。

その後、自分が仕事をしていく中で、「かたち」に対するこだわりとか、日本が閉鎖的になっている中で多様性をどう維持していくかとか考える時に、中村さんの汎リズム論とか、述語的世界など、発想の方向性が近いところがあるなと、後で確認したんです。

斎藤　面白いですね。『日蝕』や『葬送』といった平野作品に八〇年代的な要素があるとすれば、普通は『へるめす』的なものが先にインプットされていて、その影響によってあのような小説ができたというふうに思うじゃないですか。年代的にそれはありえないんだけど、でもそうかなと思いきや、むしろ逆ということですね。

平野　僕はエリアーデが好きだったし、文化人類学にも興味があったので……

斎藤　共鳴するところがあったということですよね。

平野　ありました。あと僕は、その前の六〇年代から七〇年代にかけての澁澤龍彦とか横尾忠則とか、ああいう世界が好きだったんですよね。

それを面白いと思うところから、山口さんたちのお仕事にはけっこうすんなり入っていけるところがありました。

成田　いわゆる「戦後思想」の王道ではない方向から。

斎藤　異端ですね。

成田　異端の方から、ということになりますが、その異端が、しかし八〇年代には嫡流になるわけですよね。その転換を見ながら、平野さんは、「八〇年代の知」を獲得していったということになるでしょうか。

平野　そうですね。やっぱり僕は小説家ですから、イマジネーションを喚起してくれるものが好きなんです。分析的に厳密なものは、政治や社会について考えていく時には役には立つんですけど、着想を得るという意味では、文化人類学などの方がはるかに面白かった。たとえばユングの話をしていると、九〇年代の批評家たちは、ユングと聞いただけで「へ？」みたいな感じだった。「オカルト」と言って終わりです。

でも中村さんと話していると、「ユングのこの部分は面白い」というような具体的な話になるし、「あの辺になると危ないけど」と笑いながら語っていて、そういう柔軟さが僕は好きなんです。ユングは、思想的には、エックハルトに影響を受けたドイツ神秘主義の末流だと思いますが、そういう面白さをわかってくれるのが、あの人たちでした。

斎藤　中村雄二郎は一時期、国語の入試問題にものすごく多く出題されたんですよ。

成田　そう。中村さんは、硬い言葉ではなく、実にわかりやすく哲学を語る作法を実践されています。中村さんは、ヨーロッパの知を踏まえつつ、それを相対化し、全体の構図といま問題化されていること、そしてその意味付けを実に明晰に語ります。複雑なことをとても明快に説明するのですが、その一つの結実が『術語集』（一九八四年）でしょう。キーワードで「知」の現状を説明する。いまや当たり前すぎる方法ですが、でもこれが出た時はとても新鮮だった。

中村雄二郎『術語集』岩波新書

斎藤　目次からして、こういうふうにいけるんだ！　という感じでしたよね。
成田　何やら新しい知の動きがあるぞ、それはどういうものだろうかという時に、中村さんがかつての啓蒙とは異なるかたちで、「知」の提供（＝啓蒙）をおこなった著作だと思います。
斎藤　八〇年代の新しいキーワード集だったんですね。アイデンティティ、遊び、アナロギア、暗黙知、異常、エロス、エントロピー、仮面……
成田　あいうえお順で示しているところも、また八〇年代的です。
斎藤　でも、あいうえお順でも、並びになるほど感がありますね。
平野　僕はカルチュラル・スタディーズのキーワード辞典とか、柳父章の明治時代に生まれた翻訳語集とか、そういうものの一環の中で読んでいましたね。
斎藤　別冊宝島の『わかりたいあなたのための現代思想・入門』（一九八四年）に近いものがありますよね。
成田　あれは八〇年代に「戦後思想」が「現代思想」に変わった、という時、ひとつの指標になる本です。カタログ的にフーコー、デリダ、ドゥルーズ……を示していく。
斎藤　『術語集』もほぼ同時期に出ていますね。でも、捉えている現象が、ここからニューアカに行く感じがする。浅田彰さんや中沢新一さんはこの後の感じがしますよ。中村さん、山口さんの後。彼らはニューアカへのプレ段階という気がします。たしかに、私も馬鹿にはしないけど「ケッ！」と思っていたところがあったと思う。だけど、小説家にイマジネーションを与えるということは、中身が豊かだということですね。

平野　『術語集』自体が小説のイマジネーションというわけじゃなかったんですけど、僕が大学に入った九四年頃は、いよいよポストモダン・ブームが爛熟期を迎えて、さっきも言いましたけど、皆が註釈抜きでやたらめったら難解な文章を引用しまくってたんですよね。それで、まあ、基本的な勉強のために、というようなことで読んでました。

成田　平野さんが『へるめす』グループとポストモダンを区別していることが、とても興味深いですね。普通は、さきの別冊宝島の「日本編」もそうであるように、両者を混在させてしまうのですが。

平野　もちろん、たとえば中村さんはフーコーを訳していますし、なんで区別するのかというと難しいけど、ただ僕がデビューした頃は、『へるめす』の人たちはもう古いという雰囲気はありました。

斎藤　九〇年代はたしかにそうだった。

平野　でも中村さんたちと喋ってみて、わかりました。さっきも言いましたけど、ユングにオカルトな部分があるのはわかりきっているんですよ、誰だって。だけど、にもかかわらず、多くのアーティストが影響を受け、そっから面白い作品が生み出されるのはなぜか？　僕は、絶対に「バカだから」なんて思わなかった。僕はアートとか文学の人間でしたから、そういうことに好奇心をくすぐられて「なぜなのかな？」という話をする人たちの方が好きだった。僕も別に、人が悩んでいる時に「ユング派心理学者のところに行ったら治るよ」と言うわけではないんですよ。

斎藤　わかります。文化の土壌の問題でしょう。もう九〇年代に入ると、ニューアカ的なもの、構造主義／ポスト構造主義みたいなもの自体がそれこそ爛熟期に入っていたから、筒井康隆さんの『文学部唯野教授』はそれをまさに茶化した小説でしょう。ああいうものが出てきて皆がクスクスしながら読めるというふうにはなっていたんですよね。

成田　筒井さん自身も、『へるめす』グループとして活動しています。創刊記念の別巻『へるめす』でおこなわれた鼎談が、井上ひさし＋大江健三郎＋筒井康隆さんで、「ユートピア探し物語探し——戦後の文学をどう考えるか」です。『文学部唯野教授』は、一九九〇年の刊行ですが、とても八〇年代的な知を、筒井さんもつくりだしています。

斎藤　筒井さんは、八〇年代的な知ですごく作風が変わったと思いますもん。

平野　僕は自分の気質として、混ざり合っていくものが好きなんです。たとえばマイルス・デイヴィスとか、いろんなスタイルが混じっていって、どんどん変わっていく。十年一日のごとく同じことをやっている人は、それはそれで尊敬しますけど、飽きちゃうんですね。そういう意味でいうと、八〇年代の武満さんにしても山口さんにしても、混ざっていくことによって、それを面白がる。それは自分の作品にも共通していて、気質的なところで共鳴するのです。

斎藤　一方、九〇年代の批評家はどんなことを言っていたの？

平野　お勉強の成果に、なんでも図式的に当てはめようとするんですよね。無理に決まってるのに。「ラカンはこう言っているのに、平野はこう書いている」とか、関係ないことを言いだすんです。文学が読めないというのか。「しかし」という逆接の接続詞をめぐって、昔こういう議論があったのに、平野啓一郎はそれも踏まえず、無頓着に「しかし」を使ってる、バカなんだろう、とか（笑）。そういう話なんですよ。

斎藤　テクスト論が失敗して、そうなっていくんですよ（笑）。

平野　すごく窮屈な気がしました。

成田　混ざり合うこと、「混淆」こそは、まさに『へるめす』的な営みに他なりませんね。編集委員からして、文化人類学あり、音楽家あり、建築家あり、小説家や詩人がいる、と越境的で、混淆していいます。たとえば、中村さんの営みもまた、そのなかでの振る舞いでしたでしょう。中村さんにいくらか踏み込めば、近代の知というのは分析的理性で方法に走っている、それに対して共通感覚、つまり統合していく感覚を問題にしていくのだ、ということですね。「関係性」、「役割」、「場所」というものの重視です。平野さんの世界と重なりあっているように見えます。

◉『日蝕』と魔術の知

成田　さて、『日蝕』を今回読みなおし、あらためて（ここまで議論してきたように）「八〇年代の知」を存分に吸収し、それとシンクロしていると感じました。別の言い方をすると、八〇年代の知を補助線に引くと、平野さんの作法とモチーフがとってもよくわかる、ということです。八〇年代に中村雄二郎さんが問題にしていたのは、科学の知、近代の知をいかに相対化するか、ということであり、そのときに、神話の知、魔術の知に着目していました。神話の知は認識論に関わり、魔術の知は実践に関わるのですが、平野さんの作品に対応させると、魔術の知は『日蝕』に当てはまり、神話の知は『一月物語』に当てはまる。

斎藤　そうか、なるほど！

成田　これを補助線にすると、平野さんの作品がさらに新しい問題関心で読めると思いました。『日蝕』の物語は一五世紀の終わりから一六世紀のフランスを舞台としますが、僕は設定－方法－対象という三つの点で、「八〇年代の知」に深く関わってくると思います。

一つは設定が、正統と異端の話、あるいは錬金術の話であること。つまりヨーロッパ中世のカソリックにかかわっての精神的な営みが記されており、僕は歴史学を学ぶものとして、社会史の本、ギンズブルグの本を読んでいるような気がしました。ギンズブルグが著した、『チーズとうじ虫』での異端審問の話とか、『ベナンダンティ』の妖精たちの物語と、同様の世界です。正統を任じている表層からは見えないような、（異端によって垣間見える）深い深い深層の世界に入り込んでいくものとして読みました。

　二つめは、方法に関わって、そうした深層に入っていく時に、表層に見えるある痕跡を手がかりにしていること。たとえば聾の子どもが出てきますが、その子どもをひとつの兆候と見て、そこから不可視の世界へと入り込みます。平野さんの言葉を使うと「一点の小さな風穴」を手がかりに、異次元の世界に触れるのです。しかし、その深層－異次元の世界も、次の瞬間に、「実は、私の目によってそういうふうに見えてしまったのか」と、もう一度主観に戻していきます。表層－深層を実体化せず、認識の次元での産物としており、こういった往還がとても見事に描かれていると思いました。これは異界を異界として描くのではなくて、日常との往還で描くということでもあるでしょう。

　三つめは、対象です。『日蝕』では重要な人物として、両性具有者（アンドロギュノス）が出てきますが、これは存在そのものが矛盾の統一体になっている。別の言い方をすると、両義性をもち、二項の対立では説明できません。この存在を登場させ、社会や世界の秩序を揺るがそうとしています。

「近代の知」による問題設定を相対化し、近代の知とは異なる認識のもと、近代の知が捨て去ってきた世界を、方法や対象に至るまで配慮しながら描かれた作品でした。八〇年代の知を受け止め、自らの世界として投げ返した作品として、あらためて読むことができると思いました。

平野　八〇年代的というか七〇年代的な人として種村季弘さんがいましたが、『日蝕』を読んでまさにギンズブルグ的だと手紙でおっしゃってくださいました。書いている時は九〇年代の閉塞感をものすごく感じていたんですね。バブルは崩壊し、冷戦も終わり、しかもまだネットは登場していない。阪神淡路大震災やオウム事件、神戸の連続児童殺傷事件など、世紀末的な出来事が立て続けに起きていた。文化に関しては、何かにつけて、「やりつくされた」感が語られる。「文学は終わっているのになぜ小説なんて書くんだ」と、書くこと自体にまでナンクセがつけられてました。「近代文学」は終わったと言う人と、「文学」は終わったと言う人とがいましたけど。とにかく「冷戦も終わって、のっぺりと世界が続いていく中で生きていくしかないんだ」みたいな言説があふれかえっている中で、俺はそんなことのために生まれてきたのかという感じが強くあった。苦しかったですね。

僕が中世末期のカトリシズムに興味を持ったのは、あの時代の世界崩壊の雰囲気ですね。トマスによって導入されたアリストテレス的な目的論的世界観は崩壊に瀕していて、しかもまだデカルト的な機械的世界観は到来していない。戦争やペストや飢饉で、パウロ的な霊的生活の希求が、グノーシス主義的な此岸世界の憎悪へとすぐに飛躍してしまう。共同性を再構築するための新しい信仰のかたちはまだ見いだせなくて、異端審問を通じてしか、自己の正統性を確認できない。そうした閉塞感の中で、神秘主義で私的に神と一体化しようとする先鋭的な信者がいる一方で、贖罪神学で此岸世界を再聖化して、受苦を通じて、肉体は生きられるに値するものなんだということを必死で説得しようとする人たちがいる。あの何とも言えない雰囲気ですね。錬金術っていうのは、そういう世界観の象徴ですね。

僕は、九〇年代の日本を生きていて、飛躍的だけど、その光景がつくづく身に染みたんですね。別に予言的だと言うつもりはないんですけど、二〇〇〇年以降のテロとの戦いで団結しようとしていた時、あるいはその前触れとしての湾岸戦争の時に、とにかく冷戦が崩壊した後、イラクを攻撃するということで国際的に一致団結しようとしていたあの雰囲気――オウム事件とか、いろんなことがあってからだと思うんですけど――は、魔女の処刑を通じて「敵」と

「友」を確認しようとしていた中世末期の共同体の感覚と相通じると思います。

だから知的に勉強して書いたというより、ブーバーの『忘我の告白』とか、当時の神秘主義者が書いたものを読んだりしてると、堪らない気持ちになってくるんですね。一方で錬金術みたいなものは科学的に見ればナンセンスでも、ひとつの世界観としては非常に魅力的で、そこから膨大なイマジネーションが膨らんでいく。あの象徴的な作業プロセスの銅版画なんかは、今でも大好きですね。

その全体を統合させてくれたのが、エリアーデの『鍛冶師と錬金術師』とか『悪魔と両性具有』とか、あの辺の本で、彼のヒエロファニー(聖なるものの現れ)という概念の体現としての小説が書けないかと、考えたんです。あの時代の閉塞感を、小説体験を通じて超越する、という発想ですね。だから当時は「なんでこんなもの今どき?」と言われたんですが、僕にとってはすごく内的必然性があったんです。

成田　『日蝕』は、過去を過去の物語として単純に描いたのではないのですね。九〇年代末の光景が背後にあるとともに、認識論・方法論的には「八〇年代の知」とシンクロしており、平野さんが「八〇年代の知」と関連しているところが、とても興味深いことです。

◉ミシマに魅かれるということ

成田　平野さんがずっと関心をもたれている作家のひとりが三島由紀夫ですね。平野さんの世代が三島を読むのは八〇年代的なものへの反動だということですが、もう少し説明していただけますか?

平野　文学を好きになったきっかけが三島だったんですね。いろんな理由があるんですけど、僕が小学校の時の先生は、まだ八〇年代になったばかりの頃ですけど、三島由紀夫という頭のおかしい作家がいて、自衛隊に突入して切腹して死んだんだという話をよくしていたんですよね。そんなに頭がおかしい人ってどんな人だろうって、興味をかき立てられたんです。それですぐ読み始めたわけじゃないんですけど、中学生になって新潮文庫で『金閣寺』を読んで、ものすごいショックを受けたんですね。

三島の憧れの人って夭折した人ばかりなんです。理想化されているのは、二・二六事件の将校とか特攻隊員とかです。将来こうなりたいというのが、どこまでいってもないんですよね。だいたいカイロス的な一瞬に賭けて、夢破れるとか行動を起こす小説です。そういう革命とか一瞬とかにある神秘主義的なものに期待するメンタリティに一〇代の頃、興味をもったんです。

三島がそういうことを考える背景には、一種の終末感があるんですよね。この世界はこのまま続いていくわけがない、という。戦後社会に対する嫌気みたいなもの。そこの部分に共感していました。大学生くらいの頃には、三島は本当に評判が悪かったんですよ。だいたい悪口を言われていたし、僕が三島が好きだとデビューした後に言っただけで、ものすごく批判されました。とにかく中上健次が持ち上げられて、そういうことへの反発もあって、ますます三島を一生懸命読んでいたんです。

斎藤　三島自身は七〇年に死んでいるから、七〇年代も八〇年代も迎えていない作家でしょう。八〇年代・九〇年代には、終わった作家という感じがあったかもしれないな。

平野　かなり茶化されていましたからね。

斎藤　まあね。ちょうどいい茶化す対象だったと思いますよ、三島って。ちょっと右翼的な感じで死んでいき、遺作になった『豊饒の海』も「こんなふうに終わるの?!」みたいなのがあったりする。今読むとまた別の感じがするんだけど、ある種の反動スター的なところがあったと思いますね。

平野　僕は一〇代の時にすごく虚無感を感じていましたから、自分の育った土地も未来がないと思うし、東京を見ていてもこんなふうに生きていきたくないと思ったので、三島が何度も主題化している、戦後の空虚さの中で何か生きている実感が欲しいみたいなことって、けっこうストレートに響いてきた。

斎藤　そうか。虚無感をもっている人が読むと、わかるんだね。

平野　やっぱり彼の場合はずっとニヒリズムの問題ですよね。なぜそれが日本というものに帰着しちゃうのか。それが今、僕が批判的に考え続けている問題ですけれども、はっきり言って、そこの部分の批判的な検証も、九〇年代までは浅かったんですよね。

斎藤　三島は、学生運動からの影響もあったわけじゃないですか。そこは紙一重ですよね、どっちに転ぶかっていうのは。

中村雄二郎『ミシマの影』福武書店

成田　三島に関しては、中村雄二郎さんが『ミシマの影』(一九八八年)の中で論じていますね。中村さんの捉え方は、三島事件とパリの五月革命とを重ね合わせるものです。日本における五月革命は三島事件に象徴される、という認識です。また、三島の戦後理解においては他者の不在が問題になっている。自己完結的な美意識と、戦後政治という他者の不在を、いかに調和させるかが三島の課題だった、というのが中村雄二郎的な理解ですね。

興味深いのは、中村さんも八〇年代に、その評価を変えるのですね。三島は自己劇化、自作自演の劇をしたのだと、評価を変えていく。僕は、このことは八〇年代のこのあたりで、三島を再評価する軸がなくなったということを示していると思うんですね。でも、と続けてよいかどうか最近は平野さんだけではなくて、若い人たちも三島に対する関心をもっていますでしょう?

平野　そうなんですよ。同世代の人と喋っていて、「実は」とかいう話をよく聞くんです。

三島はものすごく雑多な知が混じり合っていた人だったと思うんですよね。山口昌男さんの『天皇制の文化人類学』とかを読んでいると、三島が『日本文学小史』などで書いている天皇と、かなり近い気がする。王権論的な文脈の中で古事記を読み返すというような話ですとか。三島も天皇というものに、ものすごく雑多な可能性を見いだそうとしていて、そこに自分の中で抱えきれないものを全部受け止めてもらおうとする発想で、実は読んでいくとそんなに狭い概念として天皇を捉えているわけじゃないんだけど、ちょっと無理があるなという感じはしますね。

成田　そこが平野さんの読みの冴えだと思うのです。平野さんはこれまで三本、三島論を書かれています。いちばん最初が『英霊の聲』論、二〇〇〇年ですね。その次が『金閣寺』論で二〇〇五年。いちばん新しいのが今年（二〇一五年）の『仮面の告白』論。最初の三島論で、先ほど言われたように、三島の天皇論を分節化して、三島の中における雑多なもの、あるいは三島の中で矛盾する二側面を、『英霊の聲』に読みとるんですね。二・二六将校の天皇観の背後にある三島の天皇観と、特攻隊に対する三島が描いた天皇観が、全然違うものなのだと。両面をもっているというのが平野さんの読み解きで、これは優れた読み方だと思うんですね。

平野　あまり注目されなかったんですけどね（笑）。

成田　僕はとても感心しました。この『英霊の聲』論は出色です。ふつう、三島の天皇論は結局、文化防衛論で括ってしまうでしょう。

斎藤　でも、それだけじゃない。

成田　そう、それだけじゃないというのを指摘したのは見識だと思ったんです。平野さんはただ、天皇論を問題にするのではなくて、むしろ三島の提起した、というか抱え込んだ問題を広げていこうということで『金閣寺』論にいき、さらに『仮面の告白』論にいく。そういう形で、平野さんの三島に対する見方も、だんだん推移してきているようにも思います。

平野　そうですね。基本的には戦争体験を中心にして、戦後、彼が三〇代の時にはそれなりに戦後社会に適応しようとして『平凡パンチ』に出たりとかしていたのに、どうして最後はあんなに急進的に反動化したのかというのが、僕の関心なんですよね。それを考える上で、彼の天皇観や戦争観をステレオタイプじゃない形で、文学作品を通して読み解いていくのが僕の試みです。そのためにはセクシャリティの問題とか、いろいろな問題を考えないといけないとは思っています。

成田　平野さんが一貫して着目しているのは、三島の「苦悩」ですね。その苦悩に共感するかどうかで、たぶん読みや解釈が違ってくるし、そもそも三島に関心をもつかどうかが違ってくると思います。その場合の「苦悩」も、最初は天皇論の分裂に対する苦悩と把握していたのが、『仮面の告白』論では生の無力というところにいき、さらには戦争体験を梃子にし、生き残った者としての「苦悩」にまでもっていく。こういう読みは、たぶん今まで三島に対してされていなかったように思うんですね。

平野　されていないと思います。好きな人は官能性とかそういうことを言うし、嫌いな人は最初から嫌いみたいな感じでしたし、やっぱり僕の世代が三島を読んでいたということの一つは、八〇～九〇年代の虚無感みたいなものがすごくあると思います。英語でいうとソーシャリー・アトマイズされた（socially atomized）若者たちが、寄る辺を求めて原理主義にいったり、いきなりテロをやったりとかありますけど、日本でも二〇〇〇年代に秋葉原のテロなんかがありました。

斎藤　それと重なるところがありますね、たしかに。そう言われてみれば、『金閣寺』なんて秋葉原事件ですよね。

平野　そうですね。

成田　でも三島の場合には、最終的には原理主義にいくわけですよね。平野さんは原理主義にいかないように、いかないようにという形で読んでいるように思いました。

平野　はい。僕は彼の三〇代の、何とか戦後社会に適応しようとしていた時期が好きなんですよね。それは僕の分人主義みたいなイメージとかなり近い生活をしていて、いくつかのコミュニティに属しながら、そのバランスの中で生きていけばいいじゃないかと、僕は最終的に思うんですけど、彼は共同体全員が根ざすべき土壌みたいな、すごくロマンチックな思想に向かってしまうんですよね。

成田　たとえば生と死の関係で三島が考えることに関しては、いかがですか。

平野　彼の場合は、やっぱり、同時代人の戦争体験との距離感ですね。つまり、それは東日本大震災の時にもすごく感じたんですけど、あの時に当事者とそうでない人、東北の人とそれ以外の人の間には、言説の中で大きな断絶があったと思うんですよね。実際に被災していない人がどこまで言えるのか。それは戦後、三島がずっと戦争体験に対して感じていたことだと思います。

「あなたはあのとき何をしていたの?」と問われたら「ちょっと体が悪かったから参加しませんでした」と答えるしかない。そんな中で、「戦争をどう思う?」とか「政治的な意見を言ってくれ」とか、彼はなかなか言えなかったと思います。

だから彼は三〇代の間、ずっと耽美主義者として、芸術にしか関心がない者として生きていたんだけど、もう一回政治の季節が六〇年代に来た時に、第二次大戦をどう思うかということとは違う文脈で政治参加できる、しかも若者相手に。それを感じた時に、やっと自由に政治について語ることができると思った。同級生があの時けっこう死んだのに、自分が生き残ったのはなぜかという思いは、三島の作品にいろんな形で出てきますけど、やっぱりあったんじゃないか。
戦後ずっと一貫して最後の行動まで突っ走っていったら、好きになれなかったと思うんですね。何とか金閣寺を燃やして、戦中的なるものを自分で処理して、『鏡子の家』まで書いて、適応しようとした。あの時期の三島が好きなんです。

成田　一九二五年生まれの完璧な戦中派ですから、三島は死のレッスンを日々営んでいたはずです。したがって、いかに死ぬかというレッスンから、敗戦によって梯子を外され、戦後にポーンと投げ出されてしまいます。このような戦中派の軌跡は、極端な振れ幅がありますよね。典型的なマルキストや、民主主義者、あるいは典型的な右翼になる。そういう生き方といちばん距離をとったのは、司馬遼太郎でした。司馬は政治ではなくて、経済に熱中する。経済に熱中した人を描きました。文脈が幾分それましたが、戦中派は（司馬は例外として）、ある種の徹底化をしないと済まないような生き方・論じ方をしていきますね。

斎藤　そうしがちなんですよね。それはやっぱり原体験があるがゆえに。

成田　ええ。つまり、「戦後」というのは虚妄だという思いが絶えずある。その中でどういう位置取りをしていくのか、というときに、状況に合わせながらやっていくということが、なかなかできないんですね。

平野　三島の文化防衛論では、丸山眞男が全否定ですからね。

成田　年上の人、つまり戦中をくぐり抜けた人たちに対しては「あいつら、いまごろ何を言っているんだ」という思いが強くあっただろうし、若者たちからもまた、突き上げを食らっている感覚があったと思うんですね。

平野　僕は贔屓目でずっと三島を読んでいますけど、彼が戦中に友人と交わした手紙とかを読んだりすると、彼の戦争観はやっぱり観念的ですよね。『英霊の聲』を読んでも、特攻隊の美化の仕方を見てもそうですけど、本当にうちの祖父さんがビルマでマラリアにかかって死にかけながら、という現実と全然違いますね。そこの距離を最近あらためて感じます。僕は文学的にものすごく影響を受けたけど、もう一回、四〇代の三島を批判的に乗り越えていかないといけないと思っています。

成田　それは別の言い方をすると、「戦後」というものを、どういう文脈から相対化していくのかということに繋がってくる問題ですね。だから別の立場からですが、憲法改正を彼があの時言っていたことは、今また現実的な問題になってきています……。

斎藤　あの時は荒唐無稽な話だった。自衛隊が決起して憲法改正しろと立ち上がったんだから。全部無視されるわけですけど、そこから四五年経って現実味を帯びてきたわけですね。

◉分人主義と八〇年代の知

斎藤　最後に「分人主義」について、ちょっとうかがいたいですね。

平野　最近、自分の頭の中でいろいろ整理されてきたんですけど、僕らの世代にとって「本当の自分」、「個性を見定める」というのは、就職活動とワンセットだったんですね。

斎藤　なるほど。そうか、そうか。

平野　階級社会の時代には、武士の家に生まれたら武士になることが決まっているから、一〇代の時に俺の個性はどういうもので、どういう職業が適しているかなんて考える必要がなかった。しかし、それでは産業革命後のものすごく分化してしまった社会に人材を供給することができないので、職業選択が自由化される。すると、仕事をする前から「俺はこういう人間なんだ」とアプリオリに自己規定して仕事を選ばなくてはいけなくなる。これが近代の仕組みですね。そのためには自分の個性を学生時代に見定めなくてはいけない。そのことが、一〇代の青年たちを苦しませている。就職がうまくいっていた時期には職業が人生の支えになったけど、今みたいに職業自体がいつまで続くかわからないし、就職もできないとなると、個性を見定めたところでその仕事には就けないという、アイデンティティ・クライシスに陥ってしまう。だからといって、「本当の自分なんてないんだ」みたいなことをいくら言われても、「じゃあ俺はどうやって生きていけばいいの?」ってなる。その実存的不安は、どうしようもないですよ。

斎藤　それに対するアンチテーゼとして「自分探し」が流行る。

平野　それでも九〇年代はフリーターみたいな生き方が肯定的に捉えられて、軽やかに生きなさいと言われていた。だけどその一方で、僕は三島に共感していたくらいだから、生きているという強烈な充実感を味わいたいという思いがあった。けれども、じゃあ自分とは何かと見定めようとすると、それはわからない。そういう中では、ポストモダニズムはうまく理解できなかった。

僕はのちにフーコーとかアーレントを好きになっていくんですけど、当時は社会的な自己と自分の本性みたいな、ロマン主義的な二元論が、自分の中でも依然として強くて、それを神秘主義的な一瞬で乗り越えようとしていたのが初期作品でした。でも結局、聖なる体験だけだと、日常が虚無化されてしまうことになる。そこから、日常のコミュニケーションの中での自己ということを考え始めたのです。それをインディヴィジュアルという言葉の、「分割することができない」という語源のところから辿り直して、「分人（ディヴィジュアル）」というところにいくようになったんです。

成田　アイデンティティはそもそも近代に誕生し、アイデンティティ・クライシスというのは、したがって近代ゆえの病いにほかなりません。この病いをいかに治癒していくのか。このことを八〇年代的な知から考える時、たとえば、先ほど来の中村雄二郎さんは「演劇的知」ということを言っています。演劇的知とは、象徴性であり、パフォーマンスであり、コスモロジーであると。平野さんの分人主義と重なるところがあると思います。

平野　かなり近いですが、ただ最終的に演技している主体を設定しないということです。

成田　はい。中村さんの演劇的知は、コロスとヒーローという対比を前提としています。コロス、つまり共同体があって、その中からコロスの長が出てくるのですが、それが一人、二人、三人となって、演劇が可能になるとします。このとき、一人という単位ではなく、逆に分割していくのが分人主義と考え、自己内対話、自己の中での役割分担とすると、演劇の知と分人主義は発想を同じくしているように見えるのです。

斎藤　そうか。重なった。

平野　そうですね。僕がデビューした頃は、自分の思想自体がすごく未熟でしたし、もっとあの時にたくさんのことをあの世代の人と話せたらよかったと思います。何度かお目にかかってお話しさせていただいたり、本を読んで感想を送ったりしましたけど、後からそれぞれの著作を読んで発見することもありました。

成田　中村さんに関してもう一言だけ言うと、「われ」と「われわれ」ということに関して、警戒を示した。一人称の安易な複数化を問題視するのですが、「われ」のほうも問題だと平野さんは言っています。まさに時代を超えて応答しながら議論を精密化し、現在に適応できる知に作り変える営みとして、分人主義が見えてくると思うんですね。

平野　グローバル化とか冷戦構造以降の世界の多様化といったことと結局は相関していると思うんですね。「俺は資本主義陣営の人間だ」とか「俺は俺だ」ということでは、もうコミュニケーションが不可能な時代になってしまった。分人主義を考え始めた時には知らなかったんだけれども、たとえばアマルティア・センは『アイデンティティと暴力』という本で、まさに同じような話をしているんですね。インドみたいな国でアイデンティティが確固としたものとしてあると、血で血を洗う争いになるから、アイデンティティは複数化して、共同性を多様化する必要がある。それはすごく現実的な哲学として彼は語っていて、そういう考え方が僕には性に合っています。

斎藤　今の趨勢はアイデンティティを一本化しようとしている。

成田　しかも「われ」じゃなくて、「われわれ」に複数化していこうとする圧力がものすごく強くなってきています。そういう状況の中で、分人主義はとても有効です。

斎藤　うん、使える発想ですよね。

成田　平野さんは、『決壊』では悲惨な世界を描いたけれど、いかにそこから生き延びていくか、との思索の中から、分人主義を提示したのですね。

平野　読者から、『決壊』を感動して読んだんだけど、本当にどうやって生きていったらいいのかわからないという、わりと切々とした手紙をもらったり、インタビューの時に言われたりしたんですよね。それは考えないといけないというのが大きかったんです。もちろん、僕自身としても、それを考えないと、生きてはいけなかった。

成田　『決壊』は、八〇年代で切り開かれたはずのものが実は途轍もない抑圧になっているという話でした。離れているけれども繋がっており、繋がっているけれども離れている。それは理想的な生き方だと八〇年代的には言われていた。しかし、ネットで繋がってしまうと匿名性に脅かされる、繋がっているということによって逆に相手が何を考えているかわからない。あるいは、よく知っていると思っていたけれど、ネットを見たら全然知らない顔をもった相手がいる。――そういう底知れぬ不安を掻き立てる、恐ろしい世界を書かれた。平野さんの言う「文明の憂鬱」ですね。

斎藤　近代になってから、文学とは要するに、「私とは何か」をずっと考えてきたわけでしょう。それがこういう展開で出てくるのが面白いですね。

成田　『空白を満たしなさい』は、まさにいかに生きるかを主題にされていて、分人主義の具体的展開です。分人主義を説明すると同時に、いなかった時期の自分を存在させていく話でもあるわけですから、物語構成的にも分人主義的になっています。平野さんは、一旦振り子をものすごく恐ろしい世界に振っておいて、他方でそれを揺り戻して、いかに生きていくのかという回答を出されていっているように読めます。

平野　『決壊』一作でそういうことができるといいんですけど、どこかで徹底して懐疑し続けないと、通念的な着地点に回収されちゃうんですよね。メタファーにしてごまかしてしまったりとか。そうすると読者も知っていることで埋めてしまうから、既存の考えが反復強化されるだけになってしまう。どこかで、そうじゃない、そうじゃないというのをやっていかないと、なかなか自分が救われる考えには至らないですよね。中村雄二郎的な八〇年代の知と僕は相性がよかったんですけど、中村さん自身も二〇〇〇年頃に書いた本では日本の現状にかなり危機感をもっている。僕の場合、世代的な屈折として、何とかなるという感じがまったくないんです。

斎藤　楽観主義ではもうダメなんだ。

平野　楽観主義はもうなくて、むしろ必要以上に屈折している。

斎藤　いわゆるロスジェネですからね。

平野　悲しいかな、俺たちは割を食っているという意識が染みついている。しかし、ポジティブに言うと、だからこそいかに生きるかを考え続けられるということです。何とかしたいということはいつも考えています。

［初出：『文藝』二〇一五年夏号］

日本脱出①

「女の時代」とOL留学

中島京子

はじめに

私は一九八二年に大学に入学した。卒業年次は八六年である。ぼけっとした大学生だったので、就職にもあまり関心がなく、漠然と、ものを書いて生きていけないかなと考えていた。というより、私はまさにいま小説を書いているのだ（書いていた）から、きっと小説家というものになるんだろうな、と考えて、まともな就職活動をしない、ものすごく間の抜けた大学生だった。ついでに書いておくと、この間抜けな学生が実際に小説家になるまでに、それから二〇年かかった。ようするに、小説を書いているだけでは、人間、小説家にはなれないのである。それを人に見せて、評価されない限りは。

小説を書いたり、ミニコミ誌を作ったり、芝居の脚本を書いたりしている一方で、熱心にやっていたのが中国語の勉強だったのも、考えてみれば時代を感じさせるかもしれない。いまと違って、八〇年代は日本と中国は近現代史上まれにみる蜜月期だったのだ。

中国の改革開放政策の一環として、日本にたくさんの中国人留学生がやってきた。中国語学習は一種のブームになった。そういう時代だったので、私も文章修業的なあれこれとはまったく別なところで、九段下にある中国語の専門学校に通っていた。私にとっては、一種の趣味とか、息抜きみたいな感じもあった。語学習得は楽しかったので、いまでもわりと発音だけは中国人に褒められるのでうれしい。私の中国語が海外のチャイナタウンでボーイのお兄さんにザーサイを多めにサービスしてもらうくらいの役にしか立たないものに成り下がっているのはたいへん遺憾であるし、語学学校で覚えた「東の空に太陽が昇り、中国に毛沢東があらわれた」という歌を歌ってみせる機会もまるでないのであるけれども。ともかく当時は、小説を書く時間をとりながら生活費を稼ぐのに中国語タイピストとか技術翻訳なんていう仕事ができないかなとぼんやり考えていた。

クラスは一五人ほどだったが、三分の二は女性で、それもほとんどがＯＬだった。私を含めた女子大生三人は、飲み会になると子ども扱いだった。それは一九八四年の東京の一風景だ。彼女たちはそこで新しい語学を身につけ、違う仕事に就こうと考えていたのだと思う。四年ほど、だからつまり一九八八年くらいまで、私はその語学学校に在籍していた。その間に私は大学を卒業し、日本語学校の秘書になったり、フリーライターになったりし、八九年に出版社に正規採用されるのだけれど、クラスメイトの何人かが北京や天津に留学して行った。開放政策以後の中国でのビジネスチャンスを睨み、英語の他に中国語が使えるというのは、就職への有利なカードになっていたからだ。

そのころのクラスメイトとは、ほとんど連絡を取っていないが、帰国して、中国語を生かして仕事をしている友人が一人いる。留学先で中国人男性と恋愛結婚したのもいた（ところで日本人の海外留学先としては、中国はいまでも人気がある。文科省の集計によれば、二〇一二年、アメリカを抜いてトップに躍り出た。その後の日中関係の悪化で若干数を減らしている可能性はあるが、それでも日中の経済的互恵関係を考えれば、極端に少なくなるとは考えにくい)。

なぜ中国と中国語を選択したのかは、それぞれの事情と理由によるのだろうけれども、あのころに始まった、キャリアステップアップのための語学習得、海外留学という潮流に、クラスメイトのお姉さんたちは、彼女たちなりに乗っていたのだ。

女の子が元気だった時代

八〇年代を語るのに、「女の時代」というキーワードが存在する。まったくなんの恩恵も被らなかったけれども「女子大生ブーム」というのがあった時代だった。

私が大学二年生のときに「オールナイトフジ」というのがスタートし、オールナイターズという女子大生が出ていた。興味がなかったので、見た記憶がない。そういう番組ができたのも、女子の短大・大学進学が大衆化した結果と分析している何かを読んだ気がするけれども、これは女子のほうの変化というよりも、女子大生だとか女子高生だとか一〇代だとかの普通の女の子を、一盛りいくらみたいにごっそりまとめて歌ったり踊ったりさせるカルチャー(と呼ぶのがふさわしいのかどうだかわからないけれども)の先駆けと捉えるべきなんじゃないだろうか。

とはいえ、とにもかくにも八〇年代、若い女の子は注目を集めていたし、元気だったのもたしかだ。そしてそれは、若い女の子の商品化とはまったく別の方向からやってきた変化に後押しされてのことでもあった。

八〇年代の女の子の元気さは、七〇年代のウーマン・リブやフェミニズムの下地の上にもたらされる。あのころの女の子一人ひとりは、そう意識していなかったかもしれないけれども、社会史的にはそうだと思う。

そして七〇年代の終わり、一九七九年、ニューヨークの国連総会で「女子に対するあらゆる形態の差別の撤廃に関する条約」（以下「女子差別撤廃条約」）というのが採択され、八一年に発効する。「女の時代」の幕開けにふさわしい。そこへ勇ましく上野千鶴子さんが『セクシィ・ギャルの大研究』（光文社カッパ・サイエンス、一九八二年）をひっさげて登場した。

当時、女性の短大・大学進学率は全体の三割を超えて久しく、男女共学になってからもずいぶん経っており、高等教育までは男と対等にやってきたのに、就職で壁にぶち当たるというのは、勉強がよくできて就労意欲も高い真面目な女子学生たちの共通の悩みであった。そこへきて「女子差別撤廃条約」である。いやがうえにも気運は盛り上がった。

一九八〇年に、早稲田大学の女子学生たちが『私たちの就職手帖』という冊子を創刊した。文字通り、女子学生の、女子学生のための、女子学生による、就職ガイドだ。

私の三歳年上の姉は、一九七九年に早稲田大学に入学していた。だから、就職に関しては妹よりもぼけっとしていたにもかかわらず、ワセダの女子学生として断固として一冊それを手に入れた。だから、中身は覚えていないけれども、表紙の感じなどを、妹の私は憶えている。同年、（株）リクルートが女性のための就職情報誌『とらばーゆ』を創刊した。中国語専門学校に通っていたお姉さまたちには、非正規雇用者も多かった。雇用が短期であるため、しょっちゅう『とらばーゆ』に赤丸をつけて、「次、どこにしようかな」と考えている姿も、記憶に残る光景である。

女子と就職といえば、林真理子さんのデビューエッセイ『ルンルンを買っておうちに帰ろう』（**図1**）が主婦の友社から出版されたのが八二年のことだ。このとき林さんはすでに二八歳で、八〇年代の女子大生より少し上の世代だったが、不採用通知をもらいまくる不遇だがバ

図1　林真理子『ルンルンを買っておうちに帰ろう』

イタリティ溢れる就職活動のエピソードは、「腰かけ就職→社内恋愛→寿退社」ではなく、本気で私に仕事をやらせてみろよ、と思っている女子大生たちに広く、強く支持されたのだった。
「女子差別撤廃条約」が、日本において批准されるのは一九八五年である。

機は熟した。就職における女性差別をなくす法律、「男女雇用機会均等法」が、この年成立を見る。施行は翌年の八六年。私の大学卒業の年である。私はつまり、「均等法第一世代」である。なにしろ、ぼけっとしていたから、「総合職」になったりしなかったけれども、当時の女子大生たちの熱気と高揚はよく憶えている。

将来の進路選択において、女だからという差別的な壁が撤廃されたことは、空気としてその時代の女子学生に希望というか、万能感というか、自信のようなものを与えた。八〇年代の若い女性がむやみと元気だったのは、こうした社会的背景によるところが大きい。

もう一つの背景は、日本全体の景気のよさだろう。エズラ・F・ヴォーゲルの『ジャパン・アズ・ナンバーワン』が日本で出版されるのは一九七九年のことだったが、高度成長と日本型経営を絶賛した本書は、この本を読んでいようがいまいが、日本人全体のプライドをくすぐり倒した。こうして八〇年代がやってきて、景気という意味ではちょっと陰りも射すのだけれども、それに気が付かない人は気が付かないうちに、のちにたいへんバカにされたり批判を浴びたりする「バブル景気」が訪れた。

円高と万能感と海外留学

ＯＬ留学というのは、女性の社会進出と海外雄飛を意味する。そのためには、女性を取り巻く社会の状況が変化する必要があったし、女性たち自身の意識が変わる必要があったし、海外雄飛を支えるお金が必要だった。

バブル景気そのものも、「男女雇用機会均等法」で女性に開いた門戸を閉じないでおく余裕を企業にもたらしたが、このバブルの引き金となる「プラザ合意」（一九八五年）によって引き起こされる円高が、ＯＬの海外雄飛には直接関わってくる。

「プラザ合意」とは、米国の貿易赤字解消のために行われたもので、この結果もたらされた円高ドル安誘導で、一ドル二五〇円台だった円相場は八六年末に一五〇円を突破した。その後も円高傾向は九〇年代半ばまで続く。急激な円高によってもたらされたのは、空前の海外旅行ブームだった。

このころの日本人の熱狂ぶりは、現在批判的に語られることの多い「中国人の爆買い」と本質的に同じだ。それが電化製品ではなくブランドものだったことくらいしか違いがない。「パリのルイ・ヴィトン本店に日本人観光客長蛇の列」といった話がいくらでもあって、団体で出かけて同じところにしか行かず、やたらと物を買いまくる日本人は、ちっとも評判がよくなんかなかった。日本人が海外で愛される礼儀正しい観光客に変貌するのは、もっとずっとのちのことなのである。

ともかく、円高を武器に海外に出る、ということが、この時代には当たり前になった。大学生の卒業旅行も海外になった。となれば、「海外留学」も身近になる。それまでは、留学といえば交換留学生のような学生のものだったし、仕事を持っている人なら、企業派遣とか、フルブライトとは言わずとも、奨学金をもらって行くイメージだった。円高によって「海外留学」の裾野も、ぐんと広がった。

「男女雇用機会均等法」が施行され、「バブル景気」が始まったとされる一九八六年に、日本人の海外留学生数は年間三万六〇〇〇人を越えた、と雑誌『留学ジャーナル』（アルク）のホームページ「留学と、留学ジャーナルの30年」に書いてある。ちなみにこの雑誌が創刊されたのは八三年のことで、その年の留学生数は一万数千人だったそうだ。四年間で二倍以上に増えたことになる。同誌によれば、「ＯＬ留学」という言葉が話題になるのは八八年で、空前の「ＯＬ留学ブーム」を迎えるのは八九年、バブル経済の頂点と言われる年といっしょ、平成元年のことになる。

『留学ジャーナル』では八七年から「ＯＬステップアップ留学」という連載を始めている。第一回の記事「ＯＬ留学が増えている！」の八八年春号のリードはこうだ。

「留学といえば、今までは学生が行くものという考えが先行していたが、ここ数年来、確実に増えているのが〝ＯＬ留学〟。／会社を辞め、自分で貯めたお金で留学する人、休職して仕事に関連したことを外国で学ぶ人……etc。／彼女たちの留学は、学生のそれと比べて、目的意識が明確だ。自分なりの価値観や行動力を持った彼女たちの留学熱は高い。／ここではそんな、それぞれ個性の違ったＯＬ留学Ｑ＆Ａを紹介しよう。」

紹介されているのは、イギリス、アメリカ、オーストラリアという英語圏へ留学を考えているＯＬの質問と、編集部によるその答えである。

同じ号に、興味深い記事がもう一つ掲載されている。「アメリカ２００大学授業料一覧――円高でアメリカ留学がこんなに安く、身近になった！」というものだ。

「ここ数年来、各分野に様々な波紋を呼んでいる円高の波は、とどまるところを知らない。3年前までは1ドル250円前後だったレートが、現在では130円前後（1988年1月下旬現在）。このような円高下では、東京に下宿して私立大学に通うよりも大学によってはアメリカ留学の方が安上がりという結果も出た。そこで留学費用を大きく左右する各大学の授業料が気になってくる。ここにお届けする、最新の授業料データを、各自の留学費用の参考に役立ててほしい。」

そんなことになっていたとは。

たとえばここで挙げられている数字、八七年から八八年の一年を見ると、我が母校、東京女子大学文理学部の年間学費（入学後、最初の一年間に必要な総額）は約八四万円。これに対し、たとえばテネシー大学ノックスビル校は授業料約五二万円＋寮費＆食費三六万円、〆て約八八万円となり、ほとんど同じ額なのだった。我が母校は私立でも学費が安いことで知られ、地方の公立進学校出身者が寮生活を送るケースの多い質実剛健な女子大であるからこのような数字になるが、たとえばもっと裕福な家庭の子女が通うと思われている青山学院大学理工学部の学費を見ると、年間約一二五万円となっている。これならテネシー大学ノックスビル校に通った上に、もう一年分テネシー大学ノックスビル校で寮費と食費が払える（授業料を払わずに寮費と食費だけを払ってどうするのか、という議論はここでは措く）。

むろん、青山学院大学理工学部で勉強したい学生が、テネシー大学ノックスビル校で勉強したいかどうか、テネシー大学ノックスビル校とはいったい何が学べる大学か、などが、当事者にとって重要であることは論を俟たないが、単純にお金だけを考えると、テネシー大学ノックスビル校に行くほど親孝行なことはないように思えてくる。

総務省統計局サイトの「企業規模別新規学卒者の初任給の推移」によれば、一九八八年の大卒女子初任給の平均は一四万九〇〇〇円。年二回のボーナスがそれぞれ二か月分くらいと考えて、〆て六〇万円あたりとすると、月に二万円ずつ貯めれば＋二四万円、〆て八四万円となり、だいたい、テネシー大学ノックスビル校に一年通えるくらいのお金ができる。

大学入学ではなく、セクレタリー・スクールなどへの留学なら、半年、一年などの短期留学でも資格が取れる。「ＯＬ留学Ｑ＆Ａ」では、留学費用は一年間で二〇〇万〜二五〇万円が相場と書いてあるので、三年間ＯＬ生活を送ると、ちょうど丸一年留学できるくらいのお金がたまる計算になる。

ＯＬ留学で得たもの・得たかったもの

八六年に意気揚々と「男女雇用均等法第一世代」として世に出て行った同級生たちだったが、じつはその多くが、挫折を経験したのも事実だった。新たに作られた「総合職」を得んと、女子大生たちは懸命に就職活動をした。しかし、彼女たちの多くは、「一般職」として採用になった。本気で私に仕事をやらせてみろよ、と意気込んでいたはずだったのに、思うような就職ができなかった人のうち、職場が気に入ってやりがいを見出し、状況を受け入れる人もいたが、こんなはずじゃなかったなと思った人も相当数いたはずである。

こんなはずじゃなかったと感じたのは、「総合職」についた人にもいた。もちろん、女性をだいじにするいい会社に就職することができた幸運な人もいたし、せっかく男性と同じ待遇を得たのだからと頑張りぬいて今日も同じ会社で働いている「第一世代」もいる。けれども、法律が変わったので雇ってみたものの、女性社員をどう使うか考えたこともなかった会社の中で、結局、満足いく仕事を与えられなかったという話もよくあった。いずれにしろ「総合職」組は、ほんの一握りのトップエリートだ。「男女雇用機会均等法」時代の気運は、エリートではない女の子たちも目覚めさせていた。

真面目でやる気のある彼女たちは、ここでくすぶっているわけにはいかない、もっと勉強してキャリアアップしよう、と考えた。語学にも強かったので、円高を武器に海外留学をしようと考える人が増えていった、というのがＯＬ留学の背景ではないかと思う。

『留学ジャーナル』八九年春号の「ステップアップＯＬ留学」を見てみよう。

「ごく普通のＯＬをしているうちにキャリアウーマンをあまり歓迎しない会社の体制に疑問を抱く。これがＯＬ留学の最も多い最初のきっかけとなっている。キャリアウーマンという言葉にしてしまうと妙に仰々しい感じがするけれど、働く限りはその期間の自分の仕事を、カタチとしてある程度他人に認めてもらいたいと思う女性は多いのだ。／今回は、人気の「カタカナ職業」でキャリアを生かして働いている5人の女性をクローズアップしてみた」

「カタカナ職業」とは、なんだろう。同誌によれば、「カラリスト、テクニカルライター、キャスティングコーディネーター、インテリアコーディネーター、グラフィックデザイナー、アナリスト、マーチャンダイザー、イベントプロデューサー」など、「国際化の流れで」登場した「まだ日本では少ない職業」のことだという。鳴物入りで大企業に就職しても、居場所が見つけられなかった彼女たち、しかし時代に押されて、向学心もポテンシャルも高くなっていた彼女たちは、留学で専門職というニッチを開拓することにしたのだ。

この年、八九年、すなわち平成元年、私は出版社への就職をするわけなのだけれども、ＯＬ向けの女性誌でこうした職業を紹介する記事を何度も作った。たしかに八〇年代末から九〇年代にかけて、「カタカナ職業」というのは、若くてキャリア志向の女性たちの憧れの受け皿になっていったのだった。

とはいえ、九〇年代と八〇年代のＯＬ留学が違うとしたら、キャリア志向から自分探しへの転換、と考えられる。

『留学ジャーナル』九〇年春号の「ステップアップＯＬ留学」を見てみよう。「１８０度の転換をはかることも可能　留学は新しい自分をみつけるきっかけです」というタイトルで、リードには「キャリアアップをめざして、目的意識を持って……。／でも、留学ってそんなに型にはめられたもの？／留学する人の数だけ理由はあるはず。広い意味で自分自身がステップアップできれば、留学は成功です」とある。

『私たちの就職手帖』から始まって、ぐいぐいぐいぐいキャリアアップ路線で押してきた八〇年代の熱気が、ここへきて微妙に方向を変える。

バブルが崩壊するのは九一年〜九三年と言われている。人々がそれを実感するのは、それより少し後のことだから、九〇年当時に日本経済の失速に気づいていたというのではないはずだ。でも、なんだか猪突猛進的な勢いでやってきた「女の時代」は、昭和が平成に変わったあたりをピークにして、やはり勢いがそがれたのではないかと思う。

一つには、ガリガリ頑張って留学して帰国しても、期待したほどのキャリアアップが望めないという実態があった。半年や一年留学しても、さほどの知識や実力は身につかないものだし、だいいち帰ってきても思ったような就職先がない。そこで、「カタカナ職業」というニッチに目が行くわけだけれども、それはそれで、大量の普通のＯＬに満足いく仕事を与えるほどのキャパもなかった。

こうなると、ステップアップ、キャリアアップとしての海外留学というのは、八〇年代の女性たちを魅了した、ある種のファンタジーだったと言えなくもない。ただし、それをして、八〇年代女性の挫折とか影とか呼ぼうと、私は思っていない。奇しくも『留学ジャーナル』が指摘したように、海外に出て羽を伸ばして戻ってきた彼女たちは、たとえ当初の目的であったキャリアアップが望めなかったとしても、そんなに失望しなかったのだ。海外雄飛して、自分一人の力で外国暮らしをしたことが、彼女たちに自信を与えたし、日本の社会や会社で窮屈になった自分自身を解放する役割を果たしたからだ。

「広い意味で自分自身がステップアップできれば、留学は成功です」

というのは、やれ資格をとれ、大学院に行けとハッパをかけてきた雑誌にしてみれば、敗北宣言に見えかねないけれども、これは事実、留学した女性たちが得た実感なのだろう。

さて、思ったより多く書いてしまったので、最後に私自身の海外行きについて少しだけ触れておく。おそらくこの原稿依頼が来たのは、私が会社員を辞めてのアメリカ行きを経験しているからだ。しかし、残念ながら、私の渡米は九六年のことで、本稿で触れるべき時期と重ならない。

あきらかに、私が経験したのは九〇年代型の留学だった。キャリアアップではなくて、長い休暇のようなものだったのだ。留学というより、九〇年代後半から人気が出てくるワーキング・ホリデーのスタイルに近い。実際、私の場合、大学に行くよりも地域の小学校で日本文化を教える仕事のほうがメインの滞在目的だったのだ。九〇年代を語るキーワードには、「自分探し」というものがあり、その言葉もそれが意味するものも特に好きにはなれないけれども、「広い意味で自分自身がステップアップ」というのと、「自分探し」というのは、おそらくほぼ同じ意味である。私は七年間の会社員生活で見失っていた、小説を書こうという気持ちと時間を、一年半ほどのアメリカ生活で取り戻した。帰国してすぐ、処女作を書き始め、それを発表するまでに五年近くかかるのだけれども。

就職して何年後かに海外に行くというスタイルは、八〇年代以降、若い女性の人生コースの一選択肢であり続けている。派遣で働いて、長期に海外に出かけていくというスタイルをとる女性も出現した。また、行ったきり、そのまま海外で就職してしまう、というパターンも生まれた。それが要らぬモラトリアムを引き伸ばし、晩婚化・非婚化・少子化を生んだという批判もあるが、長い目でみて彼女たちの海外雄飛は、いつまでも男性優位と同調圧力が止まないこの国を生きる女性たちに、その息苦しさから離れてみる時間と空間を提供しつづけているのだろう。

日本脱出②

生きられない飛行機

——私はなぜ韓国に行ったか

斎藤真理子

なぜ韓国語を？

一九八一年の春だったと思う。私は山の手線に乗って、韓国語の本を膝に広げていた。電車は比較的すいており、私の両隣はあいていた。うとうとしているうちにだんだん車内は混んできた、しかし品川で降りるときも両隣の席はあいたままだった。そのときになって私は初めて、自分が避けられていたことに気づいたのである。

それは嫌悪というより、無意識の警戒だったのだろう。ハングルという名称すらよく知られていなかった当時、あの本は十分に「要警戒」のサインを発していた。戦前から持ち越された偏見がまだ十分に生きていた上に、韓国という国への一般的なイメージは、次の二つだけだったから。

1・軍事独裁のコワイ国。

2・買春観光の国。

言い添えておくなら「買春」という言葉はまだなく、売春といっていた。観光旅行と買春がセットになった「キーセン観光」というツアーが有名で、おじさんたちが集団で恥のかき捨てに行く国が韓国だった。女の子が旅行に行くようなところではなかったのだ。

そんな国の本をどうして読んでいたのかというと、八〇年から大学のサークルで仲間と一緒に韓国語を勉強していたからである。では、なぜ？

「なぜ韓国語を学んだのですか」

「なぜ韓国へ行こうと思ったのですか」

あのころも今も、日本でも韓国でも、自己紹介すれば必ずそう訊かれる。必ずだ。そして、すっきりした答えを返せたためしがない。改めて答えようとすると、たくさんの理由らしきものの周囲に理由未満や理由以上のものがわらわら湧いてきて、言語化する前に器から溢れてしまうのだ。「必ず理由を訊かれる」、それ自体が日韓関係の何かを象徴するんじゃないかと、今は思っている。

いくつか、強く印象に残っているできごとはある。例えば、八〇年の五月に光州事件が起きたこと。それを理由の一つに数えるのはおもはゆい。しかし絶対に、無関係だったわけはないのである。同年代の若い人たちの遺体をテレビで見た。しばらく後、韓国の政治犯を救援しましょうという集会に誘われて行ってみると、隣に座った日本人女性がハングルですらすらとメモをとっていた。「あら、かっこいい」あれが書けるようになりたい、と思った。

これが理由の一つだったことは間違いないが、そのとき私が二〇歳だったことが理由そのものなのか、理由以上なのか、理由未満なのかは今もわからない。

私が運がよかった（あるいは悪かった）のは、通っていた大学に朝鮮語[*1]を学ぶサークルがあったことだ。学生たちが自主運営する学習会で、お金を出し合って先生を迎え、週に一度の授業を受けていたのだ。

このサークルの大きな特徴は、在日韓国人と日本人が一緒に運営していたという点だ。在日二世の女の子と、「韓国のスターに日本の女の子がキャーキャー言うような時代にならなきゃ、民族差別はなくならないよね」なんて話したことを思い出す。絶対にありえないこととして、私たちはそう言ったのだ。二〇年後、韓流ブームによってそれは半分現実になった。しかし、ヘイトスピーチは起きた。私は今、このことをうまくつなげて解釈できない。納得できる説明を聞けるまで長生きしたいものだと思う。

韓国・朝鮮は日本を映す鏡だとよく言われる。私は高校までの授業で、朝鮮に対する植民地支配の歴史をきちんと習った記憶がない。だから、この自主ゼミのようなサークルで知ったことが、最初の鏡だった。ハングルが少しずつ読めるようになることには、隠し扉がわずかにあいていくようなときめきがあった。サークル室には、七〇年代の学生運動のしっぽのようなストイックな気分が残っていた。私たちは毎日のように会って、飲んで、生意気な論議をし、先輩に説教され、また集会やデモに行き、署名を集め、一緒にバイトをして先生への謝礼を稼いだこともあるし、よく遊びもした。

もちろん、学生運動は完全に退潮していた。しかし、潮が引いていたために、潮干狩りができた。つまり、いわゆる「過激派」が引き上げた後の海岸には「社会問題」という名前の貝が散乱していて、その気になればよりどりみどりだったのだ。

女性問題、障害者問題、公害問題、反原発。一九六八年を頂点とする政治の季節が大きな総論の時代だったとしたら、七〇年代後半から八〇年代は、個別・具体的な各論の時代だったと思う。民族差別問題もそうで、在日韓国・朝鮮人が本名宣言をしたり、外国人登録証への指紋押捺拒否を始めたのも八〇年代のことである。私たちは大学の中に情報がなければ外へ出かけていき、多様な当事者や支援者に出会うことが可能だった。

しかし、当時を知っている人は思い出してほしい。八〇年代初め「女子大生ブーム」があって、現役女子大生がCMや深夜枠のテレビ番組で大ウケだった。ニュートラやハマトラが制服で、ディスコにスキーにテニスで、全員がリア充じゃなきゃいけなくて。そんな中で、時代遅れに季節外れをかけあわせたようなのが私たちだった。けれども、脱亜入欧の逆を行くんだヨという自負みたいなもので私は軽く高揚していたと思う。

初めて韓国へ

八二年、大学四年の夏に初めて韓国へ行った。先輩のつてで、釜山の大学の日本語学科の先生や学生と交流する機会があったのだ。「現在の韓国へ行くのは、全斗煥の軍事独裁政権を認めることだ」私もそう思っていた、でも行けるとなったら、あきらめたくなかった。

釜山は美しい町で、日本語学科の先生と学生たちは本当に明るく、盛大に歓迎してくれた。そして韓国人は、めっぽう面白かった。

韓国でいちばん面白いのは韓国人だというのは、かの国を知る人がよく口にすることである。私は今、韓国文学の翻訳をしているが、正直言って韓国人よりおもしろい韓国文学にはめったにお目にかからない。とにかく、普通の人が無類におもしろいのだ。

例えば喫茶店でコーヒーを飲みながら新聞を読んでいると、若い男が近寄ってきて「お嬢さん」と言う。でもナンパではない。「あなたが読んでいない面を、私が見ましょう」と提案するのだ。この「見ましょう」は「見せて下さいね」ぐらいのニュアンスである。つまり彼は、私が読んでる新聞の外側の一面が欲しかっただけなのだ。私がそれを渡すと、彼は自分の席でじっくり読んでいたが、読み終わって返してくれるかと思うとそうではない。新聞をくしゃくしゃに丸め、自分がこぼしたコーヒーを拭いた後、テーブルにおきっぱなしにして、私にむかって「じゃ！」と手を上げて出ていった。満面の笑顔で。

楽しい旅だった。しかし客観的に見れば、八二年の夏は日本人が旅行するには最も不向きだったはずなのだ。ちょうどこのとき、「第一次教科書問題」というものが起きていたからである。日本の検定歴史教科書が、朝鮮・中国への侵略を「進出」という言葉で歪曲しているとして、中国と韓国が抗議したのだ。*2 タクシーの運転手が「日本人乗車拒否」と書いた紙をフロントグラスに載せている写真を、私も釜山で見た覚えがある。けれども釜山ではまったく嫌な思いはしなかった。トラブルに会ったのは、ソウルに移動してからである。

ソウルで私は、Aさんという女性のお宅に世話になることになっていた。Aさん一家は書店を営んでおり、奥さんであるAさんが日本語を勉強していたのだ。Aさん宅まで私を乗せたタクシーの運転手はずっと「日本帝国主義の悪業」について演説し、到着すると、おそらく三倍ぐらいの車賃を請求した。心配して外で待っていてくれたご主人が私をさっと家に招き入れ、運転手と交渉していたが、戻ってくると「いやあ、あの運転手、大変な愛国者でね……」と笑った。そして彼は、言い値通りではなかったろうが、通常より高い車賃をすでに払ってくれちゃっていた。「そんな、そんな、そんな、だめですよ」狼狽と申し訳なさと焦りで、知恵熱が出そう。

だってカモにされたのも生まれて初めてなら、そのカモが「愛国者」だというのも初めて、第一、日常会話に「愛国者」なんていう語彙が飛び出すこと自体初めてなのだ。なんだか太刀打ちできない凄みのようなものを感じて私は固まってしまったのだが、Aさん一家は心底優しかった、それはAさん一家だけでなく、この旅行で会った人は全員優しかった。政治的には本当にキツい時代だったはずなんだが、そのころの韓国市民のつつましい暮らしぶりや、何とはない心意気のようなものを、今も懐かしく思うことがある。

翌八三年、私は大学を卒業した。就職活動は初めからせず、いろんな仕事を渡り歩いて食いつないでいた。要するにプー太郎なのだが、本人は「会社の犬になんかならないの」ぐらいの勢いなんだから元気いっぱいだった。そして、韓国の同時代の詩を読んだり翻訳したりしていた。当時韓国では、山のように詩が書かれていたのである。そこには、厳しい検閲をかいくぐる一つの手段という側面もあった。抵抗の詩というものはたくさんあるけれど、過去ではなく今、リアルタイムで、アクチュアリティのある詩が生まれているのは、パレスチナと韓国ぐらいなのではないかと私は思っていた。

当分、韓国には行かないことに決めていた。今は資格がないように感じていたのだ。もっと勉強したら、そして韓国の政治体制が変わったら行くかもしれないけど……。

二度の韓国ブーム

ちょうどその前後から、少しずつ流れが変わってきた。韓流以前にも「韓国ブーム」といわれた時期が二度あるが、最初の小さな韓国ブームがこのときだ。

八三年に私は、韓国伝統打楽器を現代に活かしたパーカッションユニット「サムルノリ」の日本公演会場で山本寛斎と山口小夜子を見かけ、とっさに「さすが」と感じた。この二人が来ていたことは何かを予感させたし、サムルノリは無条件にかっこよかった。

八四年には、NHKで「アンニョンハシムニカ　ハングル講座」もスタートした。そして本格的に火つけ役となったのは、八四年に出版された二冊の本である。別冊宝島『朝鮮・韓国を知る本』（図1）と、関川夏央『ソウルの練習問題』（情報センター出版局、図2）だ。二冊に共通するのは、「先入観をとりはらって、身近な異文化を知ろう」という勢いだった。

『朝鮮・韓国を知る本』は歴史・地理、政治経済、伝統文化からスポーツ、ポップカルチャーまで情報がぎっしりで、主に若い書き手が元気な文を寄せていた。『ソウルの練習問題』は、若い男性が韓国で一人旅をして様々な人と出会い考えるという内容で、ポップさと笑いと知性がバランスよくミックスされた文体で、異文化体験の面白さを伝えていた。そして二冊ともよく売れたのである。「あれ、韓国って面白いのかな」そんな空気が漂い始めた。

あとで聞いた話だが、『朝鮮・韓国を知る本』の編集に携わったある人が「ニューヨークよりソウルの方がずっとカルチャーショックが大きかった」と言ったという。この言葉は、小さな韓国ブームの本質を一言で言い当てている。外見がそっくりだからこそ感じる大きなカルチャーショックは、日本を映し出す大きな鏡だったはずだ。

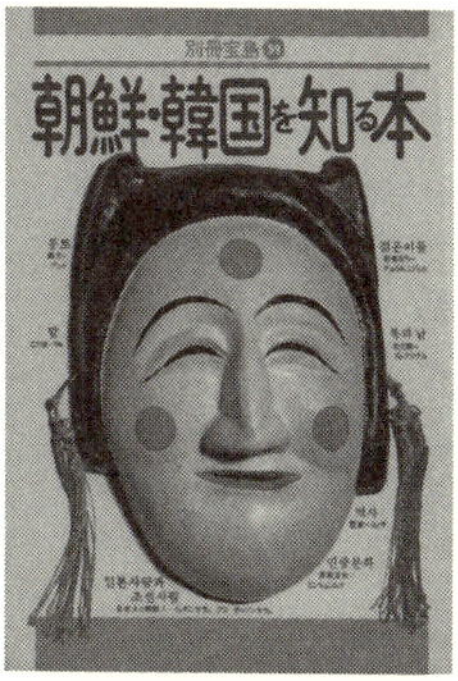

図1　別冊宝島『朝鮮・韓国を知る本』

図2　関川夏央『ソウルの練習問題』

図3　戸田郁子『ふだん着のソウル案内』

八五年、八六年、日本ではバブル経済が始まり、韓国では中産階級がどんどん力をつけていた。彼らの後押しを得て、軍事政権への反発は抑えられないところまで高まり、八七年、ついに韓国は民主化を迎えた。

そして八八年のソウルオリンピック前後に、二度めの韓国ブームが起きた。八八年に日本から韓国への入国者は初めて一〇〇万人を超え、一一二万人を記録した。私が韓国に行った八二年には五〇万人足らずだったから、二倍以上に増えたのである。

このころ、女性が書いた魅力的な韓国体験記が続けて出版された。『ふだん着のソウル案内』（戸田郁子・八八年、**図3**）、『新村スケッチブック』（日高由仁《ゆに》・八九年）、ちょっと遅れて『ソウルのチョッパリ』（筒井真樹子・九一年）。いずれも旅行記ではなく、ソウルに留学した女の子の留学記だ。なぜか、男の子の留学記というのは読んだ覚えがない。

『ふだん着のソウル案内』は、著者の戸田さんが発行していた手書きの通信「ウッチャ通信」がもとになっている。そう、八〇年代は個人ミニコミ、手書き通信の時代でもあった。

戸田さんも日高さんも筒井さんも、一度社会人経験をしてから留学している。留学の経緯は三者三様だが、「とにかく行ってみよう」という思い切りの良さ、風通しの良さも共通だ。彼女たちが記録してくれた普通の韓国人の暮らしぶりは、今読んでもとても面白い。

アジアにも文化があるんだ

しかし私はこれらの本をリアルタイムで読んではいない。八八年の私は鬱屈していて、それどころではなかった。民主化に湧くソウルの光景はニュースで息をつめて見た。しかしソウルオリンピックの大げさな開会式は、ダサかった。あなたたちは、こんなことがしたかったの？

いったいどういう国になりたいの？

一方、バブルの末期で私の収入は増えていた。そのころは派遣とフリーランスの中間のような形で出版関係の仕事をしていたが、就職したこともない私が就職情報誌を編集して、身の丈に合わないお金をもらっていた。そしてお金というものは、持ってみると、悪くないのだった。だが、稼いだだけ映画や本、ＣＤにつぎこみながら、私はどんどん煮詰まっていった。八九年、天安門広場事件、ベルリンの壁崩壊。世界が激しく動いている。私は三〇歳を目前にして迷走していた。それは韓国語をやっていなかったとしても同じだったと思う。

このままの形で働き続けますか？　別に嬉しくありません。

どこかに雇ってもらいますか？　ちっともしたくありません。

結婚でもしますか？　まさかでしょう。

そのころの平均初婚年齢は二六歳ぐらいだったらしいが、私のまわりでは結婚する方が少数派で、そしてみんな何となく、じれていた。気づくと女の子たちはどんどん海外へ出ていっていた。香港へ、ニューヨークへ、南米へ。「だってここにいてもこれ以上しょうがないんだもの」、正社員でずっと働いてきた子も同じことを言うのだった。

「韓国へ行こうかな」、ふと思った。

そのころバンドブームというものがあった。ある日、夜の電車で私は立ったまま韓国語の歌の楽譜集を見ていた。そばにパンクバンドのメンバーと思われる若い男性たちがいて、ギターを持った男の子が「どこの国の曲ですか？」と話しかけてきた。

「韓国ですよ」

「それは（と、歌のタイトルを指さす）なんて書いてあるんですか？」

「『山荘の女人』っていうんですよ。サナトリウムで過ごす女の人の気持ちを歌った歌よ」

「へええ」そう言って彼は、本気で興味深そうにそのページを見つめた。「韓国に、そんな歌があるんだなあ。いろんな国にいろんな歌があるんだなあああ」

かなりお酒が入っていたのだと思う。彼は仲間たちに「おい、迷惑だぜ」とたしなめられてもまだ、「だってさあ、すげえじゃん本当に」みたいなことを言い続け、それはほほえましかった。八年前には、電車で両側の人に避けられたのに。あのときとは何かが変わった。「アジアにも文化がある」そんな当たり前のことを普通の若者が知っている程度には。

生きられない飛行機

あのころのことを思い出したくて、留学時期が重なる友人に話を聞いてみた。彼女は八六年から九二年にソウルで暮らした人で、おばあさんが朝鮮籍のクォーターだ。

「日本の女の子でソウルに留学に来てたのは、在日の子、訳あり、統一教会、あとは変わり者。男を追っかけて来ちゃった訳ありの人はいつも、いたね。あんたは変わり者でしょ。行き当たりばったりの人は多かったよ、っていうか、そういう人ばっかりだったんじゃない？　計算できる人は、韓国に来ないよ」

確かにそうだった。変わり者の行き当たりばったり。九一年、派遣の仕事を増やして貯めたお金をかき集めてソウルの延世大学語学堂に留学し、一年半ほど韓国に滞在したが、留学したとき、いつまでということは全く決めていなかった。そのくせ東京のアパートはたたみ、荷物のほとんどは売り払っていたのだから、やけくそのめちゃくちゃである。

韓国に語学留学したって、キャリアになんかならない。およそキャリアプランどころではなくて、むしろ、わざわざノープランにリセットするために行くようなものだった、でも私は、やっぱりそうしたかった。もう一度カモになりに行って、鍛えられて、強くなるんだって思っていたらしい。そこからまたどこかに行ってもいい。でもスタートはやっぱり、あの国でないといけなかった。行くのにいちばん勇気がいる、隣の国。

八〇年代の一〇年間、なんか強烈に、韓国に仮託していたよなあ。アジアの側から日本を見ることは、私の芯を作ってくれるはずだった、でも私はアンバランスにストイックすぎたり、後半はバブルに足をすくわれたりして、勝手に韓国を好きになったり嫌いになったりした。それもこれも、歴史とへたなダンスを踊ってたということなのだ。つんのめったり相手の足を踏んづけたりして、そして息切れしてしまったとき、立ちかえってきたのはやはり八二年の教科書問題の夏のことだった。

だから、あの夏について最後にひとつだけ書いておきたい。

ソウルでお世話になったAさんのおうちにはまだ幼稚園児の二人の坊やがいて、とてもかわいかった。一緒にテーマパークに行った。Aさんの日本語と私の韓国語は同レベルで、あまりこみいった話はできない。子どもたちがいるからかろうじて会話が続くようなものだった。けれども私たちはニコニコして、一生けんめい話した。

そしてふとしたとき、戦争の話になった。八月一五日の直後だったからかもしれない。ちょっと間があって、彼女が言った。

「サルジ・モッタヌン・ピヘンギがあったでしょう？　日本に」

サルジ・モッタヌン・ピヘンギ。

直訳すると「生きられない飛行機」である。

それが神風特攻隊のことだとわかるのに、少しだけ時間が要った。そう言ったときのAさんの表情には、ある種のいたわりがまじっていた。

「帰らざる飛行機」「片道切符しかもたない飛行機」「行きて戻らぬ飛行機」……特攻隊を形容する言葉はいろいろあるだろう。でも私にとって、あの歴史的事実の意味をえぐらんばかりに言い当てているのは、一九八二年の夏に聞いた「サルジ・モッタヌン・ピヘンギ」という端的な韓国語だけである。

あの言葉の質量は、三四年たった今、一ミリグラムも目減りしていない。

◉註

＊1　サークルの名称は「自主講座朝鮮語」といった。なお、韓国語も朝鮮語も同じ言語を指す。言語学をはじめとする学問分野では、朝鮮半島で使われる言葉であるから「朝鮮語」と称するのがふつうである。本稿では主に大韓民国と日本の関係について書いているので「韓国語」を多用したが、これを「朝鮮語」と言い換えてもまったく差支えない。ちなみに、一九八四年のＮＨＫのラジオ・テレビ講座開設の際には、「韓国語」とするか「朝鮮語」とするかをめぐって論議が起こり、「アンニョンハシムニカ　ハングル講座」という名称を採用することで決着した。

＊2　後に「進出」という言葉への書き換えはなされていなかったことが判明した。

二〇〇万乙女時代の「りぼん」とドクダミの花冠の姫

横井周子

一九八〇年代、少女マンガ界には数々の名作が花開いた。松苗あけみ『純情クレイジーフルーツ』[*1]、成田美名子『CIPHER』[*2]、吉田秋生『BANANA FISH』[*3]、吉野朔実『少年は荒野をめざす』[*4]、紡木たく『ホットロード』[*5]に川原泉『笑う大天使』[*6]、高河ゆん『アーシアン』[*7]……。山岸凉子『日出処の天子』[*8]など二四年組と呼ばれる少女マンガ家たちの革新的傑作群を忘れることはできないし、岡崎京子『くちびるから散弾銃』[*9]のガールズトークは今も胸に迫る。ここで八〇年代の名作タイトルをすべてあげるなんてことはとてもできないが、エポックメイキングな出来事でいえば大人の女性読者のためのコミック誌が次々創刊されたのも八〇年代だったし、同人誌即売会出身の少女マンガ家たちが登場し大活躍をはじめたのも八〇年代のことだ。今や一大ジャンルとなっているエッセイマンガだって、八〇年代にその源流が形づくられたように思う。

そんなあわただしくもパワフルな時代に、その中でも特異な存在感を放つひとりの少女マンガ家があらわれた。人呼んで「少女まんが界に咲くドクダミの花」。そう、岡田あーみんだ。描いていたのはギャグ少女マンガ。ギャグは時代の影響を受けやすいジャンルだが、彼女の作品のインパクトと色褪せない魅力は今も全三作のコミックスの重版がとぎれることなく続いているこことからもうかがえる。

あーみんが活躍した八〇年代から九〇年代にかけての少女マンガ誌「りぼん」は、池野恋『ときめきトゥナイト』[*10]や柊あおい『星の瞳のシルエット』[*11]などを看板に発行部数をぐいぐい伸ばしていた時期だ（八六年二〇〇万部、九四年二五五万部を達成）。そんな王道の「りぼん」で、しかも大人気のピュアなラブストーリーのすぐ隣りで、中年の父親がメインキャラクターの強烈なギャグが展開されている衝撃を想像していただきたい。したたる鼻血描写や時に投げやりなほどラフにひかれた効果線からして他のページとはたたずまいが違った。アングラでキケンな香りが漂っていたのだ。もしかするとあの時そちらの世界に足を踏み入れた読者は一生その魅力から逃れることができないのかもしれない。新作が発表されなくなりすでに二〇年近い時が過ぎようとしているが、ここでは八〇年代少女マンガの風景を語る上ではずせない岡田あーみんの傑作『お父さんは心配症』をあらためて紹介したい。

『お父さんは心配症』は、あーみんのデビュー作にして初連載作だ。一七歳の時に投稿し、「りぼん」八三年五月号に初掲載。ペンネームを岡田あーみんに改めて翌八四年一一月号から八八年一一月号まで同作で連載を行っている（ちなみにデビュー作掲載号の「りぼんＮＥＷ漫画スクール」インタビューによると、「ペンネームのあーみんはユーミンにちなんでつけました」とのこと）。

ストーリーはいたってシンプルだ。女子高生・典子のお父さん（佐々木光太郎、通称パピィ）は、妻亡き後男手ひとつで育てた娘を溺愛するあまりストーカー状態。典子とボーイフレンドの北野くんのデートはいつだって信じられないやり方で邪魔される、というのが基本パターン。娘への包丁で刺したり妙な電波を受信したり、飲酒に麻薬に宗教・放火その他なんでもあり。娘への愛ゆえに奇行に走る光太郎に巻き込まれ、典子以外の全キャラクターがどんどん変人になっていくのも見どころだ。

ここで少しだけ当時のギャグマンガに触れておくと、七〇年代後半から八〇年代初頭にかけては少年マンガでは鴨川つばめ『マカロニほうれん荘』[*12]や江口寿史『ストップ!! ひばりくん!』[*13]といったスタイリッシュで新しい感覚の作品が一世を風靡していた。少女マンガではパロディや下ネタも満載の土田よしこ『つる姫じゃ～っ!』[*14]が七〇年代の終わりとともに切ない最終回を迎えている。少女マンガの型を破るギャグでありながら家族の物語でもあった『つる姫じゃ～っ!』に『お父さんは心配症』との類似を見ることもできるかもしれない。

けれど、改めてデビュー作の読み切り『お父さんは心配症』を読んでみると、おそらくはそれらのギャグ作品をふまえつつも、なによりも七〇年代後半に陸奥A子・田渕由美子らによるおとめちっく[*15]ブームの舞台となった「りぼん」のDNAが色濃く受け継がれていることにはっとする。表紙に描かれたのは喫茶店でデートする典子と北野くん。ソーダやレースのブラウス、星柄の靴下などの小物がファンシーなイラストだ。作中でも、カチューシャ、壁掛けポケットといった典子の私服や部屋に描き込まれた日常の中の「かわいい」ディテールにおとめちっくの影響を感じずにいられない。

ただしおとめちっくなムードには必ずツッコミを入れてしまうのもまた岡田あーみんなのだ。うれしはずかしなデート風景には監視する中年の父が（図1）、ファンシーな部屋の掃除機には静電気ではりついた髪の毛が、目をウルウルさせる典子の背景には「メルヘンの世界」と書かれた巻物が、しっかり描きこまれている。デビュー作に見られるこの少女マンガ的なものに対する愛と照れが、あーみんのマンガの魅力のひとつであり本質ではないだろうか。デビュー

図1　岡田あーみん『お父さんは心配症(1)』りぼんマスコットコミックス、1985年、p.3。© 岡田あーみん／集英社・りぼん

時、雑誌巻末の「先生からひとこと」欄には「今度はラブ物語も描いてみたいな。」という作者コメントを寄せているのだが、この後あーみんはたしかにラブストーリーを土台にしつつも、その甘い香りを蹴散らすようなぶっ飛んだギャグで一部読者の心をわしづかみにしていった。

連載が始まると『お父さんは心配症』からは思わず目を止めてしまうおとめちっく的描写が破竹の勢いで減り、かわりにデフォルメのきいたアクションと丁々発止のセリフ回しでギャグを畳みかけるようになっていく。あーみんの描くアクションは、運動会からハリウッド大作級のものまで一見雑なように見えて情報量が多く、何度も読み返したくなる中毒性がある。あとがきマンガ「あーみんの思い出あれこれ」では「ネームができなくてじぶんの頭をなぐりとばしたこともあった…」「ほんとに冗談じゃやすまされないくらい仕事がおそくなっちゃってよぉ[*16]」と回想しており、奇想天外なアイディアと勢いあふれる作画の背景に追いつめられた執筆状況があったことをうかがわせる。

一ページあたりの笑いのポイントが飛躍的に増えたことで新しく生まれたのは、疾走感あふれるテンポである。作者自身が後に音楽にたとえて「アレグロ」と評しているが[*17]、次のコマで何が起きるかわからない怒濤の展開は、今読んでもうっかりすると振り落とされそうなくらい

図2 岡田あーみん『お父さんは心配症（3）』りぼんマスコットコミックス、1987年、p.75。© 岡田あーみん／集英社・りぼん

スピーディだ。たとえば第二四話「ジャングルをGO！GO！GO！の巻」にはクライマックス、穴に落ちた光太郎を助けるため婚約者の安井さんが奮闘するシーンがある（図2）。わずか六コマの一ページながら、なぜかロープ代わりに大蛇を手にとるボケに始まり、抒情的な表情で突拍子もない行動にでるギャップ、アグレッシブな擬音と奇声、対比的に無言の引きのコマ、と緩急自在に笑いを呼ぶ。キャラクターの表情もそれぞれ絶妙なのだが、それらをもうほとんど描きとばすようなタッチで描いているのがさらにスピード感を生み出している。

あーみんは「ヒィ〜」「おすましやさん」「買うは一時の恥　買ったら一生の恥」など独特の諧謔的な言葉選びにもセンスが光っていた。そんな彼女自身の意向だったのかはわからないが、連載時『お父さんは心配症』のキーワードとして打ち出されていたのは「ヘンタイ」だ。第一話は「ヘンタイ父さん登場の巻」だし、アオリ文句にも「ヘンタイ」が頻発する。「ヘンタイ」の名のもとにあらゆる悪趣味な行動をとりながら猛スピードで誌面を駆け抜けていくキャラクターたちの姿は、八〇年代にさまざまな方向にむかって表現を掘り下げていった少女マンガが獲得したひとつの自由の象徴でもある。その自由さに、私たちは本当に夢中になったのだ。

　そしてどれほど不埒で自由であっても、作品の根底に流れる家族愛のテーマだけはゆるがない。恋愛にまつわる心情を細やかに描く作品の対極にあるようで、『お父さんは心配症』もまた家族愛を描いた一種のラブ物語だ。九七年に文庫版が出た際に収録されたエッセイには、「自分の作品のテーマはどれも根本的には一緒で、ストレートな愛情であり、迷惑スレスレの純粋さであるような気がいたします。」という一文がある。[*18] ヘンタイというめずらしくてヘンテコな意匠の芯にあるこの純粋さと愛の探求に、王道の血をたしかにうけた岡田あーみんという少女マンガ家の資質を感じる。

『お父さんは心配症』完結後、姫と三人の忍者たちによるコント仕立ての戦国ギャグ『こいつら100%伝説[*19]』、学園ラブコメを徹底的にパロディにしたあーみん風少女マンガ『ルナティック雑技団[*20]』の連載を経て、彼女は静かに筆をおいたままだ。

◉註

＊1　電子書籍版前後編、オフィス漫。八二年「月刊ぶ〜け」連載。女子高に通う仲良し四人組を描くコメディ。
＊2　愛蔵版全七巻、白泉社。八五年〜九〇年「月刊 LaLa」連載。アメリカを舞台に高校生・アニスと双子の俳優の心の成長を描く。
＊3　小学館文庫全一一巻＋「BANANA FISH ANOTHER STORY」。八五年〜九四年「別冊少女コミック」連載。謎の薬品「バナナフィッシュ」をめぐる闇社会とストリート・キッズたちの抗争を描くハードアクション。
＊4　マーガレットコミックス DIGITAL 全六巻、集英社。八五年〜八七年「月刊ぶ〜け」連載。文学少女・都のアイデンティティをめぐる物語。
＊5　集英社文庫コミック版全二巻。八六年〜八七年「別冊マーガレット」連載。暴走族の少年少女の刹那的な思春期を描くベストセラー。
＊6　白泉社文庫全二巻。八七年〜八八年「花とゆめ」連載。名門お嬢様学校の猫かぶり三人娘が主人公のハイセンスコメディ。
＊7　完結版創美社コミック文庫全五巻。八七年〜〇二年「WINGS」ほかで不定期連載。「やおい」と呼ばれる男同士の恋愛をめぐる物語が商業誌でも大きな支持をうける契機ともなった。
＊8　完全版全七巻、KADOKAWAメディアファクトリー。八〇年〜八四年「月刊 LaLa」連載。若き日の聖徳太子を大胆な解釈をまじえて描いた。
＊9　KCデラックス、講談社。八七年〜九〇年「Me Twin」連載。東京在住二三歳女性三人組のおしゃべりを活写するシリーズ。
＊10　集英社文庫コミック版全一六巻。八二年〜九四年「りぼん」連載。魔界人の蘭世とシャイな真壁くんの恋を描く第一部から第三部までである。
＊11　電子書籍版全十巻＋番外編、フェアベル。八五年〜八九年「りぼん」連載。キャッチフレーズは「250万乙女のバイブル」「もう、毎号クライマックス」。

＊12　少年チャンピオン・コミックス全九巻、秋田書店。七七年〜七九年「週刊少年チャンピオン」連載。スタイリッシュな画風とギャグが衝撃を与えた。
＊13　コンプリート・エディション全三巻、小学館クリエイティブ。八一年〜八三年「週刊少年ジャンプ」連載。男だけど美少女なひばりくんと耕作のあぶないラブコメ・ギャグ。
＊14　ベストセレクション、復刊ドットコム。七三年〜七九年「週刊マーガレット」連載。ハゲマス城のお姫様・つる姫の言動が笑いを呼ぶ。
＊15　七〇年代半ばから八〇年代にかけて人気を博した。ドラマチックな少女マンガとは異なり、日本の少女たちの恋や憧れ、ライフスタイルをかわいらしく描いた作品が多い。
＊16　岡田あーみん『お父さんは心配症（6）』、りぼんマスコットコミックス、集英社、一九八九年。
＊17　岡田あーみん『お父さんは心配症（4）』集英社文庫、一九九七年。
＊18　同右。
＊19　りぼんマスコットコミックス全三巻、集英社。八九年〜九二年「りぼん」連載。
＊20　新装版りぼんマスコットコミックス全三巻、集英社。九三年〜九七年「りぼん」ほかに連載。
※単行本データは二〇一五年一二月現在、電子書籍も含めできるかぎり入手可能な版を記載した。

◉参考文献

『現代漫画博物館 1945-2005』（編集委員：竹内オサム、米沢嘉博、ヤマダトモコ）、小学館、二〇〇六年。

演劇

緩く、過激に、静かに、駆け抜けた笑い。

徳永京子

『笑っていいとも！』の前身とも言える、フジテレビの昼のお笑い番組『笑ってる場合ですよ！』が一九八〇年にスタートしたのは、八〇年代の演劇を示唆する出来事だった。劇団東京乾電池（以下、乾電池）がレギュラーに抜擢され、月曜から金曜までの毎日、「日刊乾電池ニュース」という五分ほどのコーナーを受け持つことになったのだ。

七六年に結成された乾電池は、明確な物語世界を演じるのではなく、ある設定のもとで俳優が自分でせりふを考え、別の俳優がそれに即興で応じてつないでいくエチュードを当時の武器にしていた。瞬間的な笑いの連なりが、時にピタリと、時に緩く、ひとつのストーリーに回収されていくアクロバティックな展開が高い人気を集め、拠点にしていた渋谷ジァンジァンがある公園通りには、公演の度に観客の長い列が出来た。それに目を付けたフジテレビのスタッフが、新しい昼の帯番組に彼らを劇団ごと起用したのである。

いくら演劇ファンの間で人気があったとはいえ、全国的な知名度はないに等しい小劇場の一劇団が、メンバーほとんど全員を登用された（現在は劇作家、演出家、俳優として活躍する岩松了は、当時、乾電池の俳優達の稽古場でのエチュードを一本の作品にまとめる、いわば裏方的なポジションにいたが、そんな岩松もまた、放送作家と劇団をつなぐ要員として番組に参加した）のは、インパクトのある出来事だった。

座長の柄本明はすでに俳優業が多忙で出演しなかったが、劇団員の綾田俊樹、ベンガル、のちに退団する高田純次らが、時事ネタをもとにした寸劇をそれぞれの得意な笑いのトーンで展開して知名度を上げていく。時は空前のお笑いブームで、『笑ってる場合ですよ!』は『THE MANZAI』や『花王名人劇場』とも放送期間が重なるが、そこでも大活躍していたB&Bやツービートに混じりつつ、乾電池は、パワフルな芸人のものとも、また、それ以前に流通していたザ・ドリフターズやクレイジーキャッツなど音楽を経由したものとも異なる笑いの存在を、かすかな爪痕としてではあるが、そこに残したのである。

過激化する笑いは八〇年代全体のキーワードのひとつだが、演劇でももちろん、動員拡大のフックのひとつだった。七〇年代からの「脱・政治」や「スピード」「エンターテインメント性」と絡み合って演劇と積極的な関係を結んできた笑いは、つかこうへい、野田秀樹らによって、具体的な作品に昇華され、新しい観客を呼び込むことに成功していた。八〇年代に入るとそこに「市民権を獲得したサブカル的センス」「映像や音楽との接近」「スポンサーがつくことによる予算の増大」などが絡んで、拡大しつつ細分化していく。テレビの笑いは情報(言葉数)を詰め込む傾向が顕著化し、表現もラディカルさを増していったが、演劇の笑いは爆笑の裏で多様化が進んでいく。乾電池はその象徴だった。

八〇年代の演劇を笑いを軸にたどるなら、八〇年の次に重要な年は八三年だ。劇作家としてすでに高い地位を確立していた井上ひさしが、自身の戯曲だけを上演するこまつ座を立ち上げたのと、大学生だった三谷幸喜が仲間と東京サンシャインボーイズを旗揚げしたのが同じ年なのはよくできた偶然だ。日本の歴史と日本人の暮らしを丹念にたどった井上と、劇作家ではニール・サイモン、映画監督ではビリー・ワイルダーという海外作家に影響を受けた三谷の作風はまったく異なるが、練り上げられた会話から導き出される笑いという点では共通している。実は、日本人の劇作家によるウェルメイドなコメディは、それまでほとんど成功していなかった。井上と三谷は、まったく異なる登山道を登ってそこにたどり着いたが、それは演劇の笑いの起点や終着点ではなく、多様化のひとつの姿だと言うべきだろう。

そこからわずか数年で、一気に異端の笑いが流入してくる。その筆頭が、放送作家だった宮沢章夫が八五年にスタートさせたラジカル・ガジベリビンバ・システム（以下、ラジカル）だ。宮沢は、過激なラジオコント番組『スネークマンショー』の生みの親である桑原茂一と、イギリスの異色のコメディ番組『空飛ぶモンティ・パイソン』に影響を受け、このユニットを始めた。メンバーは、大学の同級生ですでにテレビで活躍していた竹中直人、テレビの仕事で知り合ったシティボーイズ、中村有志（当時は中村ゆうじ）、ビシバシステム、ふせえり、そしていとうせいこうらで、それまでの日本の演劇にはなかった、過激でありながら軽やか、シュールでありながら共感性の高い笑いを量産する。現代人の肥大化した自意識や隠された差別意識を、余韻を残さないドライな笑いにして多くの若者を惹きつけたが、ラジカルはまた、笑い以外の点でも先取的で外来種であった。集団の形態が、劇団よりも結束が緩やかなユニットの走りであったこと、コントの合間に流れる映像や音楽が、前後に演じられる話のストーリーと一切関係がなく、意味ではなく単独の格好よさを追求していたこと、公演会場が劇場ではなく、ファッションショーなどに使われていたラフォーレ原宿だったことなど、演劇の笑いの外枠を大きく揺らしたのだ。

それにすぐさま反応したのが、有頂天でインディーズバンドの雄として活躍していたケラリーノ・サンドロヴィッチ（以下、ＫＥＲＡ）だった。作・演出を担当したＫＥＲＡですら、ほとんど演劇作品をつくったことがなく、メンバーの中で演技経験があったのは田口トモロヲだけという状況にもかかわらず劇団健康（以下、健康）を立ち上げ、バンド仲間のみのすけ、犬山イヌコ（当時は犬山犬子）らとアナーキーな笑いを放出した。ＫＥＲＡの頭の中にあった先行イメージはモンティ・パイソンであり、ラジカルだったが、実際は有頂天の音楽と同様の、世の中に中指を立てて笑い飛ばす内容で、スタートからしばらくの間、健康の観客は有頂天ファンだった。そのため最初の頃の健康は演劇界の鬼っ子的ポジションだったが、演劇界がＫＥＲＡという才能を得たことは大きかった。中学時代からマニアックな上映会に通うほど筋金入りのサイレント・コメディ映画のファンであり、父親がジャズ・ミュージシャンだったことから芸人にも知己が多く、笑いへの造詣の深さは並外れていたからだ。そうした素地から来る笑いへのセンサーと、もともと持っていたストーリー・テラーとしての資質で、ＫＥＲＡはその後も多種多様なコメディをつくり出す。やがて彼は演劇界で高い評価を獲得するのだが、劇作家、演出家として成長するその過程は、笑いの種類やパーセンテージを増減しながら演劇作品を成立させていく実験でもあった。

ＫＥＲＡと同様、宮沢の影響を強く受けながら、その都会っぽさとは一線を画した、ローカリズムあふれるダークさで登場したのが、松尾スズキ率いる劇団大人計画だった。ラジカルや健康から遅れること三年、八八年に旗揚げした同劇団は、設立当初は温水洋一、間もなく阿部サダヲら個性の強い俳優を多数擁して、単なる上手さとは異なる迫力で、暗いマグマのような笑いを繰り出した。題材は、容姿や出生のコンプレックス、切りたくても切れない家族とのつながり、地方のしがらみなど。放送コードに引っかかる表現ものともしない大人計画だったが、テレビからの引きは強かった。

八〇年代は、テレビが演劇の笑いに近づいた時期でもあった。特にフジテレビはその傾向が強く、八五年から九〇年に放送された深夜バラエティ『冗談画報』と『冗談画報2』は、お笑い芸人とミュージシャンに混じって多くの劇団が出演した。前述のラジカル、健康、大人計画をはじめ、小劇場の話題の劇団が次々と紹介されたし、明るい下ネタで一世を風靡し、今も久本雅美や柴田理恵が在籍するWAHAHA本舗が広く知られるきっかけも、この番組だった。同局は九〇年代に『カノッサの屈辱』や『カルトQ』、『NIGHT HEAD』など深夜枠でヒット番組を連発することになるが、八〇年に『笑ってる場合ですよ！』で演劇とつないだ手を、この時期、一層強く結ぶ。大人計画が第一回公演を打ち、『冗談画報』が半年のインターバルを置いて『冗談画報2』にバトンタッチした八八年は、やはり深夜枠で『やっぱり猫が好き』が始まった年でもある。現在の笑いにも通じる緩さがウケたこの番組は、脚本を担当した三谷幸喜が一気に注目されるきっかけとなった。同じ年に、ダウンタウン、ウッチャンナンチャン、清水ミチコ、野沢直子が集結した『夢で逢えたら』が始まったことを考えると、八〇年代のフジテレビは、お笑いと演劇を両輪にしてバラエティ番組を軌道に乗せたと言ってもいいだろう。

だが演劇は、本拠地である劇場で音もなく進化を遂げる。爆笑やくすくす笑いやニヤニヤなどを経た末に、一部の優れた劇作家は次元の異なる笑いを求めるようになっていたのだ。乾電池でエチュードのとりまとめを担っていた岩松は、自分が本当におもしろいと思うものを書いて世に問いたいと、八六年、『お茶と説教』という戯曲を書く。翌年の『台所の灯』『恋愛御法度』と合わせて町内三部作と呼ばれた一連の作品で彼は、事件が終わったあとの時間、あるいはドラマチックな出来事の蚊帳の外にいる人々を淡々と描いた。それは、置いてけぼりをくった人が、当人の意識とは裏腹の可笑しさを醸し出すという遥かな俯瞰の視線を持つ喜劇、大人の笑いだった。

「静かな演劇」と呼ばれるようになるそれは、瞬く間に先取性のある演劇人に伝搬し、演劇の最前線にして主流になっていく。八三年から青年団を主宰して活動していた平田オリザ、そしてラジカルの宮沢も、岩松とほぼ同時に「静かな演劇」に取り組んだ。一気に多様化し、他メディアと接近するなどした演劇の笑いは、ここで一旦、成熟と静寂を迎えることになる。言い換えるなら「静かな演劇」は、内省とシニカルさの時代をいち早く先取りしたものだった。

八〇年に『笑ってる場合ですよ!』の会議室にいた岩松が、「静かな演劇」の初期の完成形である『蒲団と達磨』で劇作家の登竜門である岸田國士戯曲賞を受賞したのが八九年というのは、八〇年代の終わりとしてあまりにも見事な符丁だろう。なお、八九年は、宮沢が過激な笑いをリードしたラジカルを終了させた年でもある。「静かな演劇」はのちに平田によって理論化され、「現代口語演劇」と名付け直され、さらに多様化しながら、現在の日本の演劇の主流になっている。

都市と景観

なめらかで均質な空間が顕在化し始めた時代

若林幹夫

公園通りからひとまず離れて……

「〈ポスト戦後〉としての一九八〇年代」という副題をもつ原宏之の『バブル文化論』の表紙カバーには、おそらく早朝に撮影されたと思われる、人も車もない渋谷パルコ前の公園通りの写真が用いられている[*1]（**図1**）。

八〇年代の景観と都市の変容について語ろうとするとき、七〇年頃までに生まれた人ならばごく自然に選択肢の一つとして思い浮かぶ場所。それが渋谷パルコと公園通りである。八〇年代の都市論の〝古典〟である『都市のドラマトゥルギー』（一九八七年）で吉見俊哉が、七〇年代後半から八〇年代半ばの東京を代表する盛り場としてとりあげた場所[*2]。そして、吉見のその仕事の批判的継承を目指した『広告都市・東京』（二〇〇二年）で北田暁大が、都市空間自体が広告化して人びとを消費の快楽へと組み込んでいった八〇年代的な「広告＝都市」の典型として論じた場所[*3]。日本において高度大衆消費社会が実現し、都市空間が記号としてのモノの消費の舞台として、そしてまたそのための情報の媒体として編成されていった時代として八〇年代を捉えるなら、渋谷パルコと公園通りはまさにそんな時代と社会を代表する場所だった[*4]。『バブル文化論』表紙カバーの人気《ひとけ》のないパルコ前の公園通りの写真は、そんな時代がもはや過去として「歴史」の言説の対象であることを示そうとするかのようだ。

八〇年代の景観と都市を論じようとするとき、確かに渋谷パルコと公園通りを落とすことはできない。だが、ここではそんな「渋谷＝パルコ史観」的な八〇年代語りとは距離を置いた場所から考え始めたい。あの時代の〝パルコ化した渋谷〟から都市と社会について考え始めた私自身の思考を相対化するためにも、いったんそこから離れる必要があると思うからだ。

図1　原宏之『バブル文化論』

ウォークマンと景観経験の変容

一九七九年七月、ウォークマンの一号機がソニーから発売された。〝自分好みの音楽をどこででも聴く〟という、現代ではごく普通のスタイルがここから始まった。

ウォークマンやiPodのヘッドフォンやイヤフォンから音楽が流れ始めると、自分だけに聞こえる音楽が透明なシールドのようなものを作り出して、風景と自分との間に距離ができたような感じになる。自分の周りを覆う透明なアクリル板越しに周囲を見ている感じ。その感覚は、カーステレオを聴きながら閉じた窓越しに流れる景色を観る時に似ている。景観とは文字通り〝景色の観え方〟だが、自分好みにカスタマイズされた〝音の風景《サウンドスケープ》〟を持ち歩くことを可能にすることで、ウォークマンは八〇年代以降の景観経験を変えたのだ。[*5]

八〇年代の批評の秀作『陽水の快楽』（一九八六年）で竹田青嗣は、七〇年代後半の陽水の音楽世界の変容を論じるなかで、「都会のニューミュージックやポップがわたしたちに喚起」するのは「マス・イメージとしての都市の幻像の、エロス的な対象性」であり、「建築や空間や街路やイリュミネーションの意匠的造形であり、モードやファッションの方向性と速度であり、広告やポスターやCFのデザインやコピーが、編み上げてはときほぐしてゆく、都市の表層的幻影」なのだと述べている。[*6]細川周平は八一年の段階で、ウォークマンでよく聴かれる音楽を〝フュージョン系の音楽〟としているが、[*7]この時代に日本の若者向けの音楽は、いわゆる「フォーク・ニューミュージック」という括りから、ロックやフュージョン、AOR（アダルト・オリエンテッド・ロック）などの影響を受け、フォーク色が脱色された、都会的でポップな「ニューミュージック」になっていった。当時ウォークマンで聴かれていたのがもっぱらそうした音楽だったとすると、ウォークマンを身につけた人びとは、そんな都会の幻影を喚起するサウンドスケープと重ね合わせて周囲の景観を見始めたのだ。そこでは人びとの話し声や自動車や電車の音、街頭や駅のBGMや風の音、その他諸々のざわめきが周囲の環境から消去され、音のない、視覚だけによって受けとめられる「観られる景色」となって、耳から流れ込むサウンド越しに眺められるようになる。「右に見える競馬場　左はビール工場／この道は　まるで滑走路」と歌うユーミンの「中央フリーウェイ」（一九七六年）をカーステレオで流しながら高速道路を走るように、ウォークマンで好みのサウンドを身にまとって街を歩き、電車に乗ることができるようになる。現代のように多くの人がデジタルオーディオプレーヤーで音楽を聴くようになったのは二一世紀に入ってからだが、そんな景観経験が始まり、次第に広がっていったのが八〇年代なのだ。

速度空間と人工空間——国土改造の八〇年代

土木・景観工学・都市計画などを専門とする工学者の窪田陽一は、東京オリンピックの開催にあわせて六三年に栗東・尼崎間で開通した名神高速道路が、「国土という広大な空間を、高速度で移動するという、日本人のほとんどがまだ体験したことがない世界」[*8]を生み出したと述べている。高速道路以前にも、鉄道幹線がすでに全国を走っていた。だが、レールのつなぎ目ごとにガタンと揺れ、駅に停まっては人が乗り降りし、開けた窓越しに駅弁を買ったりホームの人と話したりすることもできた、かつての鉄道幹線のつねに雑踏のなかにあるようだった移動経験と、高速道路を走る自動車のなめらかな移動経験とは大きく異なる。同じ鉄道でも、やはり東京オリンピックにあわせて開業した東海道新幹線の移動経験は、高速道路に近い。

高速道路は六〇年代に名神高速道路・東名高速道路が出来た後、八〇年代には中央自動車道・中国自動車道・関越自動車道・東北自動車道・北陸自動車道が全通、八八年には瀬戸大橋が開通して本州と四国も高速自動車道で結ばれた（本州と九州は七三年にすでに関門橋で結ばれている）。また新幹線は七〇年代に山陽新幹線が開業し、八二年には東北・上越新幹線が開業して、東北から九州北端までを繋ぐようになった。こうして整備されていった高速道路と新幹線は国土を、なめらかに移動することが可能な空間にする。高速道路や新幹線の車内と周囲の環境とは、車体や車窓のガラスによってだけでなく、移動する速度によっても切り離されて、周囲の環境は臭いも物音もない、なめらかに連続する景観になる。「中央フリーウェイ」の歌うような経験が、国土的な規模で多くの人に可能なものになったのだ。

こうした動きと並行する、国土をめぐる他の動向も見ておこう。

八一年には六甲山地の土で埋め立てた神戸の人工島・ポートアイランドの第一期が竣工し、神戸ポートアイランド博覧会が開催された（**図2**）。八〇年代を通じて続く地方博ブームの幕開けである。同じ年、千葉県では廃業した船橋ヘルスセンターの跡地に、自動車での来場を重視した最初の巨大ショッピングセンターとして、ららぽーと船橋ショッピングセンターが開業している。八二年には現在の東京臨海副都心開発につながる東京テレポート構想の発表。八三年に磯崎新の設計によるポストモダン建築の代表作・つくばセンタービルが竣工し（**図3**）、千葉県浦安市の埋立地に東京ディズニーランドがオープン。巨大なタワーホテルを擁した北海道の巨大リゾート施設・トマムリゾートの開業も同年である。八五年にはつくば科学万博開催。八七年には多摩ニュータウンに複合文化施設パルテノン多摩がオープンし、九三年に完成する東京のレインボーブリッジの工事が始まった。八七年には大規模リゾート開発を推進するリゾート法（＝総合保養地域整備法）も制定され、先述のトマムリゾートを含む北海道富良野・大雪リゾート地域整備構想などが対象として指定される。この法律は、九〇年代前半のリゾートブームを制度的に支え、後に各地に負の遺産をもたらすことになる。八九年には千葉市の埋立地に巨

図2　神戸ポートアイランド博覧会：三宮〜ポートアイランド間を走る新しい交通システムのポートライナー（1981年3月、写真提供：毎日新聞社）

図3　筑波研究学園都市のシンボル、つくばセンタービル（1984年、写真提供：朝日新聞社）

大な見本市施設である幕張メッセがオープン。同じ年に横浜では横浜ベイブリッジが完成し（図4）、みなとみらい21地区で横浜博覧会が開かれており、多摩ニュータウンではポストモダン風の団地であるベルコリーヌ南大沢の分譲が始まった。これらの事業や施設の多くにつけられたカタカナやひらがなの名前が象徴するように、国家や自治体や民間企業によって進められたこれらの大規模土木・建築事業は、それらが行われ、建設された土地と地域の風土・歴史・文化とはほとんど無縁の「建築や空間や街路やイリュミネーションの意匠的造形」（竹田）からなる場所を、日本の各地に生み出していった。

大規模な土木・建築事業だけではない。八〇年代半ばには清里や軽井沢のような別荘地で、童話の絵本や少女向けのイラストのなかの可愛い住居のようなデザインとパステルカラーの外壁のペンションやレストランやファンシーショップが増加。八〇年代の後半には大都市郊外で、そうしたペンションのようなデザインと色彩の、「ショートケーキハウス」と呼ばれる戸建て住宅が数多く建ち並ぶようになった。ドラマ『金曜日の妻たちへ』シリーズが東京西郊の住宅地を「おしゃれで都会的」なイメージとともに映像化したのは、八三～八五年だった。

図4　横浜ベイブリッジ開通（1989年9月27日、写真提供：共同通信社）

なめらかに移動することが可能になった国土の各地で、山や丘陵が崩され、浜辺と沿岸が埋め立てられ、重機で均され、コンクリートやアスファルトやタイルや金属板で覆われていった。それらの事業は、土地それぞれの自然と歴史と文化を物理的にも社会的にも剝ぎ取って、「都市の表層的幻影」（同）を喚起する物質的かつ記号的な現実でその上を覆うことで、人びとの景観経験をそれ以前の経験とは断絶させ、高速道路や新幹線とは別の形でなめらかで均質なものにしていったのである。それらが〝なめらか〟なのは、造成された土地の平滑さや区画の幾何学性と、そうした土地に作られる建築物や構造物の幾何学的だったりファンシー調だったりするデザイン、それらの表面の平滑なあり方が、自然環境の起伏や、歴史的・伝統的な建築物や構造物の土や木材や石材の肌理とは異なる、〝なめらか〟で〝ツルリ〟とした印象を、視覚的にも触覚的にも与えるからだ。そしてそれらが〝均質〟なのは、それらの事業を支える標準化され、産業化された土木や建築の技術とデザインが、似たような様相をもち、同じような印象を与える景観を日本各地に生み出していったからである。

記号とイメージの公共事業

八〇年代になめらかで均質な景観を各地に生み出していった高速交通体系の整備と国土の改造は、日本列島改造計画に代表される高度経済成長期以来の開発・成長路線の継続である。こうした動きはバブル崩壊による停滞や民主党政権による大規模公共事業の見直しなどがあったとは言え、二一世紀の現在まで止まることなく進んできた。他方、ウォークマンが可能にした、パーソナルにカスタマイズされたサウンドスケープ越しに周囲の環境を眺める景観経験は、九〇年代以降のデジタル情報テクノロジーの革新と普及によってごく普通のものになっていった。高速交通と国土改造がマクロな社会的な広がりにおいてなめらかで均質な景観体験を生み出したとすれば、ウォークマン以後のデジタルオーディオはミクロな個人的な経験における環境とのインターフェイスを、透明でなめらかなバリアで覆っていったのである。

八〇年代は、地域や場所それぞれの風土や歴史や文化が消去され、そこに現に存在している自然や人びとに由来する物音もノイズとして削除されて、都会的で心地よいサウンドスケープと共に、なめらかで均質な景観経験が日本列島の各地で現実となっていった時代なのだ。八一年に大学に入学した私の世代にとって、大学に入ったら運転免許を取り、自分の車を買ってドライブをするというのが、出来たらそうありたい学生のライフスタイルだった。その背景には、なめらかに移動しながら国土や都市の景観を楽しむ高速道路網の整備と、山中湖や軽井沢、清里などに代表される若者向けの観光地のペンションや商業施設の増加があり、そうしたレジャーのBGM向きの音楽の隆盛があった。テニスやスキーが若者の間で流行ったのもこの時代。

「サーフ天国、スキー天国」の入ったユーミンのアルバム『SURF & SNOW』が出たのが八〇年で、その曲が苗場プリンスホテルのタイアップとして使われたのが八六年と八七年である。八〇年代の若者文化は、ここまで見てきた国土と景観の改造の上にしっかり乗っていたわけだ。

八〇年代の渋谷パルコと公園通りについても、こうした歴史のなかで考える必要がある。アルファベットやカタカナを用いた名前を商業施設や周囲の通りに書き込み、西欧風の街灯やアメリカ風のウォールペイントを配して生み出された消費の舞台と広告＝都市が、渋谷という場所に固有の風土や歴史や文化を活かしたものではなかったのはもちろんだ。七五年のパルコのポスターに「裸を見るな。裸になれ。」というのがあったけれど、消費の舞台も広告＝都市も、人や街をいったん何もまとわない〝裸〟に還元して、様々な記号やイメージを恣意的にまとわせるところに成立する。そこには大規模な土木事業はなくても、都市空間や人びとの意味と感覚を均して恣意的に記号とイメージをまとわせていく、記号論的で意味論的な作業が存在する。八〇年代の渋谷とパルコが典型的に示していたのは、そんな〝記号とイメージの公共事業〟と、それによる人びとの感性と欲望の開発と動員だった。ここでそれを「公共事業」と呼ぶのは、それが都市空間という公共的《パブリック》な空間を舞台として、人びとの意識と感覚をとらえていくものであったからである。

すでに述べたように、八三年には東京ディズニーランドがオープンした。東京ディズニーランドは、八〇年代の渋谷パルコと公園通りの都市戦略と同型の論理をさらに推し進めた、〝より完成されたパルコ的空間〟として語られることが多い。*9 だが、二一世紀の現在から振り返るとき、渋谷パルコ・公園通りと東京ディズニーランドは、同時代に様々な場所で進められてきたなめらかで均質な空間の造成と、そのようにして作られた空間を対象とする記号とイメージの公共事業が生み出したもののなかの、ふたつの典型的な成功事例と見なすことができる。東京ディズニーランドが立地する千葉県浦安市の「舞浜」という地名は、ディズニーランドの経営会社でこの地域の埋め立て事業者でもあったオリエンタルランドの提案で、本家のディズニーワールドのあるマイアミビーチにちなんで一九七五年につけられたのだという。それは、一九七三年のパルコ開店をきっかけにした渋谷・公園通りの命名とほぼ同時代的な出来事である。

　これらとやはり並行する同時代的出来事として、七〇年代後半から八〇年代にかけての沖縄のリゾート開発と、航空会社による観光キャンペーンをあげることができる。七五年の沖縄海洋博は、米軍基地が沖縄本島の一八％を占め、経済や教育などで本土との格差が大きい現実に対して「もう一つの〈沖縄〉、パラレルワールドとしての〈青い海〉〈観光リゾート〉の〈沖縄〉を、幻想領域において構築すること」[*10]を課題としていた。海洋博開催に向けてなされたソテツの植えられた中央分離帯など南国風に演出された国道整備や観光ホテルの建設に続いて、海洋博後の七〇年代後半から八〇年代には、万座ビーチホテル開業（一九八三年）に代表されるハワイのような南国[*11]をイメージした大型リゾートホテルの建設や、青空と白い砂浜とビキニの女性のポスターによる観光キャンペーンが展開されて、土木・建築的にも記号論・意味論的にも、「もう一つの〈沖縄〉」は現実の景観になっていったのである。

なめらかな現実／なめらかでない現実

　八〇年代の沖縄観光キャンペーンのポスターのモデルたちの伸びやかな手足となめらかな肌は、なめらかで均質な景観の造成によって現実化されていった、資本や国家と観光消費者たちの「イメージの沖縄」を擬人化したかのようだ。だが、米軍基地の存在や本土との様々な格差という、なめらかでも均質でもない現実がそこには存在していたし、今もなお存在している。沖縄に限ったことではない。なめらかで均質な景観経験を生み出し、そこに記号とイメージの公共事業を展開してきた日本社会は、八〇年代には「一億総中流」という想像上の自己像をも生み出したが、バブル経済の崩壊とその後の長期不況、阪神淡路大震災や東日本大震災と原発事故などの九〇年代以降の出来事は、そんな自己像の下にあったなめらかでも均質でもない現実を可視化していった。

そんな現実の一方で、都市再開発やニュータウン開発が各地に生み出した風景や、耳にイヤフォンを差し込みスマートフォンのディスプレイに視線を注ぐ人びとの姿は、私たちの都市も景観も、そしてそれらを見る私たちの感性も、八〇年代よりもはるかになめらかで均質になっていることを示している。八〇年代は、そんな私たちの現在が顕在化し始めた時代だったのである。

◉註

＊1　原宏之『バブル文化論――〈ポスト戦後〉としての一九八〇年代』慶應義塾大学出版会、二〇〇六年。

＊2　吉見俊哉『都市のドラマトゥルギー――東京・盛り場の社会史』弘文堂、一九八七年→河出文庫、二〇〇八年、Ⅳ章。

＊3　北田暁大『広告都市・東京――その誕生と死』廣済堂出版、二〇〇二年→ちくま学芸文庫、二〇一一年、第二章。一九七一年生まれの北田は、「〈八〇年代〉の渋谷と〈ポスト八〇年代〉のシブヤ〔＝109やQFRONTに代表される渋谷：引用者注〕の「あいだ」で、決定的に渋谷という都市を取り逃がし

てしまっていたという世代論的事実」（同書「あとがき」、ちくま学芸文庫版、二二五―二二六頁）を、この本を書くに到った動機のひとつとして語っている。

＊4　パルコのそうした都市戦略は、パルコの代表取締役だった増田通二が監修し、パルコ発行のマーケティング雑誌・月刊アクロスの編集室が編著者となった『パルコの宣伝戦略』ＰＡＲＣＯ出版、一九八四年によって、つまりパルコ自身によってすでに当時語られていた。

＊5　一九八一年の時点ですでに細川周平が、ウォークマンによる都市経験の変容を論じている（細川周平『ウォークマンの修辞学』朝日出版社、一九八一年）。八〇年代が現在への転換点だったとすると、記号論と消費社会論を用いてウォークマンという社会現象を分析した、このきわめて八〇年代的な本から私たちが学ぶべきことは依然として少なくない。

＊6　竹田青嗣『陽水の快楽』河出書房新社、一九八六年、一七一頁。もとになった評論「陽水の快楽」「陽水の眩暈」は『文藝』一九八五年六月号、一二月号に掲載された。

＊7　細川、前掲書、一六一頁。また同書の別の場所では「フュージョン、ニュー・ミュージック、あるいはアダルトオリエンテッド・ロック（ＡＯＲ）などと商業戦略上、様々に呼ばれているほぼ同一の音楽」（同書、一二六頁）と述べている。

＊8　窪田陽一『昭和の刻印――変容する景観の記憶』柏書房、二〇一五年、一三三頁。

＊9　吉見俊哉「シミュラークルの楽園――都市としてのディズニーランド」多木浩二・内田隆三責任編集『零《ゼロ》の修辞学――歴史の現在』リブロポート、一九九二年所収や、前掲の北田『広告都市・東京』、若林幹夫「余白化する都市空間――お台場、あるいは「力なさ」の勝利」吉見俊哉・若林幹夫編著『東京スタディーズ』紀伊國屋書店、二〇〇五年所収、さらに若林幹夫「多様性・均質性・巨大性・透過性――ショッピングセンターという場所と、それが生み出す空間」若林幹夫編著『モール化する都市と社会――巨大商業施設論』ＮＴＴ出版、二〇一三年、第4章などを参照。

＊10　多田治『沖縄イメージの誕生――青い海のカルチュラル・スタディーズ』東洋経済新報社、二〇〇四年、七一頁。

＊11　ハワイの南国イメージ自体、ハリウッド映画のイメージの現実化として作られたことを、ここで指摘しておくべきだろう。

広告と消費

誰もが広告を語る社会

天野祐吉と初期『広告批評』の居場所

加島　卓

「広告の時代」としての八〇年代

広告で社会を語り、またその社会を語るために別の広告を持ち出す。こうしたやり方を好む人は、今でも西武百貨店の広告コピー「不思議、大好き。」（一九八一年）や「おいしい生活。」（一九八二〜八三年）を楽しそうに語る。[*1] このように広告を用いて社会を語れると思えた点に八〇年代の特徴はあり、[*2] 人びとはそれを「広告の時代」と呼ぶ。

振り返ってみると、八〇年代という時代そのものが、文字どおり「広告の時代」だったといえるだろう。「広告の時代」というのは、あらゆるメディアと表現の形式による広告のコトバが、日常のコトバとしてわたしたちの感性や思考の中に確実に入り込んだ時代だからだ。広告が捉え出し、解釈し、あるいはつむぎだし、愛でるコトバを通して、肯定的であれ否定的であれ、私たちをとりまく時代の相貌を見たり感じ取ったりすることが、あたりまえのことになってしまったということである。またこそだから広告を、文芸や音楽や映画などと同じように、批評の対象にしうるようになったともいえるだろう。八〇年代以前の広告の批評といえば、いわゆる業界の批評でしかなく、広告効果や出来の良し悪しが中心であり、しかもきわめて閉じられたメディアの中でしか語られなかった。[*3]

もちろん、八〇年代以前から広告はあった。しかし広告が人びとの「日常」と結びつき、広告を通して「時代の相貌」を把握するのが「あたりまえのこと」になったのが「八〇年代」というわけである。だからこそ、「業界の批評」とは別に広告が「批評の対象」となり、「文芸や音楽や映画などと同じように」誰もが広告を語ることが可能になったようである。

それでは、広告が「批評の対象」になるとは具体的にはどのようなことか。そこで本稿は、広告が「批評の対象」になるということがいかにして可能になったのかを述べていきたい。というのも、これを検討することで誰もが広告を語れるという状態の条件を取り出せると考えるからである。そのために、まずは八〇年代以前の「業界の批評」を確認する。次に広告が「批評の対象」になり始めた八〇年代初頭について述べる。そして最後に「誰もが広告を語る社会」がいかなる状態であるのかについて述べる。

業界の批評と天野祐吉

さしあたり、本稿では天野祐吉（一九三三〜二〇一三）及び彼が創刊した雑誌『広告批評』（マドラ出版、一九七九〜二〇〇九、**図1**）に注目したい。というのも、天野自身が「ぼくらが『広告批評』をはじめたときには、広告に対する批評なんかはなかった」と語っており、それまでは「業界誌のなかでコピーやデザインを技術的に批評するようなケースはありました。でも、広告を時代の表現としてとらえ、業界だけじゃなく、もっと開かれた場で広告を話題にしていく、批評していく、そういうものはまったくなかった」と回想しているからである。[*4]

それでは、『広告批評』創刊以前の業界の批評とはいかなるものか。実は天野自身が一九六〇年代に業界誌『広告』（博報堂）の編集者をしていたので[*5]、まずは当時の天野における広告観と批評観に注目してみたい。

図1　『広告批評』（0号）1979年

もともと広告は、人びとの「豊かさ」欲求をつねに先取りすることを使命としている。豊かさの基準を、いつも前へ前へと押し進め、それによって人びとの欲望を開発していくところに、広告の存在理由がある。[*6]

生活者の目で商品を見つめ、生活をつねに発展的なものとしてとらえていく「生活批評」の目がなければ、「欲望創出」はしょせんイビツなものに終わってしまう。人びとの目をうばうことはできても、共感を獲得できぬままに終わってしまう。生産者や広告マンのこうした自覚のなかで、広告は「欲望創出」の顔の上に、さらに「生活批評」の顔を付け加えていくことになる。[*7]

これらに従えば、一九七〇年頃までの広告は「豊かさ」の追求と不可分の関係にあり、人びとは商品を購入することでよりよい生活を目指していたと考えられる。そのためにも、素朴な

「欲望創出」ではなく「生活批評」が必要だというのが天野の考え方であり、消費を通じて豊かになるということは欲望に身を任せているだけではならないというわけだ。

しかし、このような考え方もこの時点では「生産者や広告マン」にしか向けられていない。そして、この考え方は雑誌『暮しの手帖』（暮しの手帖社、一九四八～）とも比較され、そこからコピーライター論が展開されてもいる。

コピーライターに要請される「批評」の眼は、禁欲主義のそれではない。その点で、「暮しの手帖」の批評性とは、ちがった側面を持っている。広告はもっぱら「欲望創出」にかかわるものだけど、「暮しの手帖」はどちらかといえば「欲望制御」にかかわるものであり、両者の商品批評・生活批評の基準は、当然のことながら、ちがってくる。だが、生活を見る目のたしかさが生命であるという点において、生活を語ることばの豊かさが生命であるという点において、両者には、完全に共通するものがある。自分自身の目で商品を批評し、生活を批評すること。自分自身の目に責任をもって、想像力豊かに商品を語り、生活を語ること。コピーライターにとって、それ以上に大切なことはない。[*8]

コピーライターと「暮しの手帖」の「批評」は異なる。広告コピーは「欲望創出」に関わるが、「暮しの手帖」は「欲望制御」に関わる。しかし、「生活」を語り「豊かさ」を重視する点では共通しており、「自分自身の目で商品を批評し、生活を批評すること」が説かれる。初期天野における「批評」は、まずもって広告業界内部の人びとに求められる態度のことなのである。

なお、天野のこうした考え方には広告を大衆文化として論じた当時の知識人の影響がある。[*9]その一人である哲学者の福田定良（一九一七〜二〇〇二）によれば、「大衆は、もはや単なる「受け手」でもなければ消費者でもない。…（中略）…。生活をつくる人間としての大衆」であり、「広告の意味表現は、企業や商品の自己主張と大衆の共通感覚がぶつかりあうところにうまれる」ものである。したがって、「商品ジャーナリズムで必要なのは大衆的な商品論ではなく、大衆を生活者としてとらえる経済学的な批評精神」だと言われる。[*10]天野はこのような原稿を広告業界に届ける編集者という立場にあり、そのなかで「商品論」と「批評精神」を区別し、「欲望創出」だけでなく「生活批評」も必要だという考えを主張するようになったのである。[*11]

『広告批評』と消費者目線

一九七九年に創刊された雑誌『広告批評』は、それまでの天野の「生活批評」を一歩進めたものである。第0号に掲載された巻頭言には「広告は、大衆文化のなかのすぐれて前衛的な表現」とあり、その「広告が、大衆表現としての新しい〝言葉〟を獲得するには、何を、どうすればいいのか」と問いを立てた上で、「『広告批評』は、そのためのちいさな場です。広告のワクにとらわれず、さまざまな領域の人たちに参加してもらおうと私たちは考えています」と宣言している。[*12]初期天野が広告業界に求めていた「生活批評」に、より多くの人が関われるようにと設定したのが『広告批評』なのである。

しかし、その設定がすぐに機能したわけでもない。例えばあの「不思議、大好き。」（一九八一年、**図2**）も、初登場時には首を傾げられていた。毎月新しい広告を紹介する欄には「その

〝不思議〟を具体的に提示しないと、単なる言葉遊びに終わってしまう。かえって、いやらしいと思うな」と書かれ[13]、編集者の島森路子（一九四七＝二〇一三）は「正直な印象を言えば、これが（この言葉が）はたして面白いのか面白くないのか、どうにもはっきりしなかった」と回想している[14]。編集長の天野に及んでは、「このところ百貨店やスーパーの広告が、メーカーの広告よりずっと面白くなってきた。その面白さをひとことでいえば、広告に肉声が戻ってきたという感じなのだ。商品の作り手から売り手へ、広告の主役が変わってきた」というように[15]、西武百貨店の「不思議、大好き。」をストア広告という業界動向の一つにおいて捉えようとしていたのである。

このような業界の批評とは別の在り方を示したのが、タレント活動も行う評論家のおすぎとピーコである。ふたりは冒頭で「いいのよ、みんな好き勝手なこと言えばいいんでしょ」と宣言した上で、おすぎは「私、西武の宣伝、すごく好きなのね。「不思議、大好き。」というあのコピーがすごく好きなの。…（中略）…、それまでだれも感じなかったことを言葉で表わすというのは、すごくむずかしいことだと思うの」と語り、ピーコは「それを見たからって、西武に行ってものを買おうとは思わないのね。だけど、「不思議、大好

図2　西武百貨店「不思議、大好き。」（1981年）

き。」って言われたときに、何か違う世界に自分が連れていってもらえるというか、もうひとつステップが上に上がって別の宇宙が開けてくる、そんな感じがするじゃない。そういう向上する感覚を、コマーシャルがコピー一つで出せたってところが素晴らしいと思うわけね」と評価している。*16

重要なのは、おすぎとピーコのおしゃべりに広告業界の動向が含まれていないことである。にもかかわらず、ふたりは買い物客として広告を褒めてしまえている。このような消費者目線の批評こそ『広告批評』が目指したものであり、またそれは広告業界外部の人間によって達成されるものなのであった。

要するに、『広告批評』という設定がすぐに機能したわけではないが、広告業界の外部の人も参加しえた批評の事例としてわかりやすいのが「不思議、大好き。」なのである。興味深いのは、この広告コピーに対する評価が当初は定まっていなかったことである。天野は広告業界の新傾向として評価を与えようとしていたが、島森においては曖昧な評価しか与えられないものでもあった。しかし、『広告批評』の設定にしたがって登場したおすぎとピーコは、天野や島森よりもわかりやすい形で「不思議、大好き。」を高く評価できてしまえた。広告業界の動向に通じているかどうかとは別に、消費者であることが批評の根拠になりえたのである。

しかし、こうした消費者目線の批評はおしゃべりとしてなされるため、いつも成功したというわけではない。むしろ、「なんでこの人が広告を語るの？」というズレと冗長さに晒されながら、たまに当たる程度のものである。『広告批評』の特徴を挙げるのならば、それでもよいとした点にある。このような消費者目線の批評こそ、広告が批評の対象になっていくための重要な条件の一つなのである。

素人の肯定

そしてこの消費者目線は、「読者」の誌面参加やコマーシャル（CM）における「素人」への注目にも展開していくようになる。『広告批評』は「広告に対するさまざまな声が、健康なヤジが、もっと活発になっていい。…（中略）…。むずかしい論はプロに任せて、感じたまま、思ったままの声を、ぜひお寄せ下さい」という主旨[*17]で読者投稿欄を設けるようになったのだが、そこでは以下のような「ヤジ」が書き込まれることもあった。

素人がテレビ慣れしてくると、ゾッとするという意見がありますが、CMもまたしかりなんです。ピップエレキバンに出てくるあの会長、最初のCMでもゾッとしましたが、ぴっぷ駅、ぴっぷ神社と続けてあの顔を見せられると、もういけません。おかげで樹木希林ももうひとつ調子にのれない様子。とくに最近のはセリフをなくした分だけ演技づいてきたようで。「いい加減にしろ」とものひとつでもぶつけてやりたくなります。そこで〝CMタレント〟の会長にひと言。もう何度も見させていただいており、お顔も十分世の中に知れ渡っております。そろそろCMから退陣なさったほうがよろしいのではないかと思います。[*18]

ここではピップエレキバンの会長という「素人」がCMに登場し、会長が「CMタレント」として「演技づいてきた」ことへの違和感が表明されている（図3）。しかし、この読者投稿は、CMらしくないことがむしろCMとして機能してしまうことを明らかにしているとも言える。実際のところ、翌月には「バカがつくほどのヘタな芝居が、威厳というよりはむしろ苦笑を誘

図3　横矢勲「この道一筋にやってきました」『広告批評』（第26号）マドラ出版、1981年6月号より引用

って、ともかくテレビの中で異様に目立つ存在になった。……（中略）……、その商売っ気と芝居のヘタさが、この場合、逆に愛嬌になっているところがいい。それがピップエレキバンという商品のイメージに、たくまずして見合っている」という短評も出ている。[*19]

さらに興味深いのは、この会長自身が『広告批評』のロング・インタビューに登場し、「よその会社からCMに出てくれないかと要請がある」ことも明かした上で、以下のエピソードを語っている点である。

> 比布駅は、あれは本当に偶然です。横浜の大学の学生が北海道を旅行した際に、比布駅というところに降り立った。そのとき、あ、この駅にピップエレキバンの会長を立たせたら面白いコマーシャルができるだろうな、と考えたんでしょう。そのアイデアをすぐに学生マガジンに投書したんですね。それをまた、うちとお付き合いいただいている広告会社の人が目に止めて、なるほどこれは面白い、ということになった。ですから、ほんのたまたまの偶然から端を発し、〝ピップシリーズ〟のようなものが生まれたわけです。[*20]

ここでの「会長」はCMに出演している素人であり、「学生」は視聴者＝消費者という素人である。「広告会社の人」はこの素人同士の戯れを後発的に面白がり、実際にCMにしてしまったというわけである。[*21] このような素人の肯定こそ、後に天野が「僕らは、批評を誰のためにやっているかというと、広告制作者のためにやっているんですね。制作者が、「あっそうか」と言って次のヒントが生まれる批評ができたら、本当の批評になると思うんです」と回想する、[*22]『広告批評』の目指すところなのである。

誰もが広告を語る社会

本稿は最初に、広告が「批評の対象」になるということはいかにして可能になったのかと問いを立てた。そして初期の天野祐吉における「批評」は広告業界内部の人びとに求められていたことを確認した上で、『広告批評』においては消費者目線の批評及び素人の肯定が重視されていた点を明らかにした。誰でもどのようにでも広告を語ることができるようになるためには、広告業界の批評とは別の水準でもっともらしい語り方になっている必要があり、そのために消費者や素人によるおしゃべりという設定が与えられ、天野祐吉や『広告批評』はそれらを積極的に活用したのである。

業界の中だけで語られていた広告が「批評の対象」になるとは、このような動きのなかで生じたものである。もちろん、反発もあった。[*23]しかし天野は、「こむずかしい批評ではなく、野次馬的なイキのいい批評が、僕たちの想像力を刺激し、共感を呼んでいく」とした上で、「ただ一つだけ言えることは、受け身はいけない、ということですね。…（中略）…、広告にうるさい人間になることが、最良の策だと僕は思います」というように、[*24]消費者目線での批評を強調し続けた。

『広告批評』による広告学校（一九八三〜二〇一三）の設置は、ここまでの展開を踏まえたものである。そして読者＝消費者目線の批評を育成するために、あの広告コピーも教材の一つとして使われていくようになる。

糸井重里「「不思議、大好き。」という言葉を前に書いたけど、これはなぜこういう字にしたか。じゃあちょっと、推理してもらおうかな」。

学生「不思議という響きやイメージからややこしそうな感じの方がいい」。

糸井重里「えー、ほとんどその通りです[*25]」。

広告コピーの書き手がクイズを出し、学生が思い付いたことを答え、本当に正解なのかどうかよくわからない評価が与えられる。このようなやりとりにおいて何が学習されているのかを特定することは難しい。確かに広告について話されてはいるのだが、ここでは広告についての批評的知識が引き出されたというよりも、広告をめぐって制作者と消費者が一言交わした程度のように見える。[*26]というか、このようなおしゃべりを肯定し、当たりを待つのが天野祐吉や『広告批評』のやり方なのであろう。

ニューアカデミズムで知られた浅田彰[*27]が『広告批評』に登場するのは、この後のことである。スキゾ型（分裂型）とパラノ型（偏執型）という区別を示した上で、「広告の世界がそのままスキゾ・キッズのプレイグラウンドというわけにはいかない…（中略）…、広告の世界のひとたちは、パラノ化されたスキゾ人間という、いささか悲劇的な相貌を帯びてくる」といった診断や、「実際、糸井さんってのは典型的なスキゾ人間だと思う。いや、もうすでに分裂しちゃってるかな。まぁその辺はわかんないけど、ともかくベターッと膠着しがちな日本語の中に軽やかな差異を吹きこんでいく手つきなんて、見事にスキゾ的だと思う」といった人物評価をしたところで、[28]それが当の本人に反映されるわけでもないと気づかれているところが八〇年代の面白いところである。

編集部「浅田彰さんの言葉を借りれば、スギソ型とパラノ型の二つのタイプのあいだで、糸井さんや川崎さんは葛藤してる。そこのあたりを、具体的にいってみてほしい」。

糸井重里「自分でどうやっているのかっていうのは、割合自覚できないんだよねえ[29]」。

誰もが広告について語れるようになったわけだが、誰かが広告を語り尽くせるわけでもない。だから消費者目線の批評が出されたところで、広告コピーの書き手は「それこそ正解です！」と言い切ることもできず、また新しいコピーを書くことになる。

特に何かが言い当てられていたわけではないが、広告そのものが語られること自体は量として増えたのだろう。文芸や音楽や映画と同じように語られていたのかも微妙なのだが、とにかくみんなの記憶に残った広告はいくつかある。こうした積み重ねが、九〇年代に入って「八〇年代＝広告の時代」と見えたのであろう。「誰もが広告を語る社会」はこのように成立したのだが、こうした消費者目線の批評及び素人の肯定がその後の「市民参加型社会」といかに結びついていったのかは、今後検討されるべき課題である。

◉註

＊1 宮沢章夫『東京大学「80年代地下文化論」講義』白夜書房、二〇〇六年。

＊2　加島卓「「社会」を語る文体とセゾンの広告――「作者の死」と糸井重里の居場所」『ユリイカ』青土社、二〇一四年二月。

＊3　柏木博「デザイン」『広告批評』（一二六号）マドラ出版、一九九〇年三月。

＊4　天野祐吉『広告も変わったねぇ。』インプレスジャパン、二〇〇八年、二二頁。

＊5　明治学院大学を中退後、創元社や修道社などの出版社勤務を経て、一九六一年に博報堂へ入社。一九六八年より現代文化研究所で広告研究に専念。一九七〇年に広告・出版プロダクション「マドラ」を設立し、一九七九年から『広告批評』を刊行。

＊6　天野祐吉『効いた広告』秋田書店、一九七〇年、一三頁。

＊7　天野祐吉『効いた広告』秋田書店、一九七〇年、二〇七頁。

＊8　天野祐吉『効いた広告』秋田書店、一九七〇年、二一六～二一七頁。

＊9　「広告についてのすぐれた考察は、二つの時期に集中して現れている。第一の山は六〇年代の前半、第二の山はいま、八〇年代の前半だ。…（中略）…。六〇年代の前半には、本当にいい考察がたくさん生まれた。とくに福田定良さんや加藤秀俊さんの書かれたものにぼくはいつも啓発されたし、江藤文夫、石川弘義、山本明、藤竹暁といった人たちのものにいろいろ教えられた。大衆文化としての広告の基本観測は、ほぼその時期に出来上がったと言っていいように思う」（天野祐吉「コピーの宇宙へ」、天野祐吉（編）『コピーの宇宙』學燈社、一九八四年）。

＊10　福田定良「広告における対話の条件」『広告』博報堂、一九六四年三月号。

＊11　「コピーライターは、「欲望創出」の戦略家であると同時に。「生活批評」の目を持った批評家でもある。生活ジャーナリストであるといってもいい。欲望創出と生活批評――この二つは、一見、相容れないもののようにも見える。だが、生活批評のたしかな目のないところに、欲望創出は成り立たない。成り立つとしても、それは一時のごまかしであり、決して長続きはしないだろう」（天野祐吉『効いた広告』秋田書店、一九七〇年、二一五頁）。

＊12　「巻頭言」『広告批評』（0号）マドラ出版、一九七九年四月。

＊13　「女三人、デパート広告を語る：AD TREND」『広告批評』（第二二号）マドラ出版、一九八一年二月。
＊14　島森路子「糸井重里の冒険」『広告批評』（第四一号）マドラ出版、一九八二年九月。
＊15　「ストアの広告が面白くなってきた」『広告批評』（第二五号）マドラ出版、一九八一年五月。
＊16　「おすぎとピーコのCM悪口大会」『広告批評』（第三三号）マドラ出版、一九八二年一月。
＊17　「私の広告批評　原稿募集」『広告批評』（第一八号）マドラ出版、一九八〇年一〇月。
＊18　高見沢徹「素人のあつかましさ」『広告批評』（第二一号）マドラ出版、一九八一年一月。
＊19　「ピップエレキバンの会長さんがなぜかヒッチコックの顔に見えてきたぞ：AD TREND」『広告批評』（第二三号）マドラ出版、一九八一年三月。
＊20　横矢勲「この道一筋にやってきました」『広告批評』（第二六号）マドラ出版、一九八一年六月。
＊21　さらにこれに続いて「比布駅のコマーシャルを見たんでしょうね。今度は日本航空の人が私どもの所にやってきて、アラスカにもピップポイントという所があるという」申し出があり、実際にCM撮影がなされた。
＊22　天野祐吉『広告の言葉』電通、一九八五年、六四頁。
＊23　柏木博「広告の現在」『道具とメディアの政治学』未來社、一九八九年（初出は一九八三年）。
＊24　天野祐吉『広告の本』筑摩書房、一九八三年、三三二〜三三五頁。
＊25　「糸井重里広告問答」『広告批評』（第四八号）マドラ出版、一九八三年四月。
＊26　「シリーズ広告の中の失敗集なんてのも面白いよ。キャンペーンのシリーズものは、全部シリーズって箱の中に入れて出さなきゃならないから、無理矢理くっつけちゃってるのたくさんあります。「不思議、大好き。」にも、どれとは言いませんがありますから、見てからかってやってください」（「糸井重里広告問答」『広告批評』（第四八号）マドラ出版、一九八三年四月）。
＊27　仲正昌樹によれば、「浅田は「広告業界の人々のパフォーマンス」をメタ・レベルで解析する文章を書いているというよりは、オブジェクト・レベルまで半ばおりていって、業界の人のそれと〝やや似た〟

パフォーマンスとして、中途半端にアカデミックな文章を書いて」おり（仲正昌樹『集中講義！日本の現代思想』NHKブックス、二〇〇六年、一八六頁）、「「ニューアカデミズム」というのは、それまで〝単なる学者の余技〟としか思われていなかったようなことを、ジャーナリズムや広告業界の力を借りて、アカデミズムの一角に格上げさせる運動であった」と回想されている（仲正昌樹「「ニューアカデミズム」はどこが「新しかった」のか？」『大航海』（第六八号）新書館、二〇〇八年）。
＊28　浅田彰「差異化のパラノイア」『広告批評』（第四七号）マドラ出版、一九八三年三月。
＊29　糸井重里＋川崎徹「広告のビョーキについて」『広告批評』（第四七号）マドラ出版、一九八三年三月。

アニメ

オタクカルチャーの源流と多様な性

佐倉智美

多感な高校生時代を一九八〇年代に過ごした筆者としては、その当時に観た（おもにテレビで放映された国産の）アニメに対しても並々ならない思い入れがある。『うる星やつら』（一九八一〜八六）、『超時空要塞マクロス』（一九八二〜八三）、『魔法のプリンセスミンキーモモ』（一九八二〜八三）……。今でも当時の作品群を目にする機会があるとひとえに懐かしい。同時に、作品自体とともに、それを視聴していた当時のいろいろな記憶もありありとよみがえってくる。思えば気の合う仲間たちとアニメ雑誌を持ち寄って、作品のテーマや設定の謎について考察しあったこともある。みんなで集まってカラオケをする機会にアニメソングを熱唱したことなども、青春の一ページとしてかけがえのない思い出となっている。富野由悠季監督のロボットアニメの主人公にいたく感情移入したことは、今の言葉で語るなら中二病の至りであった（『機動戦士Zガンダム』（一九八五〜八六）の頃にはすでに大学生だったが、性別をめぐるコンプレックスを抱えた主人公カミーユには、筆者自身の性別違和を無意識に投影して見ていたかもしれない）。

しかし、今では何の違和感もなく中年の昔語りとして読むことができるこのエピソード、じつは筆者があと一〇年早く生まれていたら体験するのは不可能だったかもしれない。一九七〇年代にはアニメーション作品は「テレビまんが」であり「マンガ映画」であり、つまるところ特撮ヒーローものなどとあわせてあくまでも子ども向けのコンテンツにすぎないという考えが主流だった。そんな中で『宇宙戦艦ヤマト』（一九七四〜七五）のストーリー性の高さが評価され、中高生の間でブームになり、劇場版も公開。それを受けてアニメ雑誌『アニメージュ』が徳間書店から創刊されるのは一九七八年。ほぼ同時期の一九七七年にみのり書房から創刊された『月刊ＯＵＴ』も事実上アニメ雑誌となり、やがてその読者投稿コーナーは、今日においてはインターネット上でおこなわれているファンの交流や二次創作物のシェアの機能を大きく担うことになる。そうして、富野由悠季（当時は喜幸）監督がそれまでの地道な積み重ねの果てに満を持して投入した『機動戦士ガンダム』（一九七九〜八〇）の、やはりその丁寧な科学的設定や深い人間ドラマがティーンエイジの若者を熱狂させたことをもって、アニメーション作品の内容が決して子ども向けと一括りにできないものになっていることが周知され、中高生以上の年代が「アニメ」について語り、ファンコミュニティを形成することもまたごく普通のこととなって、一九七〇年代は終わったのである。

すなわち、頭書のような筆者の体験を可能とする土壌は八〇年代であってこそ、整っていたということになる。言い換えると、現在と同義の「アニメ」という概念が成立し、今日の私たちが知るような「アニメ」をめぐる社会環境が、最初から相応に整った状態で始まったディケイドは一九八〇年代からなのである。その意味で、一九八〇年代はまさに現在の起点であり、まさに時代の転換点だったと言える。

では、その八〇年代から連なる現在のアニメ文化は、まずもっていかなる状況にあり、どのような特徴をもつのだろうか？　詳説するにはもとより紙幅が足りないし、深夜アニメのようにある程度の高年齢層にターゲットを絞った番組と、直接的には低年齢の子ども対象とされている作品では、表現の守備範囲や求められる一定の配慮の水準も異なるので一括りにするには注意が必要だ。だが、そこを雑駁を覚悟でまとめるなら「大人社会での卓越的な規準からは周縁化された価値を描くことにおける混沌とした豊穣」ということになるのではないだろうか。夢、希望、未来、仲間、慕情、慈愛、配慮、恢復、平穏、幸福……。多くの社会人は政治や経済の論理にかかわるなかで「カネや権力」といったものにもコミットせざるをえないが、そうした場での支配的な規準とは立脚点が異なると思われるこうした価値を、臆することなくこれでもかと描くのがアニメである。それが一九八〇年代以降、大人も楽しめるコンテンツとして連綿と続いていることの意義ははかりしれない。

そして、その真骨頂はジェンダーやセクシュアリティにかかわるテーマだろう。アニメに描かれる作品世界では現実の世の中以上に「男女共同参画」は進んでいる。地球を守る政府特務機関などには女性管理職や女性科学者も多数存在する。『プリキュア』シリーズ（二〇〇四〜）に代表されるように、女の子も自分で変身してヒーローになるのが珍しくない昨今は、全般的に性別役割分業の攪乱もいちじるしい。現実のジェンダー秩序の一歩先がシミュレーションされていると言ってもいいだろう。セクシュアリティについても先進的だ。女性どうし、あるいは男性どうしでの、性的とされる要素も含めた深い親密性描写や、異性装・性転換など、トランスジェンダー要素をもつ登場人物がごく自然に登場して活躍する様子も、今どきのアニメには一般的に登場し、それぞれ「百合」「ＢＬ《ボーイズラブ》」「男の娘《おとこのこ》」といった言葉は、ジャンル名としても機能している。それらがリアルな性的少数者の実相を必ずしも正確に描いているわけではないことには注意が必要となる。だが、それでも一蹴するのは早計だ。こうした描写の数々の、現実世界との相互作用の少なくない割合はプラス方向にも働くことだろう。「カネや権力」的な価値規準を求心力に持つ社会経済システムは、男女を明確に区分し、異性愛を規範化した構造と密接に関わっていることに鑑みると、それらと距離を置き、それらの周縁に位置づけられた価値を積極的に取り扱っているアニメの世界が、ジェンダーやセクシュアリティの多様なフレキシビリティを描くことと親和的なのは必然かもしれない。先述の高校時代をはじめ、アニメ好きな仲間と過ごす時間が、性的少数者である筆者にとって居心地の良いものであったことも、そう考えれば当然の符合である。

もちろん現在のこうした状況は、一朝一夕に出来上がったのではなく、時代とともに進展してきたものだ。それゆえ、一九八〇年代の作品にあっても今見てみれば時代を感じることは禁じえない。八〇年代にアニメが子どもだけのものでなくなったことで、マーケティング上の「男の子アニメ」「女の子アニメ」という区分が相対化され、内容もまたステレオタイプな性別観から距離を置くことが試みられるようにはなった。とはいえ、当時のジェンダー観念はまだ因習的だ。いわゆる紅一点問題も七〇年代から引き継がれたままである。セクシュアリティについてもしかり。ほとんどの作品世界では、性別の男女区分に疑義は挟まれず、恋愛は異性間のみのものとして称揚されていた。

ただそれでも、百合・BL・男の娘といったジャンルの今日における興隆の萌芽が、一九八〇年代初頭にすでにあったことは刮目すべき事実だ。むろんそれ以前から『リボンの騎士』(一九六七～六八)があり、『ベルサイユのばら』(一九七九～八〇)もあった。しかしそこからさらに一歩突き抜けた内容の作品として、『パタリロ!』(一九八二～八三)と『ストップ‼ひばりくん!』(一九八三〜八四)は特筆に値する。

『パタリロ!』は、魔夜峰央による原作コミックが白泉社の「花とゆめ」にて連載されていたもので、架空の島国であるマリネラ王国の少年国王、パタリロ・ド・マリネール八世を主人公とした作品。ドタバタギャグが基本フォーマットとなっているがゆえに物語展開の舞台設定は多岐にわたり、SFやアクションもの等々の要素もふんだんで、少女マンガ誌掲載作品ながら男性の読者も珍しくなかった。そのストーリーに包含された深遠なテーマの数々も着目に値するが、特記すべきは作中にて美少年どうしの恋愛や性的関係が躊躇なく描かれていたことだろう。それらは今日のBL作品と並べても、まったく遜色がないと言ってもよい。イギリス秘密情報部のエージェントという位置づけで登場するバンコラン少佐は明示的に同性愛者であると設定され、恋人となっているマライヒは一見すると女性と見まごう美貌で描かれている(図1)。同性愛やトランスジェンダーにかかわる描写を、(幾ばくかはネタとして効果的に活かしつつも)まったくの普通のこととして描き切ったことは画期的と評価すべきだろう。

図1 マライヒ(右)の容姿。後ろがバンコラン少佐(『パタリロ! DVD-BOX 1』ハピネット・ピクチャーズより)

図2 大空ひばりの容姿(『ストップ!! ひばりくん! DVD-BOX [デジタルリマスター版]』TC エンタテインメントより)

一方『ストップ!!ひばりくん!』は、江口寿史による原作コミックが集英社「週刊少年ジャンプ」に連載されていたものである。基本的にはラブコメのジャンルに属する……はずなのだが、ヒロインである大空ひばりが、主人公が寄宿することになった大空家の「長男である」という点が、この作品の最大の特徴となっている。大空ひばりは高校にも女子生徒として通っており、ビジュアル的にはまったくのカワイイ女の子として描かれている（図2）。そのことと「じつは男である」という事実とのギャップが、この作品のおもしろさの核心に据えられているると言えるだろう。アニメでもひばり役には女性声優が起用され、いわゆる「オカマ」っぽさは完全に排除されていた。このようにひばりくんのキャラクター造形は、まったくの女性となっていて、従来の「オカマ」描写の定石を覆していたのである。

これらがともに八〇年代初頭にアニメ化されていたことは、大きな意義を持つと言えよう。恋愛関係にも匹敵する同性どうしの親密な関係性描写をともなう展開、およびいわゆる男装の麗人や男の娘などのトランスジェンダルなキャラクターが、ごくごく普通に登場する今日の状況は、その源流をたどれば、この二作品に行き着くのは間違いない。これは今日的な「アニメ」概念の成立当初から、単純には割り切れない性の多様性がアニメ作品で扱われていたということであり、まさに八〇年代に現在から見たひとつの起点があることの証左でもある。

ただ、一九八〇年代の終わりに起こった、いわゆる宮崎事件をひとつの契機として、アニメを愛好するファン層を含めた一定の範疇を「オタク」とまなざし、ネガティブなイメージで捉える風潮が巷間に勃興したのは不幸なことであった。そうした誤解にもとづく偏見は、残念ながら今なおしばしば何かの機会に立ち現われる。この「オタク」やアニメ文化全体に対するマイナス評価の世論が、正しい認識に立脚してアップデートされるとき、それがもしかしたら、ある意味で「現代」の次の新時代のはじまりなのかもしれない。

プロレス

昭和プロレスの〝リアリティ〟

平野啓一郎

山口昌男の『天皇制の文化人類学』（一九八九年）を読みながら、私は、その「芸能の民」の分析を使って、昭和のプロレス論を書けるかもしれないと思ったことがある。そうした視点でだけ、見えてくる〝リアリティ〟があるのではないかと。

昭和の終わり（平成元年）は、まさにこの本が書かれた一九八九年だから、俗に「昭和プロレス」と呼ばれるのは、八〇年代までのプロレスということになる。

例えば、「定着的な農民の集団」と「移動する芸能の集団」という二項対立を、山口は次のように整理する。

「農民達にとっては村落の境界がそのまま異郷との接点であった。この空間意識は、都と東国といった国家的次元における観念と対応する。そこに、村落共同体の想像力の基盤と、国家的な規模での想像力が交感する前提が成立する。」

インターネット時代以前の地方生活者の空間認識は、今とは比較にならないほど閉鎖的であり、自己完結的だった。それは、単なる程度の差ではなく、質的な断絶である。

プロレスには、その「内外」の感覚を、まださほど海外旅行も盛んでなかった時代の日本と外国という国際的な次元の閉鎖性に一気に飛躍させるところがある。

「村落社会においては境界の外延に拡がるのは、峠によって距てられるか水利権などで敵対的な他の世界の集団であり、原野によって囲い込まれている村落にあっては、そこにあるのは非存在であり、人間ではないもの、日常生活（「文化」）に組み込まれることのないものとしての「自然」であった。従って境界とは「内」と「外」、「文化」と「自然」が共存する、すぐれて両義的な空間であった。」

　プロレスの場合、この「境界」自体が二重化されている。

　一つは、毎週、同時刻に放送され、全国各地で共有されるテレビ中継。これは、東京という放送局の所在地、そして、何よりもレスラーたちの普段の活動拠点という「中心」を、地方という「周縁」から体験するものである。

　もう一つは地方巡業で、こちらは逆に、「移動する芸能集団」としてのレスラーたちを、まさしく「外」から、その暴力的な身体を「自然」そのもののように受け止める「周縁」の体験である。そして、その試合の中継がまた、中心たるテレビ放送へと投げ返される。

　この両義的体験を、一種演劇的に表現しているのが、プロレスの物語の基本である、日本人レスラーという「内」に対する、来日外国人レスラーという「外」という構造である。この「内」と「外」とは、テレビ中継と地方巡業という二重化された「境界」に対応するべく捻れがあり、重層性がある。

　力道山がザ・デストロイヤーやルー・テーズと戦っていた時代から次世代のジャイアント馬場（全日本プロレス）・アントニオ猪木（新日本プロレス）の時代に至るまで、日本人レスラーにとって、外国人レスラーは、なるほど、「外」からやってくる存在には違いなかった。そして、大前提として、プロレス自体の本場はアメリカであり、ヨーロッパであり、或いはメキシコ（ルチャ・リブレ）であって、だからこそ、若手は、海外に武者修行に出なければならなかった。

その意味では、日本のプロレスは、決して中心ではなく、むしろ周縁だった。

このことを如実に感じさせるのは、世界チャンピオンという概念で、NWA、AWA、WWWF（後にWWFと改称）といった当時隆盛を誇った各団体のチャンピオンは、まさしく中心的な風格をまとって来日し、周縁からの挑戦者たる日本人と戦ったのだった。

しかし、七〇年代から八〇年代にかけての世界チャンピオンたち、例えば、全日本プロレスと提携していたNWAのファンクス兄弟やハリー・レイス、リック・フレアー、或いは新日本プロレスと提携していたWWWF（WWF）のボブ・バックランドやAWAのニック・ボックウィンクルといった選手たちは、確かにファンクス兄弟のように、熱狂的なファンがいた選手もいたが、総じて、タイガー・ジェット・シンやアブドーラ・ザ・ブッチャー、アンドレ・ザ・ジャイアントやスタン・ハンセン、ブルーザー・ブロディといった周縁的な異形のレスラーたちの強烈さに比べれば、遥かに印象が薄かった。NWAという団体の権威は、ほとんど神格化されていたが、砂場でプロレスごっこをする小学生の中で、進んでハリー・レイス役をやりたがるような子供はいなかったし、今でも昔話に花を咲かせる昭和プロレス・ファンが懐かしがるのは、シンやアンドレの方だろう。

この周縁的存在としての外国人レスラーたちは、過剰に他者的であり、同じ人間とは思えない何者かとしてテレビの視聴者を脅かす一方で、日常生活の抑圧に苦しむファンにとっては、その内なる「自然」を、彼らに代わって爆発的に表現する奇妙な鏡でもあった。それらのレスラーが体現する「狂気」や「暴力」といった周縁性は、七〇年代以降、知の世界で散々議論されたテーマとまったく同期的だった。

この両義性のバランスを維持したのは、一つには興業数の多さであり、また一興業あたりの多様性に富む試合数の多さだった。そのために、ファンのカタルシスは複数化され、循環する非常に込み入ったものとなったのだった。

このメディア越しの体験と会場で目の当たりにする体験との二重性は、例えば、ロックのような音楽体験と共通していて、むしろ、ボクシングのような格闘技とは、似て非なるものである。というのも、外国人レスラーを引き連れた全国津々浦々の地方巡業が可能であるのは、プロレスが〝真剣勝負《セメント》〟ではないからである。これが、プロレスにとっていかに本質的かは、後の第一次UWFで、「ガチっぽさ」を巡って、試合数を制限しようとする佐山聡と、それに経営的に無理だと反対する前田日明とが先鋭的に対立したことからも見て取れる（佐山は後に、むしろ客が入らないからこそ、経費のかさむ地方巡業は止めるべきだったという説明の仕方もしているが）。

山口は、「芸能民は、祝福と共に潜在的には災厄の動機であるとも考えられ」、「彼らに対する村落民の態度は、畏怖と蔑視、敬意と敵意の入り混ったものであった。」とする。

この感覚もまた、昭和プロレスに対する社会的な認知と深く通じている。

誰もがプロレスラーの非日常的な肉体に感嘆する。しかし、彼らは同時に、蔑まれてもいる。なぜか？　彼らが、本質的に演劇集団の特性を帯びているが故に、純然たるスポーツ選手ではなく、言わばフェイクと見做されていたからである。そして、これもまた、ポストモダニズムの時代に、やかましいほど議論された問題だった。

この不名誉な〝疵〟は、ファンにとっては、必ずしも否定的な要素ではなかった。むしろだからこそ、その〝疵〟を塞ぐべく、ファンは積極的に、プロレス擁護を買って出たのである。「世紀の一戦」と称された猪木vsアリ戦のあと、当時、NHKのアナウンサーだった磯村尚徳は、これを「世紀の茶番」と酷評したが、プロレス・ファンは、その「遺恨」をその後、長く抱き続けた。彼らは、アリという中心の中の中心ともいうべき存在と互角以上に戦った猪木を賞賛する一方で、そうした非難に深く傷ついた、結局のところ周縁的な存在である猪木に、一層深く感情移入したのだった。

猪木は自伝の中で、若き日のアメリカ修業時代に、第二次大戦のしこりから「反日感情」が強かったテネシーで、「悪役のジャップ」に徹し、人気を博した経験を「大変勉強になった」と述懐している。「反則おかまいなしに暴れてやると、面白いように観客がヒートアップする」、「私たちが憎まれるほどに観客は増えるのだ」、と。なぜなら、スケープゴートとして、観客の敵意や差別意識、内面的葛藤を一身に引き受けるのは、周縁的なる「移動する芸能集団」たるプロレス団体の中の、更にまた最も周縁的なヒール（悪役）だからである。

山口は、渡辺保の『女形の運命』の次のような言葉を引用している。

「演劇がいつの時代にも、そのわい雑さ、祝祭的な性格によって、社会のかくされた自己の、「じぶん自身にたいする関係をうつす鏡」の具象化であり、「じぶん自身にたいする」「不満や違和や対立の異身同体」の客観化であるとすれば、歌舞伎もまたそうであった。大集団がこれをいかに差別し、迫害しようとも、彼等は、この小集団が自分たちの権威の根源の生んだ異腹の兄弟であり、自分たちと同じさけることのできぬ同心円の内側にいることを感じたに違いない。」

「歌舞伎」を「プロレス」と置き換えて読みたい一節である。

プロレスの〝リアリティ〟が疑われる時、必ず指摘されるのは、レスラーがわざと相手の技を受ける点である。戦う相手を引き立てるというのは、結局、そのような強敵を倒す自分自身を引き立てることであり、同時に、いかにベビーフェイス（善玉）といえども、一方的にヒールを倒せるはずがないという、それはそれで、〝リアリティ〟の要請による演出である。

しかし、プロレスに贖罪的な演劇性を見ようとするならば、むしろ、受苦こそは不可欠の要素である。出血があれほど重視されるのは、それが供犠的だからである。苦痛は、決して犠牲となる敗者のみならず、勝者にも分け与えられなければならない。さもなくば、「境界」としてのプロレスの重層性は破綻し、中心と周縁という優劣は固定化されてしまうからである。

余談だが、この贖罪としてのプロレスという主題を非常に明確に描いたのが、ミッキー・ローク主演の映画『レスラー』だった。主人公は、「ラム」という名前であり、しかも長髪で、明らかにキリストを模した風貌である。そのことが最も端的に示されるのは、デスマッチで、彼の脇腹に、磔刑図の槍の聖痕と同じ大きな裂傷が生じる場面である。この映画もまた、明確に八〇年代へのオマージュだった。

「境界」としてのプロレスの空間は、そもそもが徹底して「侵犯嗜好《アグレッシヨン》」の場所である。リングは、「場外」という場所を伴っていて、場外乱闘は試合の一部である。更にその外側の客席にさえ、しばしば暴力は拡張される。反則の概念は曖昧で、そのバッファーに於いて、ヒールだけでなく、ベビーフェイスでさえも幾らかはルールを侵す。

試合結果は、最初から決まっているが、まれにはシュート（真剣勝負）に転じてしまう。攻撃は相互の協力によって成り立ち、手加減はされてはいるが、まったくダメージがないわけではない。技は受けなければならないが、時には逃げることもある。練習の過酷さという点では、純然たるスポーツに必ずしも劣るわけではないが、「勝つこと」を至上目的とするトレーニングからは逸脱した内容を含んでいる。……

プロレスは、「八百長」ではないかという疑いは、力道山の時代から常につきまとっていた。力道山自身がそもそもガチンコの世界の力士であり、また木村政彦のような不世出の柔道家もプロレスラーへと転身したが、だからこそ、プロレスは真剣勝負《セメント》だと思われる一方で、真剣勝負か否かという問いそのものが発生してしまうという皮肉もあった。

谷崎潤一郎の『瘋癲老人日記』（一九六八年）の颯子は、ボクシング好きという設定で、特に「レオ・エスピノザ」が贔屓だが、「レスリング（※プロレス）トドッチガイイカナ」（※平野注）という主人公の問いに、言下にこう答えている。

「レスリングハ多分ニショウ的デ、ムヤミニ血ダラケニナッタリスルケレド、真剣味ガ乏シイワ」

そして、「ボクシングダッテ血ガ出ルンダロウ」と反論されて、ボクシングの場合、口を切るか、バッティングくらいで「アンナニ沢山ハ出ナイワ」と、異論の余地のない解説をしている。

颯子の理知的な性格が際立つ印象的な件だが、これが既に一九六八年時点の認識である。そして、一九七六年に繰り広げられたアントニオ猪木の「異種格闘技戦」を経つつ、八〇年代のプロレスに熱狂した私達は、相変わらず、なぜロープに飛んだら相手が戻ってくるのか、なぜ技を避けないのか、……といったプロレスの真贋論争の渦中にあった。

八〇年代、プロレスは一つの黄金時代を迎えるが、その熱狂の渦中で、「プロレスとは何か?」というアイデンティティを巡る徹底した問いは、結局のところ、その豊饒な「境界」性を失わせ、長い低迷期を招くこととなった。

「王道」と称されたジャイアント馬場の保守性に対して、自己否定的に革新的だったアントニオ猪木は、まず、「プロレス界における世界最強の男を決める」というＩＷＧＰ構想によって、日本のプロレスを周縁ではなく、中心に固定化しようとする。その発想が可能となったのは、言うまでもなく、モハメド・アリとの一戦だった。

メキシコで体得したルチャ・リブレと少年時代の柔道、目白ジム仕込みのキックボクシング、更には当時新日本プロレスに留学していたイワン・ゴメスを通じて知ったバーリトゥードという、凡そ水と油の世界を、梶原一騎のマンガの〝実写化〟という離れ業の中で、これ以上なく華麗にハイブリッドさせた佐山聡のような不世出のレスラーが登場したが、それは、プロレスの演劇性と競技性という両義的性格の一つの極限でもあった。佐山を始めとして、不幸な〝大人の事情〟によって新日本プロレス本体から遊離した第一次ＵＷＦのメンバーは、その後、格闘技をプロレスから純化させる方向性で、九〇年代以降の総合格闘技ブームの下地を作ってゆく。佐山聡が、早々にプロレス界から去って修斗に専念した一方で、前田日明や高田延彦は、プロレスに留まりつつ、その〝リアリティ〟を再解釈してゆき、最終的には、本当に強い外国人と真剣勝負で戦うという原理的な思考へと突破して、高田延彦対ヒクソン・グレイシー戦（一九九七年）へと至る。

時代の変化も大きかった。日本人の多くにとって、海外は次第に、かつてのような「非存在」の「外」ではなくなってゆき、それ故に外国人レスラーたちの周縁性は魔力を失っていった。

その過程で、新日本プロレスは、内向的な世代間闘争や団体間闘争、或いはたけし軍団とのコラボレーションといった迷走まで経験し、猪木自身が参議院選に出馬するという予想外の行動もあった。それがやはり、昭和の終わり、つまり一九八九年だった。プロレスそのものの「芸能集団」としての性格を考えるならば、これもまた、脱境界的、脱周縁的な流れの一環だったとも見て取れよう。

プロレスはその後、熱狂的なブームを巻き起こした総合格闘技との交流によって、一層のアイデンティティ・クライシスを経験する。当時、PRIDEの会場には、プロレスを「卒業」したファンらが大量に押し寄せていた。

昭和プロレスの〝リアリティ〟にとっての決定打は、やはり、ミスター高橋の暴露本『流血の魔術　最強の演技――すべてのプロレスはショーである』(二〇〇一年)だった。しかし、既にインターネットは登場し、「シュート活字」のような内幕の暴露は始まっており、また、WWE(旧WWF)といった「中心」では、プロレスの演劇性は、むしろ反動的に先鋭化され、エンターテインメントとして洗練されていった。

昭和プロレスの残滓がようやく消えた昨今、プロレス人気は、再び盛り返しているようである。新日本プロレスの東京ドーム興行は、チケットの入手さえ困難なほどらしいが、そこで見出された新たな〝リアリティ〟については、別稿を待たねばなるまい。

IV

鼎談　文学・カタカナ・資本主義

高橋源一郎×斎藤美奈子×成田龍一

高橋　八〇年代に何が面白かったかなと思うと、正直言って、小説も面白かったんだけど……

斎藤　批評はもっと面白かった？

高橋　ええ。書かれた年代を調べてきたんですが、『マス・イメージ論』は連載が八二年の三月から八三年の二月。『自由と禁忌』は八三年の一月から八四年の五月まで。時期に重なりがあるんですね。ちなみに、蓮實重彦さんの『物語批判序説』が八二年と八四年に二回掲載されている。

斎藤　柄谷さんは……

高橋　『日本近代文学の起源』が八〇年です。

斎藤　これも八〇年代なんですね。

◉批評の時代としての八〇年代

高橋　江藤淳さんと吉本隆明さんの本、久しぶりに読んだけど、面白いね。こんなに付箋貼っちゃった。

斎藤　わっ、すごい。八〇年代の「文学」を三冊、と言ったときに批評を二冊挙げられたのは何か理由があるんですか。

高橋　やっぱり批評の時代だったでしょ？

斎藤　ああ、そうですね。批評の全盛期かもしれませんね。

成田　七〇年代とは異なる、批評の展開があった、ということですね。

80年文学の3冊

高橋源一郎セレクト

田中康夫
『なんとなく、クリスタル』(81年)

江藤淳
『自由と禁忌』(84年)

吉本隆明
『マス・イメージ論』(84年)

斎藤美奈子セレクト

村上龍
『コインロッカー・ベイビーズ(上・下)』
(80年)

島田雅彦
『優しいサヨクのための嬉遊曲』(83年)

吉本ばなな
『キッチン』(88年)

成田龍一セレクト

村上春樹
『世界の終りと
ハードボイルド・ワンダーランド』(85年)
[写真は文庫版初版上巻]

山田詠美
『ベッドタイムアイズ』(85年)

筒井康隆
『文学部唯野教授』(90年:連載87〜89年)

＋プラス

高橋源一郎
『さようなら、ギャングたち』(82年)

高橋　そうなんです。また、たとえば『批評とポスト・モダン』が八五年。蓮實さんの『小説から遠く離れて』が八九年。日本を代表する当時の批評家が全員、小説と文学の話にフォーカスしてるって感じ。だからけっこうみんな同じ作品を論じたりしてるんですよね。『別れる理由』（小島信夫）とか『流離譚』（安岡章太郎）とか『千年の愉楽』（中上健次）とか。

斎藤　同時代の小説を競って論じていた。

高橋　九〇年代以降はこういうことはないですね。だから、批評家たちがいっせいに文学のことを論じた最後のときなんですね。

成田　しかも、それまでずっと平野謙たちに代表される文芸時評というスタイル、つまり同時代の文学を同時代の文脈で論じるスタイルではなく、「文学とは何か」とか「日本近代文学とは何か」など、ある種の理論的なものに遡って論じている。八〇年代の批評は、原理的な問いかけの志向をもっていますね。

高橋　吉本さんと江藤さん、柄谷さんと蓮實さんも入れてみんな、同じ危惧を抱いてる感じがするんですね。

斎藤　危惧ですか？

高橋　ええ、危惧がある。要するに、未知の時代に入った、と。そして、この時代の文学について論じる言葉を持っていない、と。

斎藤　ああ、そういうことか。

高橋　全員そうです。で、柄谷さんはまず「起源」から考えるという方向にいって、蓮實さんは「構造」を考えるしかないとなる。江藤さんは、実はこれでもう文学を論じるのは最後なんですよ。吉本さんも、新しいものを論じる言葉がないからそれを模索している。『マス・イメージ論』のちょうど真ん中くらいに「喩法論」と「詩語論」という章があるんですが、そこで現代詩を論じています。詩を論じる章を真ん中に入れて、サブカルチャーと小説とで、一応三本立てなんですね。で、いちばんわかりやすいのが詩を論じてる部分。つまり詩について論じる言葉はずっとあった。その延長上で、ぼくにもすごくわかりやすい。ところが、サブカルチャーとか小説になってくると、途端にわかりにくくなる。
　詩っていうのは面白くて、もう言葉しかないじゃないですか、言ってみれば。物語もないし、人間も出てこないし。これを論じる方法を詩人は持ってたんだけど、詩を論じる側から見ると小説の論じ方っていうのは、なんかね、インチキくさいんですよね。これこれこういう物語だと言われても、「何それ?」ってなる。
　サブカルチャー的なものを論じようと思ったら、かつて文学を論じたような在り方でもだめだし、詩を論じたようなやり方でも届かない。だからこそ、吉本さんは最初にサブカルチャーを論じて、次に詩を論じて、最後に小説に行くんですよね。
　新しい時代に入って新しい表現も出てきた。小説のほうはある種の最終局面に入ってきた。今までの見方では論じることができないということで、みんな方法を考えた。しかも、八〇年から八二年にかけてほぼ同時多発的にやってるんです、この四人が。それをぼくなんかが読んでいてすごく面白かった記憶があります。そういうことってなかったんですよ。それぐらい八〇年代の表現は、それまで文学をやってきた四人の優れた批評家にとっても未知の世界に入ってきていた。

斎藤　江藤さんはまた別ですけれど、平野謙とかとは明らかに違う芸風ですもんね。突然出てきた感じですよね。

高橋　突然、変わりますよね。

成田　最初からとても明解な、しかし爆弾のような見取り図が出てきましたね（笑）。八〇年代に表現が変わってきた、と言われるのは本当にその通りで、文学は、そのことがいちばん見えやすい領域であったでしょう。同時に、思想の領域でも変化がみられ、思想の内容ももちろんですが、どのように思想を語るのかという形式の問題にどんどん入り込み、拡大していく。文学・思想におけるこうした変化――方法や形式の問題に入り込んでいく傾向を、批評家は敏感に感じとって、それをいかに読みとり説明するかが、あらたな軸となる動きがせり上がってきたということだと思うのです。

◉文学は終わった？

高橋　小説の、ある種の最終局面ということでは、小島信夫の『別れる理由』をどうやって説明したらいいのかという問題に、江藤さんも吉本さんもぶつかっています。でも言ってることがぜんぜん違う。

斎藤　「『別れる理由』と別れる理由」だもんね、江藤さんは。

高橋　そうそう（笑）。一言でいうと、これは小説じゃないっていうんだよね、江藤さんは。こういうものは文学じゃないんじゃないか、それなのに野間文芸賞とかあげて、みんないいと言っている。これは何？っていうのが、江藤さんの大きなテーマ。吉本さんはわりと好意的に見ているんですよね。つまり、世界はすごく変わって、ほとんどの小説が世界の変化に対応できていないのに、小島信夫は単独で対応しようとした結果、あのわけのわかんないものになったっていうのが吉本さんの評価。『別れる理由』は六〇年代終わりからかな、連載期間がものすごく長いですけども、あの変な作品が八〇年代文学の背景にあって……

斎藤　『別れる理由』がずーっと背景にあった、と。

高橋　背景にね、何あれ？って、みんな感じていた。

成田　蓮實、吉本、柄谷さんたちは、ここから新しい方向へグーッと進んで行きます。ところが江藤淳は、すでに『成熟と喪失』（一九六七年）で小島信夫を論じていて、この延長で『別れる理由』に言及していく。

高橋　で、困ってるわけですよね。

成田　そうなんですよね。あれは何だ、と持て余している。そもそも江藤の『成熟と喪失』は

「自然」という母なるものの壊れ方を、「アメリカ」の発見と重ねて論じましたが、そのあと『一族再会』（一九七三年）では「血族」の再発見をして、そして『海は甦える』（一九七六～一九八三年）で「国家」を希求し、『自由と禁忌』（一九八四年）で今度は「アメリカと言葉」という問題を扱う。江藤淳はどんどん行き詰っていく感があります。言い方を換えれば、「戦後」が行き詰っていくというイメージで、問題を提出している。それに対し、蓮實、吉本、柄谷さんたちは、ずいぶん違っている。吉本は、江藤と同じように小島信夫『別れる理由』に注目するのですが、どん詰りじゃなくて、むしろ新しい局面に入ったという……

高橋　「解放」だというふうに。

成田　そこを強調しているように思うのですね。

斎藤　たしかに江藤さんは『成熟と喪失』のほうがまとまりはいいですよね、圧倒的に。

成田　しかも、『成熟と喪失』ではいくつものの作品の中から共通の主題をぐっと浮かび上がらせて来る手法をとっているけれど、『自由と禁忌』のほうは最初からテーマがあって、そこにいろんなものを盛り込んでいってしまうような……

高橋　けっこう、無理やりなんですよ。

斎藤　怒ってますもんね、もう最初から。丸谷才一さんの『裏声で歌へ君が代』とかに対して。

成田　結局アメリカの占領によって「戦後」はダメになっているという認識があり、言ってみれば「連続的」に八〇年代をとらえたうえで、「戦後」の一貫的な「ダメ説」とでもいう感じを表白してしまっている。これに対し、吉本をはじめとする人たちはむしろ、この八〇年代に切断されて新しい段階に入っていくんだ、と宣言をしている。

高橋　ただ、さらにつけ加えると、そうやって新しいものを宣言した結果どうなったかというと、蓮實さんと柄谷さんは文学から離れていくんですよね。ここで徹底的に論じてどこにいくか。やっぱり文学は終わったのか……

斎藤　理論家になっていく。――まあ、蓮實さんは映画があるけど、柄谷さんはもう完璧に文学から離れましたもんね。

高橋　離れましたよね。吉本さんも特に文学を論じることはなくなった。この四人の在り方を見ていると日本の近代文学はここで一回デッドロックに乗り上げて……

斎藤　最後の一花咲かせて……

高橋　咲かせて、江藤さんはそれに殉じて、他の三人は去っていったっていうことになる。その画期となる仕事がちょうどこの八〇年から八二年に同時になされていた。

斎藤　そのあとはもうペンペン草も生えない（笑）。

高橋　少なくとも、文学というものが違うものになった。これを肯定できるか肯定できないか。ある意味、柄谷さんも肯定してないわけですよね。やっぱ違うだろうと。

成田　別の言い方をすると、文学の中でもとくに小説という表現形式は国民国家と一体になって出てきています。そのゆえに、ここで大きな転換に直面していきます。すなわち、国民国家とはなんたるものかという問いが出て来る。八〇年代の変わり目を、国民国家の変容として捉えるという視点が出はじめます。それはまさしく「近代」とは何か、という問題だし、「近代」というものをどのように捉えるのかという問いに他なりません。そうした意識から「ポストモダン」という言葉も出てくる。それが八〇年代だったのだ、と跡付け的に言えると思います。

高橋　『日本近代文学の起源』が八〇年で、『批評とポスト・モダン』が八五年ですもんね。やっぱりとても象徴的に、ここから少なくとも小説に関してはポストモダンと呼べるものになって、それはこれまでの小説の進化形とか発展形じゃなくて、違うジャンルのものになった。で、やっぱり『別れる理由』。あれ何？　ですね。

斎藤　近代文学じゃないよね。

高橋　自爆？　近代文学の自爆テロみたいな（笑）。

斎藤　自分ジャンルだからな、一人ジャンルだから。

高橋　今回挙げている作品がこっちにあって、吉行淳之介さんとか大江健三郎さんといった近代文学の流れが一方にあるとすると、小島さんはこっちじゃないですよね？　近代文学がフェードアウトしていって出てきた。

斎藤　ある種の進化の袋小路。

高橋　そうですね、進化の袋小路。

斎藤　アンモナイトとか、絶滅寸前の時期になるとすごいかたちになるんですよ。

高橋　あんな感じだよね。

斎藤　最近の研究では、あれはあれで環境に適応していたんだという話もありますが、きれいな巻きじゃなくて、もうぐじゃぐじゃになるの。

高橋　不必要なぐらい巻いてるっていいますね。

斎藤　末期的っていうか、進化しすぎというか。

◉父はどこへ行った？

成田　そういう観点から見たら、今回八〇年代を読み解くとして挙げた作品たちは、どういう特徴を持っていると考えることができるでしょうね。

高橋　小島信夫にしても吉行淳之介にしても、安岡章太郎でも、戦後文学を代表する作家ですよね。現代文学は戦後文学から離陸していった。それぞれみんな度合いは違うんですけど、ぼく自身は、いま考えると比較的離陸してないと思うんですけどね。『キッチン』なんか読んでると、もう戦後文学とはなんの関係もないって感じがします。国民国家的なものじゃなくて、世界市民っていう言い方は変なんですけどね、ちょっと違う枠組みの世界の中で生きている人たちが……

斎藤　だから世界中の女の子に読まれたわけですもんね。

高橋　そうそう。まあ、村上春樹さんもそうですけど、国民国家的なものから随分遠くに行ってしまったじゃないですか。国民国家の文学じゃないんですね、最初っからね。だから、無国籍性っていう言い方をすればすごく簡単なんですけど、資本主義制下の文学であることは間違いないけれども、作品の舞台が日本である必要はほぼないんですね――というのが、まあそれなりにみんな共通してるんじゃないですか。

斎藤　「私とは何か」ってあんまり考えてないよね。

高橋　うん、あまり考えてない。タイトルのカタカナに表されているように、国民国家といえば漢字とかひらがなだから、カタカナの分だけそこから離陸してる。これがやっぱり大きい違いなのかなっていうふうに思います。

成田　戦後文学は、たとえば大岡昇平でも野間宏でも、「国家と私」――国家と対峙する私というところから考えていました。それが小島信夫とか、安岡章太郎になると、少し緩やかになり、改めて「私」の側から国家や社会を捉え直していこうというかたちをとります。しかし、それが八〇年代のここに至って、はっきりと変わるのですね。

たとえば「家族」というモチーフは、今回の作品に共通しているのだけれども、ここでは「家族」といっても、自明のものでもなければ、ある種の規範があるものでもないですね。『キッチン』に登場してくるのは、擬制－擬製の家族でしょう。両親を早くに亡くし祖母と暮らしていたけれども、その祖母も死んでしまう。つまり、「孤児」になってしまって、ひょんなことから、よその家に転がり込んでそこで暮らし、疑似家族を営む。一緒に住んでいるのは男の子と、性転換をしたそのお父さん（というかお母さん）。ここでもまた、疑似家族となっている。

高橋　『キッチン』にはね、父親も母親もいないんですよ、この小説の中には。みんな若いから当然自分は親じゃないんで、そうすると子どもでしょ。父も母も出てこない。

斎藤　コインロッカー・ベイビーズなんだよね、みんな。

高橋　そうそう。ある日突然、みんなコインロッカー・ベイビーになってた。親がいないんですよ。だから「親」というのは近代文学の徴だと思うんです。

成田 なるほど。

高橋 小説の中に、ある日突然、父親がいなくなる、そして母と娘しか出てこなくなったっていう話を斎藤さんとしたことがありましたよね。

斎藤 高橋さん、父親どこに行ったの?って、すごい気にしてた(笑)。

高橋 実は書いてあったんだけど記憶に残らないぐらい印象がうすい。

斎藤 死んだとかいうわけじゃないんですよね。よく読めば父親のことも書かれているし、家族の中に存在している。にもかかわらず印象に残らず、なんだか影がうすい。

成田 父の不在そのものだったら、すでに、江藤淳が『成熟と喪失』の中で言っていました。『成熟と喪失』は、さらに母すなわち、大地-自然もなくなるという話でしたが、『キッチン』での問題提起はぜんぜん違いますね。

高橋 最初っからいないんですよ。

成田 そうそう。いたはずのものがいなくなるのではなくて、最初っからいない。だから、なんていうのかなあ、自然的なかたちで自明に存在する家族というものは、もはやなく、家族とは自覚的につくりだし、組み直さなければならない、ということですね。そうした、あらたな、いわば逆のベクトルが働いているのが、この人たち。

高橋 みんなそうですよね。『優しいサヨクのための嬉遊曲』もよく読んだら家を作ろうとしている話なんです。主人公がみどりちゃんという女の子を好きになって、もうサラリーマンでいいやみたいなふやけたことを言って家族を作ろうとしているでしょ。『ベッドタイムアイズ』も黒人と疑似家族みたいなのを作ってるし、『キッチン』もそうだしね。『なんとなく、クリスタル』はそもそも家族作ってないし。『コインロッカー・ベイビーズ』はそもそもコインロッカーで生まれたし。『世界の終りとハードボイルド・ワンダーランド』も離婚してますから、いきなり。全員「家なき子」で始まってる。

斎藤　孤児の文学ですね。そういうふうに考えると。八〇年代って孤児の文学多いかも、そういうふうに考えると。

成田　人と人との関係性が、ここで、がらっと変わったということでしょう。

◉『なんクリ』と江藤淳

成田　これらの作品の特徴を別のいい方で表現すると、モノとの関係に執着していると言えると思います。私はキッチンが大好きだとか、食べ物は何が好みであるか、ということに執着している。日常のなかの、些細なモノが、このうえなく重大なモノとして扱われています。村上春樹の今回の作品(『世界の終りとハードボイルド・ワンダーランド』)のなかでも、オムライスにこだわっています。

高橋　いちばん典型的なのは『なんとなく、クリスタル』ですね。曲とかファッションとかぜんぶ固有名詞ですから。というか、人間も同じ位置にあるんですね。マルクスのいう「物象化」です。それって近代文学が想定してたものじゃないですよね、こんな事態は。

斎藤　人間を描くものだったら、そこだけは間違いなく「近代」だった……

高橋　でも、人間もブランドも曲も一緒のように書いてある、注では。『なんとなく、クリスタル』はそういう意味で突き抜けているけれども、でもこれらの小説すべてに共通してますよね、そういう感覚は。

成田　資本主義のある局面を、とてもクリアに反映している。高橋さんは『なんとなく、クリスタル』の最新の文庫版解説で、この小説は『資本論』である、と書かれました。高橋さんの趣意は、「文学という形をとった「文学批判」」というところにありますが、それとともに『なんとなく、クリスタル』で描かれているのは、物象化された世界の極限ですね。モノでもって相手を理解する、モノとの関係によって生き方を判断するという現象、というかありようを描いてみせている。その意味においても、『資本論』ですね。

高橋　当時はね、そんな風に読まれなかったんですけれど。

斎藤　酷評されたわけですよね。

高橋　でも、江藤さんが褒めたっていうのはなかなかすごい。

斎藤　そう。江藤さんにとってはアメリカとの関係の問題なわけでしょ。彼は村上龍の『限りなく透明に近いブルー』は認めなかったわけですよね。アメリカナイズしたものに対する従属感があるっていうことだったわけでしょ。

高橋　だから村上龍の場合はメンタルな問題だって言われていた。でも、『なんとなく、クリスタル』はもはやメンタルな問題じゃなくて、単にモノの関係になっている。アメリカとの関係に支配も従属もなくて、単にアメリカもモノとして扱ったとき、江藤さんにはタブーなしの状態でアメリカと向かい合っているというふうに見えたと思うんですよね。

成田　見方を換えると、「主体」の問題ですよね。江藤淳は国家と向き合う主体を前提として、その文脈で『なんとなく、クリスタル』を評価しました。しかし、田中康夫が描きだした「主体」は、そうした古典的な「主体」にとって代わるものでしょう。『なんとなく、クリスタル』のなかでの「主体」とは、モノとの関係の中で立ちあらわれて来る「主体」。これが、いまさらのように見えてきます。

斎藤　そんなに無機質じゃないんですもんね、いま読むとね。

成田　そうそう。

斎藤　意外とちゃんとお話があるし、意外にリアリズムなんですよね。

成田　ただここで感じるのは、やっぱりコミットしない「主体」なんですね。たとえば結婚という制度には、ぜったいコミットせず、相手を必要としながら、結婚という「強制」を回避します。あるいは、主人公の「私」は学生でありながらモデルをしており、決してひとつの集団に所属していない。絶えず自分を宙吊りにして置くようにして、作りあげられる「主体」。そういう関係の作り方、位置取りの仕方となっています。

『なんとなく、クリスタル』に、江藤淳がアメリカに向き合う「主体」を読み込むのは、ちょっと過剰なところがあるでしょう。『なんとなく、クリスタル』では、むしろ「決定しない主体」というものが打ち出されていると思います。そのように考えていくと、村上春樹の小説の登場人物たちもまた、決定はしていません。

高橋　『なんとなく、クリスタル』について、もう一つ言っておきたいのは、最後……

成田　出生率の注ですね。末尾に唐突に、人口問題審議会の「出生力動向に関する特別委員会報告」が付され、「合計特殊出生率」の減少が指摘され、さらに「六五歳以上の老年人口比率」の増加の認識を読者に促しています。

高橋　これは江藤さんは書いてなかったんだけど、ぼくが江藤さんから感じたのは「これは国家の話だ」ってことです。実は、これ、日本という国には未来がないっていう話なんですね。

斎藤　それをちゃんと見てた。すごいね、やっぱりね、江藤さんて。

高橋　すごいです。ここに挙がっている小説はどれもある意味、国なんかと関係がない。でも、いちばんふわふわしてそうな小説の中に唯一国の行く末について憂いている項目があった。

斎藤　そして、ちゃんと作家が政治家になっていったわけです。

高橋　すごいな、江藤さんの予言がある意味では当たったわけです（笑）。憂国の士だもん、田中さん。ただ、それは文学としてどうかってこととは別問題ですよね。結局彼は文学の冒険から政治の冒険のほうに行った。そういう意味ではある意味古典的な道を歩んだ。

成田　それから時を経て、あらたに現在の田中康夫が『33年後のなんとなく、クリスタル』（二〇一四年）を書きました。いわゆる「いまクリ」です。同じ主人公が登場してきて、また同じような私的なことを入れ込みながら、その後を書きます。どのように評価をするか、興味深いところですが、この主人公たちは、まったく懲りていないように見えますね。田中さんの中では、連続しているのでしょうかしら。

高橋　ぼくは小説としては好きですけれど、いわゆる「もとクリ」が持っていたようなある種の禍々しさはないですね。成熟ということになると思いますが、やっぱり時が経ったなあって思います。

斎藤　みんな社会派になってるんだよね、主人公も含めて。ボランティアしたりとか。

高橋　そうそう。

成田　懲りていないと同時に、社会の表層の変化にも同調してないですね。

高橋　「いまクリ」のほうも注がついてるんですよ。「もとクリ」は資本主義的な注なんですけど、「いまクリ」のほうはちょっとポリティカルな注になっています。つまり、同じではないんですね。もはや資本主義の表層と戯れるという意思はあまりなくて、もうちょっと……

斎藤　高橋さんは「もとクリ」の文庫解説で、これは『資本論』だと書いていらした。じゃあ「いまクリ」は？　と聞いたら『帝国主義論』だっておっしゃいましたよね。

高橋　そうそう。資本論からだんだん帝国主義論になっちゃって。あとは実践論（笑）。

成田　なるほど、宇野弘蔵の三段階論のように、解釈されるのですね。宇野弘蔵は、原理論－段階論－現状分析の三段階を構想し、原理論にマルクスの『資本論』を、段階論にレーニンの『帝国主義論』を該当させました。「なんクリ」が『資本論』だとすると、たしかに「いまクリ」は『帝国主義論』となります。

◉村上春樹が書いているのではないという感じ

高橋　『世界の終りとハードボイルド・ワンダーランド』は二十数年ぶりに読みました。読みながら気がついたんですけど、これって村上さんの小説の説明になってるんですね。

斎藤　ああ、なるほど。これ自体が村上春樹論だ、と。

高橋　「博士」が「私」の脳の回路にいるでしょ。で、その中に別の無意識にできた物語がある。村上さんのつくる物語ってそういう物語でしょ。

斎藤　その解説になっている。

高橋　そうなってる。すごくざっくりした言い方をすると、「博士」っていうのが資本主義社会なんですよ。だからね、村上さんが書いているんじゃないっていうことなんです、これ。

作家同士で話すと、実は、村上さんの小説がわかりにくいっていう人が多い。なんでこういうことを書くのかよくわからないっていうんですね、みんな。ぼくはこういう書き方がよくわかる気がするんで、いつも説明係になっちゃう。珍しいんですよね、作家がわかりにくいタイプの作家って。どうしてかっていうと、やっぱり、普通の作家ってね、近代人なんですよ。でも、村上さんはいわゆる近代人じゃない。つくり方が『世界の終りとハードボイルド・ワンダーランド』のつくり方なの。

つまり近代人っていうのは、乱暴にいうと一人称構造なんですよね。「私」が主体的に物語を書く。けれど村上さんはそうなってない。書かせてるのは「博士」なんですよ。「博士」が自分の中にある回路をつくってそれを利用して物語が生まれる。で、ぼくは関係ないよっていう小説。だからふつうの作家にはわかりにくい。ふつうに書くとこういう文章にならないんですよ。村上さんはそういう回路をほんとに自分の頭の中につくって、この小説の中でもそうだけど、つくったことすら忘れてる。そういう回路を自分でつくったのにそのことを忘れる、都合よく。だから村上さんが書いてるんじゃないんです。無意識の中にできた回路が書いてる――そういう構造なんです。

斎藤　構造としてね、なるほど。そう言われれば、デビュー作の『風の歌を聴け』だって……

高橋 同じですね。その構造自体を初めて……

斎藤 暴露したのが『世界の終りとハードボイルド・ワンダーランド』。

高橋 そう。ある意味図式的にできてて、「博士」は資本主義社会。「博士」が、きみは非常に優秀なのでシャフリングをやるようにと、いわば村上さんを見つけて、彼の無意識の中に装置を組み込んで、そこから物語が勝手にできていく——っていう構造じゃなきゃ、あの文章にならない。

斎藤 意識的にそうやろうっていうことなんですか？

高橋 あのね、いや、これがね、難しい（笑）。ぼくね、大江さんも同じだと思ってるんです、実は。

斎藤 大江さんと春樹さんは似てるよね。

高橋 ものすごく似てます。

斎藤 大江さんからややこしい理屈をこねてる部分をとると村上春樹です、ほとんど。

成田 へえ、考えたこともなかった……。

斎藤 文体もそう。

高橋 作家から見ると大江さんと村上さんって同じタイプなんです。そして、それも非常に珍しいタイプ。ぼくはこの二人しか知らないです。特殊な文章でしょ。大江さんが書いてるんじゃないんだよね、なんか。「おれ」の中の無意識みたいなのが書いてる。でも、大江さんはそうとも思ってないかもしれないですけど。

成田 村上春樹さんが資本主義に対する無意識だとすると、大江健三郎さんはなんの無意識を書いていることになるのですか？

高橋 ええとね、近代かな。

成田 近代と資本主義を、高橋さんは区別され、違うものとして考えられている……

高橋 違ってますね。つまり商品化以前の、もうちょっと違うものですよね。

斎藤 大江さんの小説には、光さんをはじめ私小説のかけらみたいなものが入っている。そのぶん、近代文学のテイストをひきずっている。

いっぽうでは『われらの時代』以来、国家と個人の関係とは何かみたいなテーマも捨てない。

高橋　大江さんはものすごく野蛮な作家だと思いますね。それを理知的に見せてるんです。

斎藤　表層の物語でいうと、大江さんの作品に出てくる男たちってほんとにいやなやつが多くて（笑）。甘えきってんじゃんって感じがすごくする。

高橋　だからそういうふうに考えると、ほとんどの作家は一重構造なんです。まさにその人が書いている、いろいろがんばってね。大江さんや村上さんは本人が書いた小説じゃないって感じがするんです。

斎藤　作家に憑依している何かが書いているみたいな。

高橋　そうそう。そういうふうに読まないと理解できない小説ですよ、二人とも。これは、できないな、ぼくには。それはどこかの段階で自分に思い込ませるっていうか、記憶喪失させるんですよ。二人とも認めないと思いますが。それは途中からじゃなくて最初からそうなってますよね、この構造は。

斎藤　春樹さんはパラレルワールドだって言われるけれども、単に二つの世界があるのではなく、その関係も入れ子だったりとか、関係性が変わっていったりするところがあるでしょ。

成田　『世界の終りとハードボイルド・ワンダーランド』の場合、村上さんは三つめを描こうとするわけでしょう。つまりバイパスを作って、対立し対照的な二つの世界を結合し、三つめの可能性を探ろうとする。二つの世界は、本来ひとつのものが分化したがゆえに対立し対比的です。「私」と「僕」はそれぞれの世界に属しパラレルであるのですが、物語は、三つめの可能性を探ろうとする方向に展開されていきます。しかし、結局のところ、その可能性は消えてしまう。

斎藤　もう一回最初から読まなきゃいけなくなるという。

高橋　つまり、本当のことがないんですよね。

成田　ただ仕掛けとしては、表層の物語が私とは何かを探求するアイデンティティの物語で、もう一つの無意識の物語は、不完全な私が他者を巻き込むことができるかというもの。この二つが一つの世界を作っているように見えながら、でも村上さんは、第三の道を探ろうとする。

高橋　構造はね、そういうふうに書いてるんですけど、読んでるときになんか違う感じがするんですよね。なんか違うっていうのは文章なんですけど、あの文章は正常な神経じゃ書けないですよ。どっか変な回路に入ってるから出てくる。それはさっき言ったように自分が書いてると思ったら書けないんですよ。自分じゃないから書けてるわけ。他の人はぜんぶ自分が書いてると思ってる。ぼくもそうだけど。でも村上さんと大江さんはね、自分じゃないです。

斎藤　演技的っていうのも違うんだよね。

高橋　違う。演技じゃないですね。

斎藤　やっぱり憑依してるんだよね、何かが。

◉筒井康隆が書いているという感じ

成田　八〇年代の大江健三郎さんは、新しい文化理論、現代思想のポストモダンの理論を学びながら、それを踏まえた小説を描く試みをしていますね。

斎藤　だから筒井康隆さんの仕事とかすごい意識されてたでしょ。

成田　そうですね。筒井さんのこの『文学部唯野教授』は、そういう新しい文学・文化の理論に依拠すること自体を相対化してしまうという面があります。

高橋　じつは『文学部唯野教授』は今回初めて読んだんですけど（笑）、面白いですね。こんなことが発表できる時代だったんだっていうのが驚きですね。今は無理ですよ、こんな難しい小説。

斎藤　ああ、そうか、難しいってことね。テリー・イーグルトンの『文学とは何か』を下敷きにしていると……

成田　当時そう言われていて、恥ずかしながら、ぼくもそのように読んでいました。しかし今回読み直してみると、『文学部唯野教授』は、イーグルトンの理論とはもちろん、『文学とは何か』の構成とも、ぜんぜん違うんですね。

斎藤　目次だけ借りましたって感じ。

成田　そうそう。だからこれはイーグルトンの著作のある意味での換骨奪胎、当時の言葉でいえば脱構築をした小説だったことに、遅まきながら気がつきました。文学批評理論のわかりやすい入門書、などという陳腐な読み方が当時はされていて。

斎藤　でしたね。でも、実際はスラップスティックだし、そんなこと言われても……

成田　はい。ぜんぜん違う作品であった、ということを、改めて読み直して感じました。

斎藤　でも、五〇万部くらいは売れたのではないか。ここにある作品ってみんなものすごく売れたんですよね。だから当時、文学は読まれていたわけです。

高橋　そうですね。『文学部唯野教授』で言っておきたいのは、これも注がいっぱいあるってことです。

斎藤　注がいちばんちゃんとしてる。

高橋　だから、『なんとなく、クリスタル』と一緒なんだけど、小説というかたちにこだわらなくてもいいやっていうか、小説というかたちそのものを壊そうっていう動き。筒井さんはもともとそういうところがありますが、ある種の知的なエンターテインメントとして振舞っている。筒井さんって表層の形式を信じてる人だと思うんですよね。少々揺すっても壊れないっていう。それがちょっとほかの若い作家とは違ってね。これけっこう注もあってね、批評的小説なんだけど、やっぱり筒井さんってほんとに近代文学の人。形式やキャラクターといったことを信じた上でそれを否定しようとしている。

斎藤　形式主義にのっとったパロディ。その形式にちゃんと合ってるようにやりたいっていうのはあるんじゃないですか。

高橋　もっとあとの世代になるとそもそも形式を信じてない。だから否定もしないでしょ。どっちでもいいよって。だから、この、ある種の強い否定性には近代文学的なマインドを感じますね。

成田　とてもよくわかります。この注は筒井さん自身が書いたのではなく、幾人かで分担して書いています――ということを、「唯野教授」が語っています（『文学部唯野教授のサブ・テキスト』一九九〇年）。ということは、それ自体が本当か嘘かわからなくなるように、さらに仕掛けがなされている。筒井さんが実践したのは、そういうメタ小説、メタメタ小説の世界なのですね。

『文学部唯野教授』のあと刊行された『文学部唯野教授のサブ・テキスト』で、唯野教授へのインタビューがなされていますが、そこで「唯野教授」は、しゃあしゃあと、筒井康隆がこんなこと書いて……みたいなことを述べています。たえず書くこと、書いたことを相対化しながら、テキストを重ねていっています。筒井さんはひとつのテキストの中だけではなく、さらにそのテキストの外でも撹乱しようとする。

斎藤　形式は保ちたいんですよ。むしろ形式だけを残したい、逆に。形式を壊していくっていうよりはその形式に殉じる。だけど中はもうひっちゃかめっちゃかにしちゃう。そういう意味の形式主義者っていう感じがしますよね。

高橋　あとの世代の作家たちはそういう形式性にはほとんどこだわってないと思うんです。どっちかっていうと目がもうサブカルチャーのほうに向いてるから。筒井さんはやっぱりメインカルチャーの人なんですよ。SF出身でしょ。SFっていうのはメインカルチャーの中のサブジャンルだったから、逆にメインへのこだわりがある感じがするんですよね。

斎藤　そうか。SFはいちばん認められていない文学だって筒井さんはよく言うけど、だけど、SFはノベルの前からある物語に入るから歴史は古いですよね。

高橋　フランケンシュタインとかね。

成田　でも筒井さんがイーグルトンを借りながら何をやりたいのかというと、結局「文学とは何か」ということの探求でしょう。筒井さんのあとの世代が形式を信じてないということは、「文学とは何か」という問いを放棄したということになるのですか。

高橋　違うと思います。たぶん、なんでそんなに形式にこだわるのか意味がわからないっていうことじゃないかと思います。つまり「文学とは何か」っていう問いの立て方自体が近代のパースペクティブの中でやってるでしょ。「人間とは何か」とか「言語とは何か」っていうのと同様に。いわば紋切り型のやり方ですよね。筒井さんをもってしてもそう見えちゃう。これらの作品の中に入ると、生真面目な人が一所懸命不真面目な顔をしようとしてる感じがしちゃうんですね。

斎藤　それはそうですね、確かに。筒井さんのこの頃の作品ってわりとそうですよね。『虚航船団』とか、ある種の律儀な形式の中でいくっていうのはありましたよね。

高橋　『モナドの領域』という最新作を読んできたけど、面白かった。ですけど、やっぱり同じだなあと思いました。今回神が出てきて対話するんだけど、神がいちいち答えてくれるわけ、いろんなことを、愚かな人間たちにね。このね、生真面目な感じ。やっぱり筒井康隆が書いてるなって思いました。

斎藤　筒井康隆感が……

高橋　もう全力を挙げて。これが筒井さんの持ってる近代文学的な真面目な資質。『文学部唯野教授』も真剣にやってるじゃないですか、マジで。ぼくにはぜったいできない（笑）。途中で嫌になっちゃうと思います。

斎藤　確かにずっとそれを踏襲し続けるんですよ、すべての章を。

高橋　最後までね。すごく情熱的に。この情熱はどこからくるんだろうって感じます。

成田　目次自体が、「印象批評」から始まり、

「新批評《ニュー・クリティシズム》」、「ロシア・フォルマリズム」と続き、「構造主義」「ポスト構造主義」へと至ります。イーグルトンばりのかたちになっていますでしょう。その批評理論の形式というか、主張に沿いながら物語を叙述し、あわせて批評理論の系譜学を講じようという意図すら感じます。ずいぶん凝った、時間をかけて丁寧に作った小説のように思いました。「唯野教授」は、なんというか分かりませんが（笑）。

斎藤　どこかに連載してたんでしたっけ。

成田　『へるめす』です。しかし、『文学部唯野教授』の小説世界も、これまた二つの世界を語っているように見えて——たとえば、文学理論と実作、唯野仁と野田耽二という研究者と実作者、大学とマスメディアというような二項を語っているように見えて、そこから第三項が浮かび上がってくるという仕組みになっていると思います。つまり、それらを対比して語っている「筒井康隆」がおのずと読者には見えてくるように、書かれています。さっきの本文と注もそのように機能していて、そこから新しい意味が浮かび上がってくるようになっている。

高橋　むしろ、凝ったものに見えるようにしてる……

斎藤　職人芸ですね。芸の細かさ。

◉「政治」の消滅

高橋　島田雅彦さんの『優しいサヨクのための嬉遊曲』はぼくも特に好きな作品なんですけれども、特筆すべきはやっぱりこの投げやりな感じ。なんだっけ、なんとか団って出てくるじゃないですか。

成田　社会主義道化団。

高橋　そう。島田さんはサヨクをカタカナにして、ある種の相対化をすることによって出てきたんですけれども、そういう意味では八〇年代は決定的な時期だったと思います。戦後がもしかしたら終わっていたのかもしれず、あるいは近代が終わっていたのかもしれず、いろんなものが相対化される時代になったんですね。『マス・イメージ論』にも出てくると思いますが、メインカルチャーとサブカルチャーの区別がなくなって、つまり価値のヒエラルキーがなくなって、何をどういう基準で考えていいのかわからない。価値がはっきりしないとそもそも否定もできないわけですね。近代文学は否定のマインドによって作られるものなんだけれど、価値をひっくり返すもなにも価値自体がわからなかったらひっくり返しようがないわけでしょ。

そうしたことがいろんなジャンルで始まったんですが、典型的なのはやっぱり文学と政治ですよね。いろんなやり方があったと思うんですが、島田さんはとりあえずカタカナにするところから始めた。ちょっと参りましたよね、「サヨク」っていう表現には。カタカナにした途端にマルクス主義や共産主義や社会主義が持っていたイメージがイメージに過ぎなかったっていうことが暴露されてしまった。

中の話もある種の左翼のパロディになってるんですが、しかも、なんて言うか、すごくつまんない話なんですよね、これ（笑）。日常的というか、深い人物もスケールの大きい人物も出てこない。ちっちゃいやつらばかりの話、ピュアなやつもいないし。これが、ほんとに身につまされる。よく等身大っていうけど、等身よりちっちゃい（笑）。矮小化ですよ、完全に。でも、政治に深く影響を与えてきた社会主義とか共産主義に退場してもらうにはそこまでするしかなかった。島田さんはそういう物語を作ったんです。郊外のサラリーマンの息子が疑似左翼運動をやるっていうのは非常によくできた設定です。

成田　そうですね。

斎藤　近代文学ってなんだろうっていったときに、いろんな系譜があるんだけど、ひとつには「知識人いかに生きるべきか」問題がずっと続いていると思うんです。それは『三四郎』あたりから始まるんだろうけれども、藤村の『桜の実の熟する時』とかもそうだし、『友情』に象徴される白樺派もそう。要するにみんな青春小説のような顔しながら実は「知識人いかに生きるべきか」ってことにすごく悩んでる。庄司薫『赤頭巾ちゃん気をつけて』（一九六九年）がその系譜の最後だと思うんですよ。主人公の薫くんは高橋さんと同じ年代なわけだけど、知識人予備軍としてどうやって生きてくかっていってももうないわけですよ、道が。薫くんは一七、八歳だけど、実はその兄貴っていう人の発想で書かれていると思うんですね。で、『なんとなく、クリスタル』や『優しいサヨクのための嬉遊曲』くらいになると、もうそういうものに引導を渡してる気がするの。

高橋　悩んでないでしょ。

斎藤　「ばーか」って言うために書かれてる。島田さんがそれを意識していたかどうかは別として、その系譜の終わったあとにダメ押しのように……

高橋　決定的に引導を渡したよね。主人公が非常に浅い男じゃない？　あともう一つ言えるのはさ、女の子に翻弄されてるよね。

斎藤　でも、それは『三四郎』の時代からそうだもん。

高橋　ああ、そうか。

斎藤　だいたい振られるんだもん。みんなその伝統は引き継いでる。

高橋　それはそうか、そっちはどうしようもないだね。

斎藤　「もしかしたら、ぼくのこと好きかも」って思うんだけど、じつは違うっていう話が多いという意味では、そっちの系譜は健在。

成田　それがことさら強調されて描かれている、という感じもありますね、『優しいサヨクのための嬉遊曲』の場合には。そうしたことをも含めて、島田さんは「優しい」という形容詞を用いるのですね。強面の左翼ではないということが、強調されます。

七〇年代を把握するキーワードとして「やさしさ」を抽出したのは、社会学者の栗原彬さんです。その栗原さんが着目した「やさしさ」を漢字に書き換え、その優しさの行きついたようなところに、島田さんは「千鳥姫彦」という人物を造形する。「千鳥」は市民生活をちゃんと営むことを前提にしながら、でも少しは社会に対して異議申し立てしなければならない、と思う人物です。別の言い方をすると、「公」を相手としてではなくて、「私」の、つまり女性との関係で、ふらりふらり自分を作っていくような、そういう主人公を「サヨク」として描く。しかも、肯定的に。

高橋 彼女のために組織を抜けるわけだよね。

斎藤 私的領域が、公的領域に優先するってことですからね。政治の側は形無しです。

高橋 どうしようもない（笑）。まあ政治的なものはこれより相当前から息の根を止められていたんだけど、いよいよもはや政治小説は書けないな、となってしまった。

斎藤 終わりにしましたよね。

成田 強い倫理観と使命感、そして前向きの進歩感といったものを、島田さんは強張りを持つ思想として、全部チャラにしてしまった。

斎藤 そのわかりやすい例ですよね。

成田 だから「転向」っていう概念もことばも、ここで完全に終焉してしまうことになります。

高橋 「転向」っていう言葉が転向しちゃうわけですよね。それはちょうど学生運動がなくなったのとパラレルでもあるわけですよ。七二年の連合赤軍事件のあと……

斎藤 七〇年代の半ばくらいにはもう学生運動は消滅していた。

高橋 三田誠広の『僕って何』が……

成田 七七年ですね。

高橋 あれがぎりぎり政治と文学の問題の未練が残ってる最後の形態。

斎藤 でも『僕って何』も、学生運動を徹底的に茶化して、相対化していますからね。自分も、セクトの女性の先輩も、政治的な中身はゼロだったっていうて……。

成田 このあと、村上龍『69 sixty nine』（一九八七年）のような作品も書かれますが……

斎藤　政治と文学っていうか、あれもそういうものに引導を渡す系ですよね。

成田　だから、この『サヨク』が転機となって、完全にそういうあらたな系列になっていく。

高橋　桐山襲とかね、そういう何か亡霊のようなものがときどき現れるんですけどね。

成田　島田さんの作品が面白いのは、「左翼」を放逐し別の場所に移すのではなく、自らの「場」において把握し、再考しようとしているところですね。「左翼」は敬遠しても、「サヨク」として再生させている。

高橋　ある意味、正しい近代文学の形態ですよね。つまり青年が決意して何かをする……

斎藤　島田さんには、漱石の『こころ』のような『彼岸先生』（一九九二年）という作品もあったじゃないですか。やっぱり立脚しているってことですよね、わかった上でそれに。

高橋　近代文学のパターンをちゃんとなぞってきてるっていうことですね。

斎藤　近代文学作家をすごい意識している作家だなあという印象が八〇年代からありましたよね。

成田　それから、「千鳥」をはじめとする『優しいサヨク』の登場人物にとどまらず、島田さん自身もまた、サラリーマンの息子であり、東京のベッドタウンで生まれ育っています。言ってみれば郊外を原形として持つ作家ですね。かってならば、代表的な知識人は地方から東京に出てくるという「上京組」で、文学もまた上京組の文学だったのですが、島田さんは郊外をとても強く意識しながら書いている。

高橋　だから役割意識はあったんじゃないですか。もう一回近代文学のパターンをなぞるけど、当然、一回目は悲劇で二回目は喜劇になってますよね、と。

成田　なるほど、確かに。

◉土着性を超えて

斎藤　近代文学と現代文学の違いは何かって、

いろいろあると思うんですけど、現代文学は土着感がないんですよね。土地の描写がまったくなくて、風景描写から入っていくのが非常に近代文学的だとすると、舞台はもうどこでもいいわっていう感じ。

高橋　江藤さんが『自由と禁忌』で『夜明け前』を長々と引用して同時代の小説の地理的空間の不在を指摘するんだけど、もう無理だよね。

成田　江藤淳は土着感がないことをマイナスに評価したけれども、逆にそこから新しい世界が見えてくるのだ、という主張をするのが、この世代の作家たちですね。

斎藤　近代文学はどこを書くかということが相当大きいことだったはずだと思うんですよ。藤村であれ太宰であれ、あるいは漱石や鷗外も。だから文学散歩とかできるわけでしょ。

成田　はい。だから、むしろ、バーチャルなものを土着のかわりにもってくるという手法になっていますね。そういう文脈で言うと、中上健次は……

斎藤　中上健次は「最後の近代文学者」っていうのは当てはまるかもしれないけど、路地という場所があり、紀州という地域性はある。でも、土着性はどうなんでしょう？　現実と幻想がないまぜになっているような……

高橋　場所はあるんですが、やっぱりそれも言葉だと思います。中上さんは言葉の中で歴史を遡っている。だから土着っていっても空間的な土着と時間的な土着みたいなのがあって、空間的なものはもう失われてしまって存在しないかもしれないけど、言語の中には残ってる、つまり日本語の中に。だから古い物語は、言葉である種の土着性を出す。江藤さんが『自由と禁忌』で『千年の愉楽』を高く評価してるんだけど、その点ですよね。彼の中には日本語があると。つまり、逆に言うと、日本語を遡らないともう土着に行きつかないっていうところまで追い込まれてるでしょ。

成田　近代小説は行き詰ったけれども、その自覚のもとで、物語というかたちでの復権を中上は実践していた、ということですね。江藤淳は、そうした中上に着目する。

高橋　でも、江藤さんは中上さんの晩年については論じられなくなっちゃうわけじゃないですか。中上さんの『異族』にしても、時間を遡ってもっと別のところに出てくる。最後の中上さんがやってたことって、サブカルチャーみたいなところにも手を出すし、あと、いろんな世界の言葉、日本語じゃなくて、フィリピンとかよくわかんない英語なんかが入ってくるような世界にまで出ていったでしょ。トレーラーに乗ってどっか遠くへ行っちゃうとかね。だから、中上さんの中でも日本語を遡っていって土着にいく道と、もう一つ水平に世界を広げていく道があった。もう日本でなくてもいい、別に日本人じゃなくてもいいって、ある意味国民国家の枠を越えて運動していく、最後のほうは。それって江藤さんが評価していたものと違うんですね。

斎藤　もう分析できなくなっちゃったってことですかね。

高橋　だからたぶん、そのことは書いてないと思うんです。中上さんがなんで続けられなくなったかっていうと、やっぱり日本語の中で日本語だけでやっていっても、どこにも行けないんじゃないかと思ったからだと思います。作家ってどこかで現在に触れてないと生きていけないじゃないですか。完全に現在を断ち切って言葉の世界だけに閉じこもるっていう道ももちろんあるんだけど、中上さんはそれは選ばなかった。もうちょっと現実の世界に出てきて、のたうちまわってる感じがしますよね、ぼくなんかから見ても。『異族』だって完成してないし。国民国家の枠を越えた世界で書くにはどうしたらいいのかって探求してるうちに亡くなっちゃったから。だから中上さんはある意味志半ばで挫折してしまった。

斎藤　若かったんですもんね。

高橋　まだ四〇代だったものね。

◉吉本隆明と詩の批評

成田　そういうふうに考えていくと、当然のことですけれど、「言葉」というところに問題が収斂していきます。社会や世界が大きく変わっていくなか、そのことをどのように切り取り、どのような言葉で表現していくのか。この点を、冒頭の高橋さんの見取り図に従えば、江藤型解釈と吉本型解釈というふたつの解釈の型があるということになりますね。高橋さん、吉本型解釈についてもう少し。

高橋　はい。『マス・イメージ論』は久しぶりに読んだんですけどね、面白かったです。自分の作品を取り上げてもらったこともあるんですが、これはやっぱりすごいなと思いました。それまで文芸評論家がやっていたのは、作家や作品について深く論じることであって、サブカルチャーと言われているもの、マンガやテレビCMについて論じたことはほとんどなかったわけです。もちろん鶴見俊輔さんなんかはやってましたけど、それらは文芸批評の対象じゃなかったんですね、ずっと。

ぼくも含めて、「いや、でもあっちのほうが面白いんじゃないか、芸術として同じレベルかもっといいんじゃないか」っていうふうにうすうす思ってたんだけど、それを表現する場がなかった。それを吉本さんは先んじてやった。それはやっぱりね、詩の批評をやってるからですね。さっきも言ったように、詩の批評というのは対象が言葉しかない。しかも、面白いのは、ぼくもずっとやってたからわかるんですけど、詩ってほとんど意味がわかんないものとかあるんですよ。

斎藤　詩の批評ってどうやって書いていいかわかんないですが。

高橋　小説だと何かしらとっかかりがある。ストーリーとか、登場人物はあるでしょ。でも、これが逆に弱みで、そのことを論じればとりあえずわかった気になってしまう。ところが詩だととっかかりが何もない場合が多い。何か重要なしるしを見つけ出してそこを拡大して説明しないと何もわかんないんです。だから詩の批評ってね、実は大変なんです。

斎藤　すごい体力いりますよね。

高橋　はい。ぜんぜん意味わかんないこともあるわけですから。でも、ほんとにうまく批評できる人はこう読めばこういう意味になるって書ける。「ええ?!」って。

斎藤　発見があるんだ。

高橋　そう。まず意味がわかる。ちゃんと読めてない人は何言ってるかわかんない。手がかりがないところにまず手がかりを見つけていくところから始めるのが詩の批評なんですよね。それは申し訳ないけど小説の批評よりずっと大変。だからその目で世界を見たんですね、吉本さんは。そうすると小説も詩もコピーもぜんぶ一緒なんです、言葉でできていることに関しては。

で、とっかかりを吉本さんはここで書いてます。吉本さんは評論をするときに「現在」っていう作者を考えた。「現在」という作者は今生きているみんなの中に偏在していて、ある現在の作者は小説を書き、ある現在の作者は詩を書き、ある現在の作者はコピーを書く。すべて現在の作者であることに変わりはない、出てくる場所が違うだけなんだ、と。そんな想定ができるのは、言葉を徹底して読みこんでいるからですね。ジャンルを超えて、その一人一人の作者の無意識まで降りて読む。これはね、詩の批評やってるからできることなんです。

斎藤　冒頭のカフカ『変身』の読み方もさ、こうなのか?　っていうところがある。

高橋　これはね、詩の読み方なんです。

成田　なるほど、そういうことなのですね。

斎藤　そうなんだね。『マス・イメージ論』で吉本さんもやっていますけど、私もポップスの歌詞の批評をやってたんです。これも意外と意味わかんないんですよ。だいたい音に合わせて作ってるから。で、無理やり意味を考えるの。そうするとね、わかる瞬間があるんですよ。それはね、けっこうな発見でした。作詞家さんが思ったかどうかわからないんだけど、でもそれを探していくっていうのは面白い作業。小説なんかでもそういう読み方をすることができるっていうことなんでしょうね、きっと。

高橋　詩の賞の選考やってるときに荒川洋治さんが面白いこと言ってて、「ここわかんないんだよね」ってぼくが言ったら、荒川さんが「ぼくもわかんない」って。「え？　いいんですか？」って聞いたら、「高橋さん、詩の読み方はね、わかるところだけわかればいいの」っておっしゃった。「わかんないところは？」「いつかわかるかもしれないから、いいんだよ。わかるとこだけ読めばいいの」って言われて。確かに自分もそうしてるわと思った。で、なぜかっていうと、書いてるほうもそうだからって。書いてる作者だってぜんぶわかって書いてるわけじゃない。

斎藤　まあそうかもしれない（笑）。

高橋　小説だってね、みんな一〇〇パーセント、コントロールして書いてるかっていうと、それはまさに村上春樹になっちゃうけど、そんなことないんです。それをベースに考えるってことでいいんじゃないのというのが詩の批評の根本なんですよね。

斎藤　書き手もびっくり、っていうのもありなんですよね。書き手が「ああそうだったのか」って思うのが、いい批評。

高橋　そういう詩の批評のやり方を吉本さんは全分野で通したんですよね。

斎藤　そうか、それがこのわからなさの正体か。

成田　ここから、『マス・イメージ論』の核に「喩法論」と「詩語論」があるという、高橋さんの読み方が出て来るのですね。

高橋　だから、この本の中では、詩がいちばんわかりやすいんですよ、説明が。ふだんやってるから。新しい分野に適用すると説明が変になって外れてるところもある。それはしょうがないんですよね。この解釈法。とにかく、さっきの近代文学的な評論とはぜんぜん発想が違う。

斎藤　近代文学の批評っていうスタイルがある

んですよね。

高橋　やっぱり江藤さんと吉本さんはまったく違いますよね。でも、よく考えたら蓮實さんだって、構造しか見ない、これはよくわかんない、あとは知らないって、ぜんぶ一緒みたいにするでしょ。

斎藤　ぜんぶ同じ話って言っちゃうんですよね。それなのにあんな長々といつまでもいつまでも言う。

高橋　だからそういう意味で、新しく出てきた言葉は新しい質とか新しい兆候を帯びているので、近代文学的な解釈ではわからないと思います。

◉「現在」という作者

斎藤　『マス・イメージ論』で『さようなら、ギャングたち』を読み説いているじゃないですか、吉本さんが。それは作者から読むとどういうふうに思うんですか。

高橋　こんなふうに読むのかっていうのはありますけれど、一方でものすごく正確に読まれたなと思いました。文芸批評家の人じゃこんなふうに読んでくれない。詩みたいに書いてるところがあるので、詩の批評がいちばん届きやすいところではあるんですけれど。

さっき詩の批評はわかるところだけわかればいいって言ったでしょ。逆に言うと、わかるところは徹底してわかろうとするわけです。つまり、わかるところが少ないから、その一行を延々と解決するのね。わかるところが見つかるとそれだけですごく嬉しい(笑)。小説だとみんなわかるのがあたりまえじゃないですか。難解な小説ってそんなにない。だからそこはね、ぜんぜん違いますよ。詩の批評家はもっと厳しい環境でふだん読んでるから。

成田　吉本は詩の読み方を応用し、この『マス・イメージ論』を書いたというのが高橋さんの解釈ですけれども、それはつまり、吉本自身もそれ以前とは方法を意識的に変えていったということですね。

高橋　変えていると思います。もちろんそれまでも小説の批評をやってるんですが、どちらかというと近代文学的なやり方でした。つまり、言葉だけを読むってことはしてなかったんですよ。でも、新しく出てきた小説は物語性が少なくなったり、キャラクターに重きを置かなかったりして、近代文学的な解釈をするための道具が減っちゃったんです。で、持っていたのが詩の批評の……

斎藤　ツールだ。

高橋　そう、言葉だけあればできる。

成田　それがちょうど資本主義の転換期と重なると説明しながら、吉本自身もまた、新しい方向に入っていく。

高橋　これは吉本さんの思想の問題でもあるわけなんですね。彼はもう一方で独自な資本主義世界の分析もしていた。そのことと詩の言葉の分析は別だったんですよ。その二つが後期資本主義の八〇年代、初めてドッキングしたんです。だからこれ、実は吉本さんにとっての後期資本主義論の開始でもあるんですよね。ぼくみたいに長く読者をやってきた者から見ると、ついに合流したんだっていうふうに感じるんです。それまでの、大岡昇平や吉行淳之介や野間宏や島尾敏雄を分析してきたものと違うツールをもってこないとこの新しい現象はわからない――ってなったとき、最終的に役に立つのは詩の言葉の分析だった。

詩は言葉しか扱っていません。だから、実は時間性がないんですよ。つまり二千年前の詩を読む場合でも今の詩を読む場合でもほとんど一緒なんです。そのことと後期資本主義という時代の限定性とは、本来は別のものだったはずです。でも、吉本さんはただ詩を読むだけだと時間性がなくなっちゃうところに、この特殊な時代性が――後期資本主義の構造も――入ってくると感じた。ある意味で非常に奇妙な読解になってくるわけですが、ぼくには目からうろこでした。さっき言ったように本の真ん中あたりで、現代詩を論じています。マンガとかCMとかが並ぶ中で、詩もある意味この大きい変化の中の一つというフレームで見ている。連載としては二回分なんですけど、実は八〇年代詩についてのほぼ完ぺきな評論なんです。

伊藤比呂美や井坂洋子が女性の言葉を使ってるっていうのが画期的とか、ねじめ正一さんの詩の新しさだとか、荒川洋治が近代詩の暗喩の意味をかえたとか、このへんの断定もこのとき出たんですね。それらは今はもう現代詩の中では定説になっているんですが、これがさくっと書いてある。広告で言うと糸井重里や川崎徹、マンガでは萩尾望都や高野文子や山岸凉子、歌詞でRCサクセション……この時代でなんか面白いなと思った人はぜんぶとりあげて、詩の批評の方法でやった。それは必然的だったろうし、吉本さんの仕事の中でもいちばん時評的なおかつ原理的な仕事ですね。

成田　それが「イメージ」への接近となっていくというのは、どういう文脈なのでしょうか。

高橋　このあとに『ハイ・イメージ論』（一九八九年～）があってさらに進んで世界の構造分析を始めるんですが、この時点ではまだそこまでたどり着いていない。わかっているのは、作品群が作り出すイメージが徹底して変わった、ということ。それだけであり、そのことにしがみついて論じてゆくしかなかった。そして、そこに、個々の作者を超えた共通のイメージを作り出す「作者」を考えた。つまり、「現在」という作者がいると仮定して、後期資本主義の中に生きてそこで感受性を育てた人たちが詩やコピーやマンガや小説を書くと、どういうイメージで書いていくか、それを分析してみせた。だから固有名詞は実は重要じゃないんです。『自由と禁忌』とほぼ同時ですが、江藤淳さんにってはわからなくなっていった時代、どうなったの日本、文学終わりだよとなった時代が、吉本さんにとっては新しいものの到来に見えたんですね。

斎藤　非常に対照的ですね。

成田　高橋さんが八〇年代の三冊のうち批評を二冊挙げた理由が、今の説明でよくわかりました。詩が突出しているということですが、しかし、同じ問題は、やはり小説の中でも起こっている……

高橋　もちろん起こっています。ただ、詩は武器が言葉しかないので、いちばんフロント、前衛に行っちゃうわけです。だから、さまざまな問題が早く露呈する。詩が優れているんじゃなくて、詩は前にいくしか用事がないから、問題に最初にぶつかっちゃう。

斎藤　無防備なんですね。

高橋　そうそう。フォワードしかできない。ディフェンダーもミッドフィールダーもできない。ただ今は詩がフォワードの役目も果たしてないんですよ。「現在」と切れてしまったから。この時期まではまだ「現在」という作者の表現になってるんです。ここから先は、詩は「現在」という作者から見放されたように思います。だからそういう意味では、もし今、吉本さんが『マス・イメージ論』を書くとしたら、詩は無視するでしょうね。フォワードにいないどころか、ベンチに下がっちゃってるから。

◉こんなの文学じゃない

高橋　ここに挙げている作品はどれも、吉本さんの言う「現在」という作者が生み出したっていう強烈な時代性を感じますよ。

斎藤　こういうふうに出てきにくいですよ、今は。九〇年代以降は、時代を代表する作品って何かというのはちょっと考えないとわかんない。

高橋　ここに出てきた村上春樹さんにしても田中康夫さんにしても吉本ばななさんにしても、ある種決定的な何かを持っている感じがする。

斎藤　誰が挙げてもそんなに違和感ないセレクトになりそう。八〇年代は納得してもらえる気がするけど、九〇年代をやろうとすると選ぶ人によってかなり違っちゃう感じがする。

高橋　二一世紀からとなったらまったく重なら

ないでしょう。
成田　それは、八〇年代の大きな変化とはまた違った変化が、いま起こっているということでしょうか。
高橋　かもしれないし、八〇年代に大きい変化が起きてからあとは惰性で動いてるだけかもしれないし……。ぼくは八〇年代の変化と二一世紀になってからの変化って質が違うと思いますね、うまく説明できないんですけど。八〇年代は言語が一新されるようなドラマチックな変化だった。
斎藤　それ以降の変化ってちょっと微妙なんだよね。
成田　まるでジェットコースターに乗っているように、次々に大きな変化が起きて、行き先が分からない。二一世紀における変化をとらえることは、その時期区分をするということになりますが、とても難しいです。
高橋　斎藤さんと毎年ベストテンを選んでるんですが、たとえば今年のテーマは「母と娘の対立」でしたよね。
斎藤　結果的にそういうふうになりましたね。
高橋　でも、一〇年で考えたら、母と娘の対立で世界が変わったというほどでもない。
斎藤　そう。一個一個が小さな変化。
高橋　言葉の状況が一変するような変化じゃないですね。
斎藤　八〇年代ってまだ文学に求心力があったと思うんですよね。だから読む人もたくさんいた。
高橋　『キッチン』が二〇〇万部以上ですよ、嘘みたい。
斎藤　文学を楽しみに読んでる人がいて、批評の言葉もどんどん出てくるし、友だち同士で「あれどうだった?」という話もできた。そういう意味では、文学まだなんか「現役」だった。
高橋　吉本さんの『マス・イメージ論』や江藤さんの『自由と禁忌』、柄谷さんの『日本近代文学の起源』や蓮實さんの『物語批判序説』など、本読んでる人は一応みんな読んでるような感じがありましたね。

成田　確かに共通の話題になりましたよね。今は、そういう話題作というか、問題作はなくなりましたね。

高橋　今は中心がないっていうか、ただ時が過ぎ去るだけって感じがしますね。なんかさびしい（笑）。

斎藤　時が過ぎ去るね……『文学部唯野教授』だって学生もみんな読んでたんですよね。

成田　そうでしたよね。みな、何か新しい大きな変化を察知していて、それは理論の言葉だったり文学の言葉だったり、あるいは新しい思想の言葉を用いて表現されるわけですが、『文学部唯野教授』は今から見ると、その一つの象徴になっていた。ほんとうに粗末な読み方しかしてなかったと思い、忸怩たるものがありますが。何か新しいものに共鳴しようという動きは、読者のほうにも強かったと思います。

高橋　あと、やっぱりここに挙げた作品って、激しく否定する人がいましたよね、どれもこれも。

成田　確かに。

高橋　田中康夫も、吉本ばななも、山田詠美も、島田雅彦も、まあぼくもそうですし、こんなの文学じゃないって言われて、全否定された。いま言わないでしょ、そもそもそんなこと。

成田　なるほど、そうですね。

斎藤　今の新人賞なんてもっと文学じゃないのにね。

高橋　誰も文句を言わないのか、それとも、もう文句を言う元気がないのか。文学ではないと否定されるってことは文学であるということの力もあったわけですよね。つまり近代文学のパワーがまだ残ってた。これらの八〇年代の作品はすべて近代文学をある意味いろんな角度から否定してるわけだから、それはまあ文学の敵ですよね。そういう対立は今ないですよ。

◉あまりにも、過剰

高橋　村上龍さんの『コインロッカー・ベイビーズ』も久しぶりに読んだんですけどね、これもやっぱり面白かった。排気量が違うって感じですよね。

斎藤　あるいは肺活量がね、大きいんだよね。

高橋　龍さんもね、春樹さんとは別の意味で、物語を書いてるっていう感じじゃないんですよね。違うところを見て書いている。描写が多いでしょ。龍さんの場合、すごく。だから召喚されてるのは実は言葉なんだよね、意外と。どれだけ言葉を集めてこられるかの勝負みたいに書かれてる。

成田　そうですね。あと、村上龍さんは、感覚にすこぶる敏感ですね。音とか匂いとか視覚とか。『コインロッカー・ベイビーズ』は、そうした感覚を感覚そのものとして描き出しているような作品でもありますね。

また、『コインロッカー・ベイビーズ』のはじまりでは、コインロッカーに捨てられたふたりの主人公が養子となり、疑似-家族が設定されますが、同時に異世界が絶えず折り込まれて描かれていきます。長崎では、古い映画館のある場所とか、東京では「薬島」。あるいは、「キク」が収容される少年刑務所も、日常世界とは異なる異世界-別世界と言える。このように、『コインロッカー・ベイビーズ』では、絶えず別世界、異世界を同時に描いていくという手法をとっています。今いる世界とは違う世界があって、そこの世界との行き来がある、交換をしているという認識です。

斎藤　普通に存在するんですよね、異世界が。やっぱり龍さんの人気はそれが大きいんじゃないのかな。

高橋　こう言ってよければ、覚せい剤でもやったような感じですよね。つまり、感覚がずっと二〇〇パーセント稼働してるのね、全員の。走る、動く、聞く、ぜんぶ。いや、これ一人三分続けたら倒れるよ、っていう感じ（笑）。龍さんの小説はぜんぶそうですよ。これ無理です、普通の人間には。だから、集めてくる場所もそう。どこかここではない極限状況の場所がある。ワニがいるようなところとか、吸い込まれちゃうような危ない水の中とか。走るときには全力で走るし。常人以上の能力、もしくは常人を超える変態じゃないと彼の小説の中に登場できない。ぜんぶね、感覚が異常なんです。だからそういう意味ではね、内面はない。いらない。外部しかない。描写もそうです。ずーっと最後までハイテンション。そう考えると、他の小説もそうだったなと思って。だから非常に静かな状態でね、「自分とは何か」って内面を観察するという方向にはぜったいに行かないですよね。ところで、龍さんの最高傑作は『村上龍料理小説集』(一九八八年)だと思う、あれ好きなんだけど。

斎藤　そうなんだ。ほんとに? 田中康夫は「あんなバブリーなものばかり食べてる龍は舌がおかしいんじゃないか」的なことを書いてた覚えがありますが。

高橋　あの小説って食べてるだけだからね、それも普通ではないものを。ずっと、感覚を徹底的に使用してるんです。止まると死んじゃうんだよね。ある種の多動症なんだ。

斎藤　ADHD的。

高橋　そう。それが動きだけじゃなくて感覚とかぜんぶにあって、そういう意味では後期資本主義的な刻印を全感覚に帯びた人たちが出ています。浴びるように飲み、浴びるように食べ、浴びるようにセックスし、ずっと動く。

成田　『コインロッカー・ベイビーズ』は八〇年代初期の早い段階で書かれたのですが、まるでバブル期の小説のように読めてしまいます。八〇年代と言っても、バブルの時期とバブル前の時期とでは、かなり違っているところがあるのですが、確かにおっしゃるように、動いてやまないという感覚がバブル的ですね、これ。

斎藤　バブル感ありますよね、そう言われると。バブルの狂想曲的というか喧噪みたいな感じが強いかもしれないですね。

高橋　文章もそうなってるんですよ。どうしても作家として読んじゃうんですが、たとえばキクが捕まって少年刑務所に入るでしょ。その中で何人かと仲良くなっていくときの描写とか、こいつはこういう感じで、あいつはこういう感じでって、すごく説明が短いんです。それを繰り返して次はまた動きが出てくる。だからずっと動かしてる。こいついつ休むの？って、休まないんですよね、龍さんの小説は。

だからそれって、どっかで斎藤さんがおっしゃってるようにバブルのときに日本人がずっと動かされてた、あの感じと通底するものがある。どこかでね、共感しちゃうんだよね。いくらなんでも村上龍みたいに動けないけど、でもこの無茶苦茶狂騒的な感じっていうのはやっぱり七〇年代から八〇年代にかけて日本人が動かされていた、それをやっぱり肥大化して小説にしている感じがする。ある意味カーニバル的で。そういうのは他の日本の小説では読んだ覚えがないなって思います。みんな病気ですよ、この人たち。

斎藤　過剰なんですよね、何もかもがね。

高橋　で、すぐ人を殺すでしょ。これはぜんぜんリアリズムじゃないですよ。狂騒の果てに、エネルギーとか生命力が過剰になって暴力ふるって殺しちゃう。

斎藤　ぜんぶそうですもんね。

高橋　ぜんぶ過剰。さっき言ったように、この八〇年代、もうちょっと前からかな、国民的に過剰な時期があって、それをいちばん表現してたのが村上龍さんじゃないかと思いますね。

●見えない抑圧

成田　これまでの話と矛盾しないと思うのですけれども、この小説では、「母なるもの」への憎悪と赦し、愛情と憎しみとが両方存在しています。コインロッカー・ベイビーズとして、「母なるもの」を最初から喪失している。しかし、喪失しているのだけれども、狂騒的に主人公を動かしている原点は何かと考えたとき、母というものに行き当たってしまいます。「キク」は実際の母を殺してしまうし、「ハシ」のほうは母なるものに赦しを求めるというかたちになりゆきます。村上さんは、「母なるもの」を巡る葛藤というところに、問題のひとつを探り当てようとしているように感じました。

高橋　でも会えないですけどね、母と。

成田　そう。最終的には、母殺しになっていくのですね。

高橋　この小説にもやっぱり父はいませんね。

斎藤　父いません。思い出してももらえない。

高橋　まったく関心がない。いたはずなのに。

成田　主人公二人の義理の父は、みすぼらしい父として現れてきています。長崎の、二人を養子にした父のほうは。

高橋　みっともない……

成田　みっともない感じで、「ハシ」が会いにいったときに登場してきています。八〇年代の小説のなかでは、父っていうのは存在感薄いんですね、全体に。唯一『優しいサヨクのための嬉遊曲』にはかろうじて……

高橋　ああ、ミドリのお父さんですね。でも会わない。ビビってるだけで。幻の父なんですね。吉本ばななさんの場合は父が母だからね。あれは象徴的ですよね。父の座を降りたわけでしょ。

斎藤　そうか、もう八〇年代に父は不在だった。父をもう降りていたんですね。でもその前はあったんですよね、父と子の物語って。

成田　たとえば山崎正和さんが論じたように、鷗外的な家長の物語が近代文学の大きなテーマだったわけですね。近代文学といったときは、むしろ父との確執が重大な問題だった。それが、ある時期から「母の喪失」を掲げる江藤淳のモチーフに代表されるようなものへと、推移－変容する。

高橋　ただまあ、実際に父が描かれる場合もあるんですけど、父を代行させてますよね。たとえば、政治に。共産主義とか。

斎藤　父的なもの。

高橋　父的なものですね。だから政治が消滅したら父もなくなるわけです。つまり抑圧的なものだから。やっぱり八〇年代というのはある種の自由さがある。それがいいのか悪いのかはともかく、抑圧する者はいないんですよ。だから村上龍の作品みたいになっちゃう。

斎藤 そうですね、暴れて。

高橋 抑圧してくるものにぶつかっていってるのではなく、エネルギーが余っている。

成田 あるいはそれは、抑圧されているという感覚はあるけれど、はたして何が抑圧しているんだかわからない、という状況の投影かもしれない。『コインロッカー・ベイビーズ』で、「キク」が棒高跳びで跳ぶシーンは、そういう何かを超えたいっていう象徴かもしれません。

高橋 まあ、見えない父はいるのかもしれませんね。

成田 ただ、問題とすべきは、その両者を同じ父として扱ってよいか、ということでしょう。「見えない父」というときには、何か管理システムのようなものが出てきて、何かに縛られているけれども、それは今までのような具体的な誰か、即物的な何かによる抑圧ではない、という感覚があると思うのです。

斎藤 システムとしての抑圧っていうのはわかりますね。すごく八〇年代的ですよね。

高橋 だから、実際に父でなくても父的なものですよね。マルクス主義というのは、あるいは党というのは家的なもの、家父長制的なシステムじゃないですか。マルクスとかレーニンが父でね、それに反抗する息子みたいに分派闘争が起きたりする。やっぱりそこでは家父長的なものが再生産されている。

斎藤 そうか。ヨーロッパの文学でいえばそれが宗教になるわけですよね。

高橋 そうそう。キリスト教だったり。そういうコミュニティの中の父的なものと対立する。

斎藤 そういう寄って立つものがないことへの不安感みたいなものがベースにあるような気がしますね、八〇年代は。だから抑圧が切れて自由になったというよりは、別の不安感が……

成田　だから、やっぱり何かシステムに巻き込まれるという感覚ですね。村上春樹的にいうと、「やれやれ」という感じ。そういう「管理されている」という感覚は、八〇年代には大きく広がり、みな絶えず持っていた感覚である、と思います。

高橋　それがいわゆる後期資本主義でしょう。前期資本主義って抑圧的なんですよね。マルクスが言ってたような目に見える搾取。

斎藤　資本家と労働者という。

高橋　でも資本家もいなくなって――まあどこかにいるんだけど――全部システムになった。システムが抑圧してるっていっても見えないからね。それがいちばん厄介で、しかも困るのはそのシステムは抑圧もするけど欲望を満足させてもくれるっていうふうになってるでしょ。

成田　今だったら、セキュリティの問題が完全にそうなっています。監視カメラは絶えずぼくたちを監視し、ぼくたちは不断に監視されていて窮屈なはずなんだけれど、そのカメラによって犯人が映っているなどと、逆転－転倒が平気でまかり通っている。

高橋　みんな望んで抑圧されようとしてるんですよ、もはや。

斎藤　ほんとですよね。抑圧されたいんだよね。

高橋　その転換点ですよね。豊かになるっていうことは自由になるってことじゃないですか。その裏で抑圧が見えなくなるっていうことでもある。資本主義自体は変わっていないから、搾取はされているはずなのに、少なくとも目に見える搾取じゃなくなったとき疑似的な自由を感じて、いわば父がみんないなくなったんですよね。

斎藤　そういうことで言うと、八〇年代はまだ目に見える抑圧がとれたばっかりだから自由で楽しいんですね。

高橋　そうそう。自由感があるよね。

斎藤　そのあとになるとある種日常化していき、経済が悪くなっていったりすると……

高橋　もう一回抑圧が再開されているんじゃやな

いか、と思っても、見えないから。

成田　だから、江藤淳の『自由と禁忌』は今までの延長でその問題を考えようとしたけれど、そうはいかなくて……

斎藤　『自由と禁忌』ってそう思うといいタイトル。

成田　まったくこの通りに、ことが進行しているように江藤には見えたのですね。

斎藤　この通りですよ。

成田　しかし、いまや禁忌は自由と対立するのではなくて、自由の中に禁忌が取り込まれてしまっている。

高橋　そのほうがややこしいですよね。

成田　ややこしいですよね。自ら進んで禁忌を求めるという倒錯が、さっきの監視カメラのように起こってきています。

高橋　それだと江藤さんの文学観からいうと理解不可能。父もいなけりゃ母もいないし。

成田　自然も壊れてしまって。

高橋　自由も禁忌も一緒じゃんって。こうなると文学は存在できないというのが江藤さんだった。文学はそういうもんじゃないって。それでも文学は存在するというのが吉本さんの考え方なんですよね。ここで袂をわかって、江藤さんはある意味文学を論じる場所から降りてしまったという感じですね。

◉新しい言葉の出現

成田　でも江藤淳は、本当にとても勘のいい人で、アメリカという問題をこれだけ現前化させたことは、とても大きなことでした。今では、若い世代の白井聡さんとか赤坂真理さんが、敏感にアメリカと占領の問題を問い直していますが、いち早く、その問題を提起したのが江藤淳だったということになります。

斎藤　山田詠美さんの『ベッドタイムアイズ』も、ある意味アメリカという問題なんですよね。

高橋　江藤さん、褒めたんだよね。

斎藤　ああ、そうだそうだ。

成田　これが、また不思議。

高橋　江藤さんは褒め所が非常にいいんだ。

成田　普通だったら、黒人兵を登場させたときには、そこにアメリカというものをぐっと代入するのでしょうが、それをわざと書かないで物語化していくのが『ベッドタイムアイズ』です。どのように考えていいか、ちょっと難しい小説です。

高橋　これ、ほとんどセックスの話をしてるんですよね、会話が多くて。ぼくは、この小説は日本語が変わってると思うんです。つまり、この女の子、キムさんはつまりスプーン（相手の黒人兵の呼び名）と喋ってるので、日本語がちょっと壊れてるわけです。いつまでも、エニタイムって言うし。だから言葉が非常に不安定。もちろん日本語の小説なんですけど。

斎藤　「スプーンは私をかわいがるのがとてもうまい」って書き出しも変ですもんね。

高橋　日本語がね、ちょっと壊れてる。

斎藤　でもやっぱりそれがユニークだったんだなあ。

高橋　なので、こういうエキセントリックな内容でも読者は非常に受け取りやすい。これは、ばななさんの小説もそうなんですよね。この女性二人はね、日本語壊れてる系。ちょっとうまく説明できないんですが、詠美さんとばななさんはどっちも太宰治を感じるんですよ。つまり、太宰って文章の人ですよね。で、たとえば『キッチン』ね、この文章の特徴って、短い。最初のほうで、「先日、なんと祖母が死んでしまった。びっくりした。……まるでＳＦだ。宇宙の闇だ。葬式がすんでから3日は、ぼうっとしていた」。少し飛んで、「しかし！　そうしてばかりもいられなかった。現実はすごい」。これが特徴なんですね。

この文章、「近代文学」のそれとは似ても似つかぬものになってる。でも、太宰治がこういうことをやってるんですよ。太宰って女性の一人称が多いじゃないですか。

斎藤　『女生徒』なんか『キッチン』ですよね。

高橋　『キッチン』です、あれ。だから、あれって疑似会話です。モノローグなんだけど。喋ってるから口語ですよね。よく文章は口語から変わるっていうんですが、ここまで日常語にしてしまうと文学じゃないところまでいってしまった。こんな文章の小説はないですよ。文章自体はあったんだけれども、これを小説にはしなかった。

斎藤　コバルト文庫ってこうですよね。

高橋　そうそう。コバルトだから許されてた。

斎藤　新井素子なんか完全にこうです。

高橋　だからジャンルによってはあったのを純文学の世界に持ってきた。山田詠美さんも大切なのは文章なんですよ。口語に開くっていうよりは英語交じりの日本語にしたんですけど。そうやって会話にすると、ちょっとクレイジーなというか、異様な世界でもＯＫになる。

斎藤　カタカナと英語の使い方がすごく絶妙なんですよね。

高橋　そう。他の男の作家たちがやっていた冒険とは違って、完全にコロキアルな冒険。実はこれ現代詩も一緒なんですよね、伊藤比呂美さんとか。

斎藤　ああ、そうかも。

高橋　この人たちはコロキアルな冒険をしていた。八〇年代に生きている人間の日常会話のところまで行っても文学ができるっていうことを、ばななさんはやった。山田さんはもうちょっと変形したかたちでね。

斎藤　女性作家もこんなことやってなかった。

高橋　やってなかったですね。要するに男の文学に出てくる女性が書くような言葉遣いだったりしていた。吉本さんは『マス・イメージ論』で伊藤比呂美さんの詩も取り上げていますが、画期的だって評価してるんですよね。

斎藤　『青梅』（一九八二年）だっけ。

高橋　そうそう、『青梅』。女子大生が、普通に彼女たちの日常でしゃべる言葉がそのままで詩語になってる。もちろんそのまましゃべることばを使うんじゃなく、微妙に編集してますよ、それじゃなきゃ詩語にならないから。でも、とにかく日常の言葉がそのまま表現の言葉になった。

斎藤 そうですね。『サラダ記念日』(一九八七年)だってそうだもんね。

高橋 そういえば、ぼく推薦文書いたんだった。[*1] 完全に口語ですよね。男の作家はやってないですね、そこまでは。女性のほうがやってる。なんで『キッチン』が売れたかって言うと、やっぱり言葉ですよね。詠美さんもそうだけど。

斎藤 そうでしょうね。

高橋 「びっくりした」はないよね。読んでる方がびっくりした(笑)。

斎藤 ほんと賛否両論だったわけですよ。

成田 当時よく言われていたのは、漫画の文体からもってきたということでした。でも、それ以上の意味があったはずですよね。文体だけではなく、物語構成も、漫画の影響が強かったし。

高橋 それも使えるってことですよ。

斎藤 でも、浅田彰さんとかも怒ってたからね、こういうの読むと。意外な人が怒ったりする、富岡多恵子さんとか。自分だって破壊的じゃんって思うけど。

◉規範なき時代の文学

高橋 それにしても、こういう衝撃はほとんどなくなりましたよね。もちろんぼくが歳とって感受性が鈍ったせいかもしれないんですが。驚きたいと思うんだけどあんまり驚かなくなった。

斎藤 これらの方々は同時代からスターでしたよね、みんなね。

成田 読者に圧倒的に支持されました。文壇からは、どれだけ反発されたとしても。

斎藤 読者が選んだ本なんですよね、要するに。

高橋 そう、読者の方が「現在」を見る目があったってことですね。

斎藤 作家もなんかみんな若いわけよ。二〇代とか三〇代とかで。やっぱり若い作家が突然デビューしてきてそれが面白いっていう感じがあるわけじゃないですか。それがこれだけ束であったたっていうのは幸せな時代ですよね。新しい表現を生みたかったんですね、きっと。

高橋 それはあったと思います。意識的にやってる人もいるし、無意識にやってる人もいるけど——荒川洋治さんに「あたらしいぞわたしは」っていう名言があるけれども、みんな新しかったよね。眩いっていうか。

成田 別の言い方をすると、戦後文学とか戦後思想とか戦後民主主義とか、そうした枠組みというか、重しがあったのですね。

斎藤 あるいは規範がね。規範がないと新しいのは出てこないんですよ。

高橋 規範にはそれなりのへビーなものがあったから、相当エネルギーがないと……

斎藤 そうですね。抑圧をはね返していくわけだから。

高橋 そのせいか、みんなタイトルがカタカナになっています。そんななかで、『自由と禁忌』とか『文学部唯野教授』とかはやっぱり近代文学していますね。そういえば、上野千鶴子さんとぼく、デビューが一緒でこのあいだ初めて対談したんですが、上野さんの本も『セクシィ・ギャルの大研究』(一九八二年)とカタカナのタイトル。

斎藤 じゃあ、林真理子さんも一緒ですよ。『ルンルンを買っておうちに帰ろう』(一九八二年)、これもカタカナだ。

成田 その意味においても、やっぱり、旧来のものが沈んでいく時期ですね。

高橋 みんななかなかパワフルですよね。今こまでのものがなかなか出てこない。

成田 でも、現政権が「戦後」をめちゃめちゃに壊していますから。「戦後」とは何であったのか、ということを、「戦後」の文法や文体を相対化しながら考えるのは、ここから先でしょうね。その兆しが、みえてきています。

斎藤 そっか。それが新しい抑圧となって作用する。

成田 今の政権がやっていることは「戦後」に

とっての抑圧であり、あるいは破壊である、ということは、あきらかです。「戦後」をなかったことにしようとしている。でも、そうしたことは、もちろん不可能です。現政権とは異なる「戦後の超克」が、求められています。いろんなところで、いろんな表現が、これから、ますます出てくるだろうと思います。

高橋　出てくるといいですね、期待しましょう。

［録り下ろし］

◉註

＊1　「コピーが詩人たちを青ざめさせたのはつい最近のことだった。今度は短歌がコピーライターたちにショックを与える番だ。読んでびっくりしろ、これが僕に出来る唯一の助言である」——高橋源一郎（『サラダ記念日』推薦文）

メタヒストリー

「歴史とはなにか」の八〇年代

成田龍一

一九八〇年代には、「歴史」をめぐっての状況も、大きな転換をみせる。ここでいう「歴史」とは、歴史に対する認識の仕方であり、歴史を叙述する作法であり、さらには歴史とはなにか、ということをめぐっての総体である。入り口として、三つの次元の異なる現象(A、B、C)を挙げてみたい。

政治問題化する「歴史」

まずAは、一九八二年に、高校教科書の検定をめぐって、中国が抗議し訂正を要望する事態がおこったことである。(当初の原稿にあった)日本の中国への「侵略」の文言を(検定によって)「進出」と変更させた、と中国が日本の文部省を批判したのだが、この動きは、韓国、台湾、北朝鮮、マレーシアなどにも拡大していった。[*1]「歴史認識」をめぐることがらが政治問題化し、それまでの国内の問題から一挙に外交問題になった、最初のケースである。

国内で対立していた歴史認識が、東アジアのなかでの議論となり、歴史認識の差異が認識され、日本とその他の国々との歴史認識の差が明らかになるとともに、〈いま〉にいたる「歴史認識」問題と動向のはじまりであった。

「社会史研究」の登場

Bは歴史学内部の動きとなるが、「社会史研究」が登場したことである。社会史ということば自体は、すでに一九二〇年代から用いられていたが、「新しい歴史学」の総称として社会史がいわれ、一般的にも社会史ブームがみられた。学界的には、『思想』特集号「社会史」(一九七九年九月)が組まれ、『社会史研究』(全八冊、一九八二-八八年)が発刊し、社会史に関わる問題提起をおこなっている。

『思想』「社会史」特集号は、巻頭に、鼎談「「社会史」を考える」(柴田三千雄・遅塚忠躬・二宮宏之)を置き、「史学としての社会史」(中井信彦)がその概要を記す。そして、J・ル・ゴフ、E・P・トムスンらの翻訳、および阿部謹也らの論考が寄せられた。フランスでアナール学派と呼ばれる新しい歴史学の潮流があり、その仕事が日本に紹介されるひとつの契機となった「特集」である。

他方、『社会史研究』は、二宮・阿部という歴史家のほか、社会思想史家・良知力、文化人類学者・川田順造を同人とした雑誌で、年二回の刊行がなされた(最後は不定期刊)。創刊号(一九八二年)では、巻頭に、阿部「ヨーロッパ・原点への旅」を置き、良知「女が銃をとるまで」の論考などが掲載された。川田「口頭伝承論」(第二号)、二宮「ある農村家族の肖像」(第三号)を含めた時間・空間が、同人たちの考える社会史の内容ということになろうが、日常のなかの出来事を大きな歴史の視野に収め、人びとのありようの「全体」に接近しようとする。

人びとの「こころ」と「からだ」、そしてそこを出発点にするさまざまな集団。その集団による絆としがらみ、集団を介在させ統合をおこなう国家、そのことにより自発的なはずの集団が統制的なものに転化する……。かかる人びとの営みを、歴史の光景として、社会史は提供し

図1

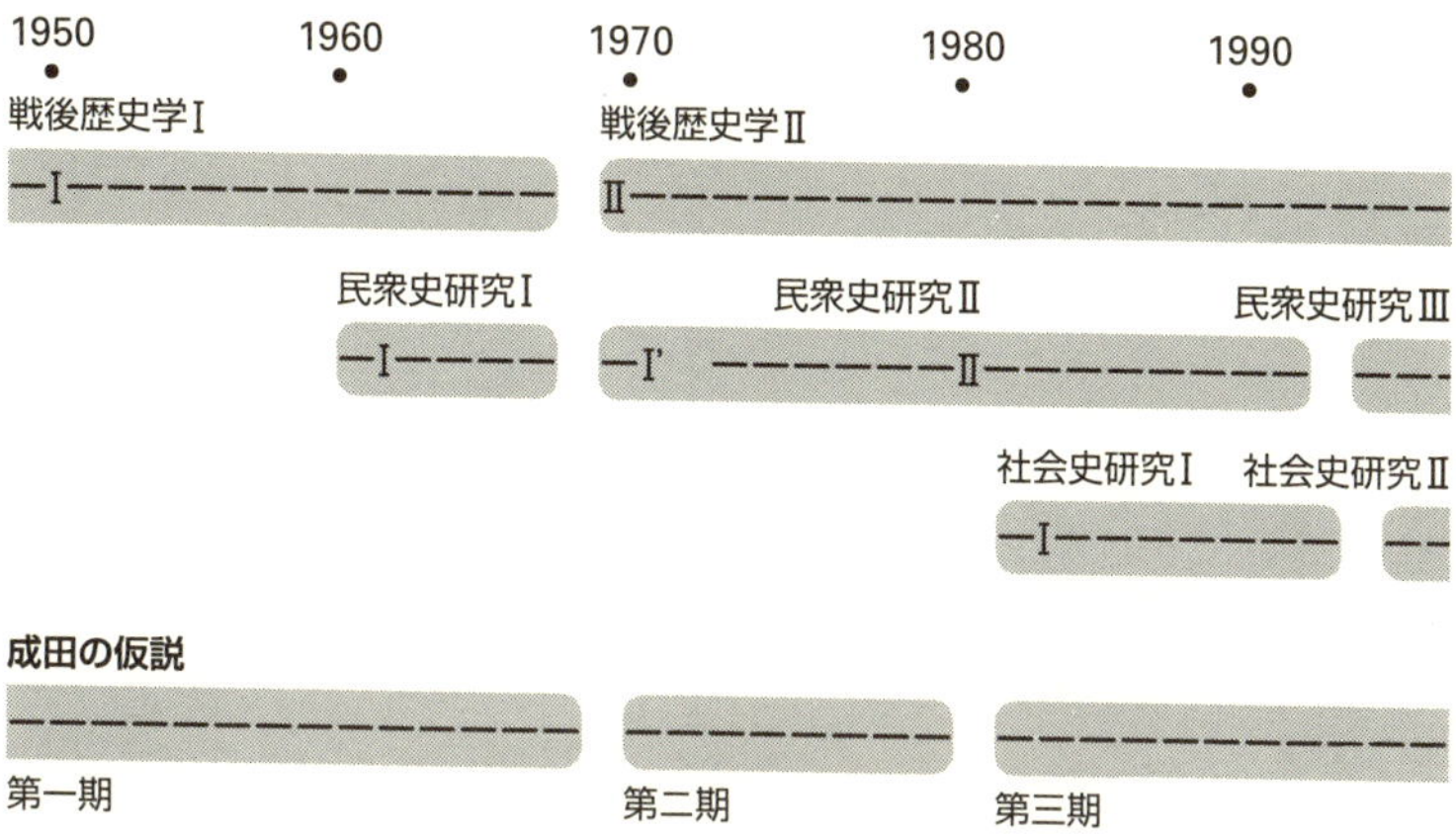

ていった。

　こうした社会史は、これまでの歴史学（「戦後歴史学」）への批判として登場している。マルクス主義を基本的な認識とし、史料に基づく厳密な実証をあわせもつ「戦後歴史学」に対しての批判的潮流である。多くの読者をもつ、日本中世史家・網野善彦は、『無縁・公界・楽』（一九七八年）で、これまでの「社会構成体」の移行を進歩とし、その認識で歴史を描くことへの異議申し立てをおこなった。網野は、共同体的所有から私的所有へ、という従来の把握を俎上に載せ、周縁に位置し遍歴する人びとがつくりだす「公」に着目する。そして、周縁にいる人びとが古い権威に寄り添う背理や、かれらが生息する境界的な領域が時代の進行とともに狭まってくることを記した。

　すなわち、戦後における歴史学は、「戦後歴史学」―「民衆史研究」と推移してきたが、さらにここに「社会史研究」として、あらたな流れが出てきたのである[*2]（**図1**）。注目すべきは、社会史が、単に歴史学の対象と方法の転換にとどまらない点

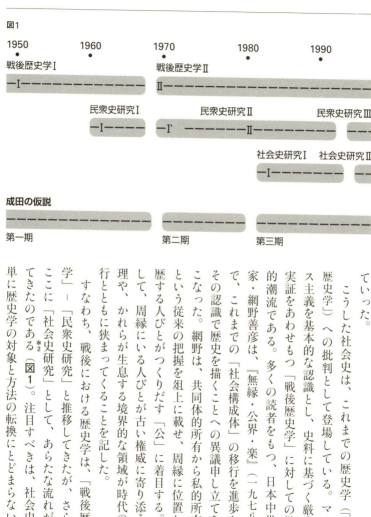

である。社会史を領導したひとりとして、さきの二宮は、ここには「認識論的な反省」があると認じている(「全体を見る眼と歴史家たち」一九七六年)。歴史学の方法を認識と結びつけ、方法上の「変化」を技術上の問題にとどめずに、歴史認識の「反省」として議論を展開した。

こうした社会史が、ひろく読書界に浸透していったことが、一九八〇年代の「歴史」をめぐる状況を特徴づけている。これまでの「歴史の知」とは異なる、あらたな認識による「知」と接点をもつものとして社会史が受容された。たとえば、平凡社の「社会史シリーズ」には、阿部謹也『中世を旅する人びと』(一九七八年)、角山栄・川北稔編『路地裏の大英帝国』(一九八二年)、喜安朗『パリの聖月曜日』(一九八二年)などの書目が挙げられている。

「戦後」の時期区分をめぐって

そしてCとして、あらたな時期区分が提供されたことを指摘しうる。一九八〇年代が終るとともに、その変容を示すかのように、あらたな「戦後」の時期区分が提唱された。社会学者・見田宗介による時期区分である。[*3]

「理想の時代」(一九四五年—六〇年)　プレ高度成長期
「夢の時代」(一九六〇年—七〇年代前半)　高度成長期
「虚構の時代」(一九七〇年代後半—九〇年)　ポスト高度成長期

「戦後」の時期区分が、一九八〇年を経過して提供されたのだが、「戦後」と「「戦後」後」がこの時期に体感されたということである。別言すれば、これまで歴史は、ミネルヴァの梟のよ

図2

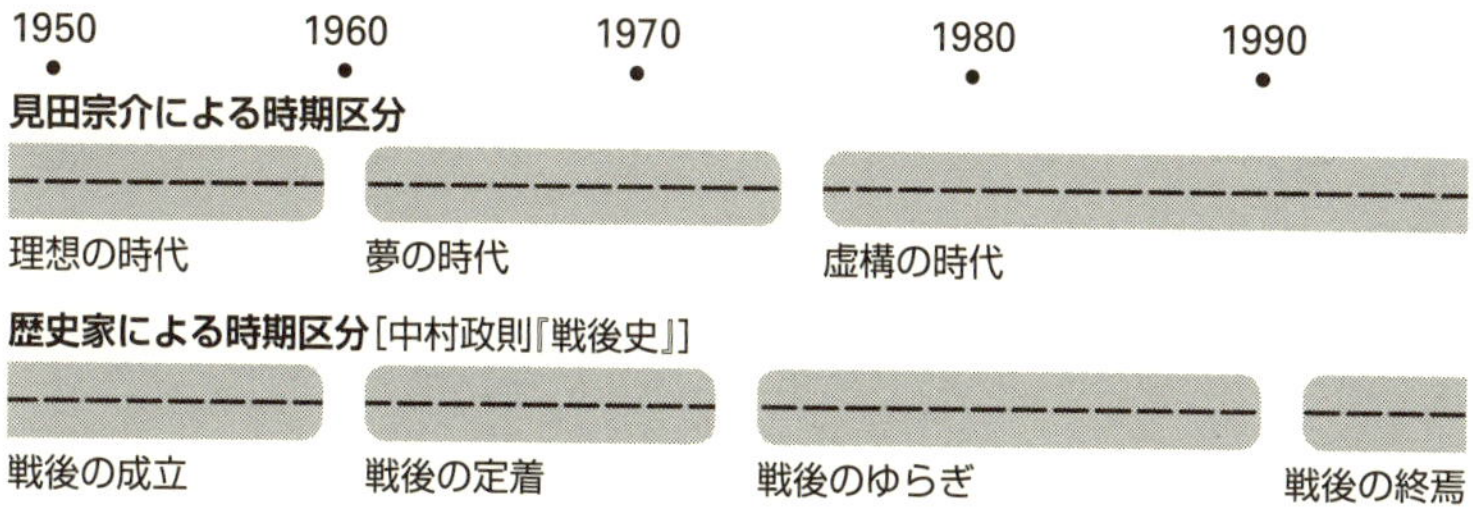

うに、ひとつの終焉が見えてきたころに提出されてきた。「戦後」を例としたとき、そのもっともよくまとまった著作のひとつとして、中村政則『戦後史』（二〇〇五年）をあげ得る。中村『戦後史』は、「戦後六〇年」を期に提出されるが、戦後の「成立」（一九四五－六〇年）－「定着」（一九六〇－七三年）－「ゆらぎ」（一九七三－九〇年）－「終焉」（一九九〇－二〇〇〇年）と、お行儀よく「戦後」を時期区分してみせた。直線的かつ発展的な一方向の時間軸を設定し、形成－展開－崩壊の推移を加味する認識である（**図2**）。

こうした認識とはまったく異なる、歴史の時間の概念を、（歴史家に先んじるようにして）見田は、「現実」への「反対語」を手がかりに、「夢」→「理想」→「虚構」と推移する歴史像を提出した、ということとなる。参照されるものが概念であり、一方向の発展的な時間軸は放棄されている。見田のこの提起は、同時に、歴史に関わる学知は、歴史学－歴史家にとどまらないということをも意味している。一九八〇年代を通じて、社会学、文化人類学や文学研究が、固定した「歴史」の考え方をゆさぶっていく。

「メタヒストリー」のはじまり

以上に見てきた、一九八〇年代における「歴史」をめぐっての三つの事象は、「歴史」の政治問題化（A）であり、あらたな歴史学の潮流（B）と時間認識の登場（C）である。歴史認識の政治問題化は、（国内として、ではあるが）すでに生起しており、Aは、従来の出来事の延長上に位置している。また、BとCは一九八〇年代に登場するあらたな出来事として、いっけん、それぞれがバラバラにみえる。しかし、この三者が明らかにするのは、①「歴史」とは、歴史学、またそれを叙述する歴史家とに分節化する必要がある、ということである（**図3**）。そのうえで、②歴史家が、歴史叙述をおこなっていることに自覚を促し、それぞれがもつ歴史概念の相対化がなされた。

図3

これは、歴史は「語られる」ことによって「歴史」となる、という認識を提示することでもある——「歴史」とは、どのような営みによって「歴史家」に認識され、いかなる作法によって叙述され、「歴史叙述」として提供されるのか。いってみれば、メタヒストリーの認識が浮上してきたということにほかならない[*4]。

かくして、ここで取り上げた現象A、B、Cは、それぞれに「歴史」——認識・叙述の根幹が変化していることをうかがわせ、メタヒストリーのはじまりとしての一九八〇年代を示す出来事であったといいうるであろう。そして、いったんこうした認識に達するや、「真実」「事実」「実態」という歴史家たちのこれまでの常套句、すなわち自明の前提が決して自明ではないという事態が、さまざまに指摘されるにいたる——国家により歴史の解釈が異なり、その解釈をおこなうのは歴史家であり、さらには時間の認識も多様である、と。

多様で重層的な次元の問題が一挙に噴出するが、焦点のひとつとして、「歴史」に対しての認識と「歴史」を叙述する営みとの関係の重みに着目したい。「なにを」とともに「いかに」が重要であり、この関係は一方向ではなく、双方向性をもつことである。認識（「なにを」）は、それ自体で存立するのではなく、叙述のスタイル（「いかに」）と結びつき、「いかに」が「なにを」という歴史の認識を規定するのである。

一九八〇年代を経た、このような「歴史」においては、これまでの認識‐叙述とは異なった歴史像が提供されることが要求されよう。たとえば、これまでは、社会運動を軸とし、社会運動の動きから、その時代の歴史を考えるやり方がもっぱらであった。「戦後歴史学」は、そうした社会運動のなかに人びとの「主体性」を見てとり、「戦後」の歴史像を叙述してきた。しかし、そうした歴史に対する見方がゆらぐなか、社会運動とともに、あらたな歴史のなかの変動要因、軸となる要素を探ることになる。

あらたな「文体」へ

かかる「歴史」の変化が見られた一九八〇年代。メタヒストリーが台頭してきた一九八〇年代。となれば、この一九八〇年代を描くには、メタヒストリーを経た認識と叙法の工夫が必要であろう。さきの言に接続すると、一九八〇年代を描く要因は、いったいなにか――「なにを」取り上げ、「いかに」一九八〇年代の歴史像を描きあげるのか、という課題が見えてくる。ことばを換えれば、一九八〇年代を考察するには、あらたな歴史の「文体」が求められるということでもある。

このように考えたとき、編者のひとりである斎藤美奈子は、文芸批評から出発し、やがて時評に携わるとともに、その対象領域を文学作品から、社会の出来事にまでひろげ、社会時評をおこなうまでにいたっている。雑誌『展望』の考察をおこなったこともある（『１９７０年転換期における『展望』を読む』二〇一〇年。大澤真幸、橋本努、原武史との共編）。文学作品とともに、社会と出来事をもテキストとして読み解く営みを精力的におこなっている。

斎藤は〈いま〉現在を考察するのだが、歴史的な視点をあわせもち、時間の推移を射程に入れている。さらに、叙法をも工夫し、そのことが斎藤の独自の認識と重なりあっている。歴史的な視点と、叙法における工夫とが斎藤の認識を練り上げ、認識と叙述ともに配慮をした営みをおこない、あらたな「文体」の使い手となっている。

他方、歴史家は、一般的に社会的・歴史的文脈を創りあげ、そのなかで出来事を位置付ける役割を有している。このとき、メタヒストリーを経験した歴史家は、テキストとして「歴史」にむきあい、出来事を解読し、その同時代的文脈をあきらかにするとともに、〈いま〉の歴史的位相をふまえた認識と叙法が求められることになろう。社会的・歴史的文脈は、出来事と「歴史」をともにテキストとして読み解き、そのうえで〈いま〉と往還させることによって浮上してくる。

一九八〇年代を考察する著作『１９８０年代』が、こうしたふたりの編著となっているのは、一九八〇年代以降の所産として提供される、ということを意識してのことである。

◉註

＊1　同時に、文部省による「変更」との報道は、一部誤報も含んでいた。そのため、日本の右派のメディアによって、誤報キャンペーンも展開された。この意味でも、現在に連なる動きのはじまりといえよう。

＊2　なお、詳しくは、拙著『近現代日本史と歴史学』（二〇一二年）『歴史学のナラティブ』（二〇一二年）を参照されたい。

＊3　この時期区分を、のちに大澤真幸が修正し（「理想の時代」一九四五年－七〇年、「虚構の時代」一九七〇年－九五年、「不可能性の時代」一九九五年－）、吉見俊哉が『ポスト戦後社会』（二〇〇九年）によって叙述した。

＊4　ヘイドン・ホワイト『メタヒストリー』（*Metahistory*, Johns Hopkins University Press）が刊行されたのは、一九七三年であった。一九八〇年代以降、この著作が果たした役割にはきわめて大きなものがある。ただ、進行中と聞くが、いまだ日本語訳はなされていない。

本

一九八〇年代ブックガイド34

岩元省子＋山之城有美

一九八〇年代を理解する上で是非参考となる諸作品を、カテゴリー別に表してみた。まずは、現代における八〇年代の論じられ方が分かる「一九八〇年代論」が手始めとなる。

一九八〇年代論

【1】大塚英志『「おたく」の精神史——一九八〇年代論』（初出：『諸君！』文藝春秋、一九九七〜二〇〇〇年）講談社現代新書、二〇〇四年／朝日文庫、二〇〇七年

【2】宮沢章夫『東京大学「80年代地下文化論」講義　決定版』（初版：白夜書房、二〇〇六年）河出書房新社、二〇一五年

【3】原宏之『バブル文化論——〈ポスト戦後〉としての一九八〇年代』慶應義塾大学出版会、二〇〇六年

【4】岩崎稔・上野千鶴子・北田暁大・小森陽一・成田龍一編『戦後日本スタディーズ③——「80・90」年代』紀伊國屋書店、二〇〇八年

【5】「特集1980年代」『大航海』（六八号）新書館、二〇〇八年

【6】岩崎稔・上野千鶴子・成田龍一「討議　戦後思想を読む」『現代思想』（十一月臨時増刊）青土社、二〇〇一年、のち改題のうえ再録『思想をかたちにする　上野千鶴子対談集』

青土社、二〇一五年

【7】香山リカ『ポケットは80年代がいっぱい』バジリコ、二〇〇八年

【8】市川哲夫編『70年代と80年代――テレビが輝いていた時代』毎日新聞出版、二〇一五年

二〇〇〇年代に入り、一九八〇年代を「戦後日本」との関連で捉える試みが始まっている。【4】【6】は「戦後日本」において一九八〇年代が歴史的転換期に位置付くことを多角的に示している。また【3】は、一九八〇年代を「戦後日本」という「抑圧」からの解放期と捉え、「バブル文化」に着目している。

さらに、八〇年代を現在との比較で相対化しようとする試みもある。【1】は、かつて「オタク」が「おたく」とひらがなで表記されていた八〇年代に、大塚が個人的に身近で体験したものを通じて「おたく」文化の相対化をすべく、その起源とそれに関連する社会現象の分析をしている。【2】も八〇年代にクラブカルチャーを体現していた宮沢自らが、当時の多様な若者文化を再考しつつ、「非身体性の時代」として八〇年代の相対化を試みるに至っている。テレビ文化の栄華の時代として八〇年代に焦点を当てた作品としては、TBS『調査情報』の特集連載をまとめた【8】が挙げられる。

評論

【9】蓮實重彥『小説論＝批評論』青土社、一九八二年、のち改題『文学批判序説――小説論＝批評論』河出文庫、一九九五年

【10】前田愛『都市空間のなかの文学』筑摩書房、一九八二年／ちくま学芸文庫、一九九二年

【11】山崎正和『柔らかい個人主義の誕生――消費社会の美学』中央公論社、一九八四年／中公文庫、一九八七年
【12】村上泰亮『新中間大衆の時代――戦後日本の解剖学』中央公論社、一九八四年／中公文庫、一九八七年
【13】磯田光一『左翼がサヨクになるとき――ある時代の精神史』集英社、一九八六年

八〇年代は、戦後マルクス主義に対する新たな角度からの批評が登場した時代であるといえるが、【9】はフランス文学者・文芸評論家の著者が、「文学」とは何か「批評」とは何かを問いつつ小林秀雄、吉本隆明、石川淳、中上健次らを論じ、【10】は文学作品における都市空間を記号論と結び付けて分析したものである。【13】は高度成長期までの「左翼」文学と高度成長期以降の若者世代の書き物に断層があることに着目し、それを「サヨク」と名づけ文学状況の変容に向き合った作品である。いずれも認識とともに、分析方法に工夫がほどこされている。

また八〇年代とは、消費が加速し社会を大きく規定する時代ともいえる。【11】は、欲望を充足させることに人間の普遍的な「自我」の営みを捉え、それを「柔らかい個人主義」として提示している。山崎は七〇年代までの「産業化社会」とは異なり、八〇年代が「ひとつひとつのものに深く執着して、それをたんねんに味わう」時代であるとしている。【12】は、社会諸科学の成果をふまえた〈新中間大衆〉の観念を中心に、日本の政治・経済システム、国際関係を統一的に分析し、新しいパラダイムを提示した。

小説

【14】村上春樹『1973年のピンボール』講談社、一九八〇年／講談社文庫、一九八三年／講談社文庫、二〇〇四年
【15】村上龍『コインロッカー・ベイビーズ』講談社、一九八〇年／講談社文庫、一九八四年／講談社文庫、二〇〇九年（新装版）
【16】島田雅彦『優しいサヨクのための嬉遊曲』福武書店、一九八三年／福武文庫、一九八五年／新潮文庫、二〇〇一年
【17】田中康夫『なんとなく、クリスタル』河出書房新社、一九八一年／河出文庫、一九八三年、二〇一三年（新装版）／新潮文庫、一九八五年
【18】筒井康隆『文学部唯野教授』（初出：『季刊へるめす』岩波書店、一九八七〜八九年）岩波書店、一九九〇年／岩波同時代ライブラリー、一九九二年／岩波現代文庫、二〇〇〇年

村上春樹、村上龍は「W村上」とも称され比較されてきた現代の日本を代表する作家である。【14】は、一人の青年「僕」を軸に、ピンボール台「スペースシップ」を突然いなくなった恋人のように探し続ける設定である。若者世代の個人主義を浮かび上がらせながら社会にたいする冷めた感情が描かれている。【15】は一九七〇年代前半に社会問題となった都市部のコインロッカーに捨てられた「コインロッカー・ベイビー」を題材にした作品である。主人公の二人の青年は共に同じ時期にコインロッカーに捨てられ、運よく一命を取り留め兄弟として乳児院で育てられる。のちに一人は歌手として成功しながらも精神を病み、もう一人は東京を破壊しようと画策する。当時の日本社会が抱える病巣を、個人

の抱える「鬱積」の対置によって表している。
島田雅彦の【16】には、従来のいわゆる「左翼」が「サヨク」というカタカナ表記で表されている。この作品には、当時の大学生の「ゆるい」イデオロギーに基づく社会運動と恋愛が描かれ、闘う相手をなくした「サヨク」の「現状」が表現されている。
また、70年代までは資本主義社会を批判的にとらえることが一つの思想の在り方でもあったが、田中康夫の【17】は消費社会と全面的に向きあい、その諸相をカタログ的に提示している。カタログ的といえば【18】の場合、とある大学の文学部教授を主人公に、大学内部における人間関係を描き、かつ講義において登場する文学理論について脚注に紹介を加え、「脱構築」の実践を試みた作品となっている。

新しい「知」

【19】岸田秀『ものぐさ精神分析』青土社、一九七七年／中公文庫、一九八二年／中央公論社、一九九六年（改版）
【20】柄谷行人『日本近代文学の起源』講談社、一九八〇年／講談社文芸文庫、一九八八年／岩波現代文庫、二〇〇八年（定本）
【21】山口昌男『文化人類学への招待』岩波新書、一九八二年
【22】上野千鶴子『セクシィ・ギャルの大研究──女の読み方・読まれ方・読ませ方』光文社、一九八二年／岩波現代文庫、二〇〇九年
【23】中沢新一『チベットのモーツァルト』せりか書房、一九八三年／講談社学術文庫、二〇〇三年

【24】浅田彰『構造と力——記号論を超えて』勁草書房、一九八三年
【25】中村雄二郎『術語集——気になることば』岩波新書、一九八四年
【26】『別冊宝島　わかりたいあなたのための現代思想・入門I・II』JICC出版局、一九八四年（I）、一九八六年（II）

八〇年代をアカデミズムの視点で見てみると、「ポスト構造主義」といわれるニューアカデミズム（いわゆるニューアカ）が台頭した時代といえる。このニューアカ現象の理解に「知の完全見取図」と称して一役買ったのが【26】である。この二冊は、西欧の知の伝統の重み及びそこからの解放という必然的な流れを示すかたちで、「ポスト構造主義」を限りなく平易に理解し得るような工夫を凝らしている。入門Iでは欧米の「知」を、入門IIでは現代日本の「知」を扱っている。このニューアカ現象の素地に位置付くものとして、フロイトの精神分析の手法を日本近代の分析にも導入している岸田秀の【19】が挙げられよう。岸田は、明治期以降の日本人が「内的自己」を抑圧しながら「外的自己」を取り繕ってきたというかたちで自我の構造に無意識を想定している。また、フロイトとほぼ同時期に活躍していた西田幾多郎の「場」の論理に依拠し、心身合一を表象する身体論などを通じて「知の組みかえ」を展開した中村雄二郎の【25】も挙げられる。

その上で、ニューアカに影響を与えた一冊として山口昌男の【21】を挙げうる。山口は、中心／周縁、交換などの概念を用い、さまざまな現象を扱いながら、文化と精神の深層を読み解いていく。「脱構築」を本格的に担っていったニューアカの新世代の作品としては【22】【23】【24】などがある。その一冊、上野千鶴子にとってデビュー作となる【22】は、

動物行動学を「しぐさの文法」に応用し、広告媒体における女性の「しぐさ」から男性の視点、女性の内面化された男性的な視点をコード化し、読み解いてみせた。

社会Ⅰ

【27】堀江邦夫『原発ジプシー』現代書館、一九七九年／講談社文庫、一九八四年／現代書館、二〇一一年（増補改訂版）
【28】広瀬隆『東京に原発を！』JICC出版局、一九八一年／集英社文庫、一九八六年
【29】高木仁三郎『チェルノブイリ――最後の警告』七つ森書館、一九八六年

八〇年代は、原発の安全神話に対する問題意識が様々なアプローチで表現された時期にもあたる。堀江邦夫は、原子力発電所の労働者という立場からの参与観察によって、労働者の日常を追うルポルタージュの様式で【27】を書いている。また、東京に原発を建てた場合のシミュレーションをあえて提示したのは、広瀬隆の【28】である。高木仁三郎は市民科学者としての立場から、市民の生活が放射能汚染による生態系の破壊などによって脅かされる危険性を【29】で唱えている。

社会Ⅱ

【30】林真理子『ルンルンを買っておうちに帰ろう』主婦の友社、一九八二年／角川文庫、一九八五年
【31】下森真澄・宮村裕子『ANO・ANO（Ⅰ）――スーパー・ギャルの告白メッセージ』

【32】JICC出版局、一九八〇年／徳間文庫、一九八三年

【32】ホイチョイ・プロダクション『ミーハーのための見栄講座――その戦略と展開』小学館、一九八三年

【33】渡辺和博、タラコプロダクション『金魂巻――現代人気職業三十一の金持ビンボー人の表層と力と構造』主婦の友社、一九八四年

【34】太田出版編『Mの世代――ぼくらとミヤザキ君』太田出版、一九八九年

八〇年代中・後期に日本の「バブル」は本格化していく。この時期の人々の様々なライフスタイルを紹介している【30】【32】【33】は、多くの人々の関心が華やかな装いや生活に向いていたことを、皮肉を込めながら面白可笑しく描いている。特に【33】では、「金持ち」／「ビンボー」の分類がされ、「ビンボー」が常に見栄を張ることで「金持ち」のようにふるまうことを茶化している。また【31】は、当時の女子大生を中心とした心情を満載している。

八〇年代は「おたく」や「新人類」という言葉が流行語にもなったが、【34】では八八～八九年に起こった「連続幼女誘拐殺人事件」を軸に、当時のマスコミや世間で繰り広げられた「ホラービデオ批判」や「おたく批判」への批判をおこなう。また、この事件の「犯人」にたいして大塚英志は、同じ世代の人間として、また「犯人」が大塚の編集した単行本や雑誌の読者であったことなどを通じて、彼を「援護しなければ」という立場をとり、同じ「メディア世代」を自認する中森明夫とともに、「おたく」を多角的に論じている。

		3月 新宿に新東京都庁完成。
	4月 牛肉とオレンジの輸入自由化始まる。 ノンバンクの静信リース（静岡市）倒産。バブル経済崩壊初のノンバンクのケース。	
	6月 ソ連、エリツィン大統領就任。	6月 雲仙普賢岳で大火砕流発生（死者・行方不明者43人）。 文部省、小学校の教科書検定結果発表、日の丸、君が代を国旗、国歌と明記。
	7月 ワルシャワ条約機構解体。	
		8月 高卒者の短大・大学志願率初めて50%以上を記録。大学生が200万人突破。
	9月 経企庁、「いざなぎ景気」（65年11月〜70年７月）を越えたと発表。	
	11月 宮沢喜一内閣成立。 自民、公明党、衆院国際平和協力委でPKO協力法案を強行採決。	
	12月 ソ連解体。EC首脳会議、ローマ条約の改正で合意。EUの創設。	

［作成］岩元省子・山之城有美
［参考文献］中村政則・森武麿編『年表　昭和・平成史』（岩波書店、2012年）、
神田文人・小林英夫編『増補版　昭和・平成　現代史年表』（小学館、2009年）、
山根伸洋・柿原泰・大内裕和「年表1975〜2000」『現代思想』29巻14号（青土社、2001年）

			モスクワで営業開始。
		2月 ラトビア共和国、ソ連から独立決議。 第2次海部内閣成立。	
		3月 ゴルバチョフ、ソ連初代大統領就任。 日銀、公定歩合5.25%(8/30に6%)。高金利時代へ。	
		4月 三井・太陽神戸銀行合併、太陽神戸三井銀行誕生('92.4 さくら銀行に)。	4月 大阪で国際花と緑の博覧会開幕(～9月 ロープウェー事故相次ぐ)。
		5月 日教組「参加・提言・改革」へ方針転換。	
			7月 鹿島建設、戦争末期の中国人虐待の「花岡事件」の責任を初めて認め、生存者と補償交渉開始。
		8月 イラク軍、クウェートに侵攻。	
		9月 平成2年『防衛白書』、ソ連の「潜在的脅威」削除。	
		10月 東証株価、2万円を割る(バブル経済崩壊)。 東西ドイツ統一。 南アの反アパルトヘイト運動の指導者ネルソン=マンデラ来日。	
		11月 天皇、即位の礼。現憲法下初の大嘗祭。	11月 雲仙普賢岳が噴火活動。
			12月 秋山豊寛TBS記者、日本人初の宇宙飛行士としてソ連のソユーズTM11号で9日間の宇宙滞在。 海外渡航者、1000万人を突破。
1991	3	1月 湾岸戦争勃発。 日本と北朝鮮、国交正常化の交渉開始。	
			2月 関西電力美浜原発で原子炉が自動停止する国内最大規模の事故。

			3月 都内で女子高生を1か月以上監禁、暴行、殺害し、コンクリート詰めにして捨てた主犯格の少年2人を逮捕。
		4月 消費税スタート（3%）。 竹下首相、リクルート事件等で高まった政治不信の責任をとり辞任発表。	
		6月 天安門事件。 宇野宗佑内閣成立。 ポーランドの上下院選挙で「連帯」が圧勝。	6月 東京高裁、家永教科書第2次訴訟の差戻し審で訴えの利益なしとして1審判決を否定、却下。10月、東京地裁、第3次訴訟でも原告の実質的敗訴の判決。
		7月 参議院議員選挙で与野党の議席逆転。	7月 宮﨑勤を強制わいせつ罪で逮捕（幼女誘拐殺人事件）。宮﨑、88年8月以後幼女4人の誘拐・殺害を自供。連続幼女誘拐殺人事件に端を発しホラービデオの規制が問題化。
		8月 宇野首相、参院選惨敗と女性問題で退陣表明。 第1次海部俊樹内閣成立。 9月 日米構造協議（SII）開始。 ソニー、米映画会社コロンビアの買収発表（11月買収完了）。	
			10月 幕張メッセ完成。
		11月 〈ベルリンの壁〉崩壊。 日本労働組合総連合会（連合）発足（798万人、総評解散）。 12月 米ソ首脳マルタ会談、新時代の到来を宣言。 ルーマニアのチャウシェスク独裁政権崩壊。 東証平均株価、3万8915円の史上最高値。	
1990	2		1月 大学入試センター第1回試験実施。 マクドナルドがソ連に進出、

1988	63	1月	竹下首相、初訪米(首脳会談で、「世界に貢献する日本」を約束)。 盧泰愚韓国第13代大統領就任。	1月	韓国、大韓航空機事件を北朝鮮の「爆弾テロ」と断定。「蜂谷真由美」を名乗る金賢姫が犯行を認める記者会見。
				3月	世界最長青函トンネル開業。 東京ドーム落成式。
		4月	「マル優」制度廃止。預貯金利子に20%課税。 東京圏住宅地の対前年上昇率、史上最高。	4月	瀬戸大橋が開通。
		5月	レーガン・ゴルバチョフ、米ソ首脳会談(中距離核戦力全廃条約の批准書交換、両国のミサイル廃棄等始まる)。		
		6月	貿易摩擦の焦点となっていた牛肉・オレンジの輸入問題の決着。 川崎市助役、リクルート社未公開株取得による不当利得が発覚(リクルート事件の発端)。		
				7月	横須賀沖で自衛隊の潜水艦と釣り船が衝突、30人死亡。
		8月	イラン・イラク戦争停戦協定成立。		
				9月	ソウル・オリンピック開催。
				10月	ベトナムの二重体児ベトちゃん、ドクちゃん分離手術成功。
		11月	共和党ブッシュ、米大統領に当選。		
		12月	消費税法案、参議院で成立。社共両党、25時間におよぶ牛歩戦術で抵抗。		
1989	64 平成元	1月	裕仁天皇死去。皇太子昭仁、皇位継承。 8日　平成と改元		
		2月	ソ連軍、アフガニスタン撤退完了。	2月	佐賀県の吉野ケ里遺跡、弥生時代最大の環濠集落・墳丘墓と推定。

		10月	NTT、1株119万7400円で売り出し。 米ソ首脳会談。SDI問題で物別れ。		
				11月	三井物産若王子支店長、マニラ市郊外で誘拐される('87.3無事救出)。 伊豆大島三原山が209年ぶりに大噴火。
		12月	87年度政府予算案決定、防衛費がGNP1%枠突破。 大型景気始まる。	12月	厚生省の「AIDS対策専門家会議」、4人を認定。日本のエイズ患者25人となる。
1987	62	2月	5か国蔵相・中央銀行総裁会議開催(G5)。 G7開催。為替レートの安定化で合意(ルーブル合意)。 初上場のNTT株に買いが殺到。		
				3月	南極捕鯨が終了。 国公立大、初の複数入試で約9500人の定員割れ。 安田火災海上、ゴッホの「ひまわり」を53億円で落札。
		4月	国鉄分割・民営化、JR6社等発足。 国土庁の87年地価公示、東京都の平均上昇率が53.9%となり過去最高。	4月	NTT、携帯電話の提供開始。
				5月	朝日新聞阪神支局が覆面男に襲撃され、記者2名死傷。
		9月	税制改革法案、参院で可決。		
		10月	ニューヨーク株式市場で株価暴落(暗黒の月曜日)。	10月	沖縄国体で、日の丸掲揚と君が代斉唱が問題となる。
		11月	日本航空が完全民営化。 竹下登内閣成立。	11月	大韓航空機、ビルマ上空で行方不明(12月蜂谷真由美=金賢姫、韓国に連行)。
		12月	ゴルバチョフ・ソ連共産党書記長、レーガン米大統領と会談、INF(中距離核戦力)全廃条約に調印。		

		6月 自民党、国家秘密法（スパイ防止法）案を議員立法として衆院提出（12月廃案）。	
		7月 中曽根首相、自民党のセミナーで「戦後政治の総決算」を主張。	
		8月 中曽根首相、歴代首相として初めて靖国神社公式参拝。	8月 日航機大阪行きジャンボ・ジェット、御巣鷹山に墜落、520人死亡、4人奇跡的に生存。
		9月 中国外務省、「靖国公式参拝は中国人民を傷つけた」と談話発表。 米・日・西独・英・仏の5か国蔵相・中央銀行総裁会議。ドル高修正のための為替市場への協調介入強化で合意（G5、プラザ合意）。円高進行の契機になる。	
		10月 政府、国鉄の6分割・民営化を骨子とする「国鉄改革のための基本方針」を決定。	10月 プロ野球セ・リーグで阪神タイガース21年ぶり優勝。
		11月 レーガン・ゴルバチョフ、米ソ首脳会談。	
1986	61		1月 米のスペースシャトル〈チャレンジャー〉爆発。
		2月 コラソン=アキノ大統領就任宣言。	
			4月 男女雇用機会均等法施行。 アイドル歌手岡田有希子が飛び降り自殺、少年少女の跡追い自殺が続く。 ソ連のチェルノブイリ原子力発電所で大事故。
		5月 東京サミット開催。	
		7月 第3次中曽根内閣成立。	7月 東北自動車道の浦和〜青森間全通。
		8月 円高倒産が激増（'77の円高倒産の2倍）。	
		9月 社会党委員長、土井たか子が当選（日本初の女性党首誕生）。	

		演説で「強いアメリカ」を強調。 3月 中曽根首相、中国訪問。経済協力・朝鮮半島問題を討議。 4月 レーガン大統領、中国訪問。鄧小平と会談。米は中国の4つの近代化、中国は、米の軍事力増強をそれぞれ支持。	
			5月 グリコ製品に毒物との脅迫状が報道機関に郵送。 6月 横浜地裁、外国人登録法の指紋押捺を拒否したアメリカ人女性に対し罰金判決を言い渡す。東京地裁、在日韓国人に対しても有罪判決。(8月)「ひとさしゆびの自由」問題となる。 7月 ロサンゼルス・オリンピック開幕(ソ連など不参加)。
		8月 自民党安全保障調査会の法令整備小委員会、〈スパイ防止法案〉を作成。 トヨタ自動車、製造業初の「5兆円企業」(売上高)となる。	
		9月 全斗煥韓国大統領、来日。「日韓両国の関係史に新しい章を開くもの」との共同声明発表。	9月 グリコ事件犯人「かい人21面相」、森永製菓も脅迫。
		11月 臨教審、学校教育の〈自由化・個性化〉提唱。	11月 15年ぶりに1万円・5000円・1000円の新札発行。
1985	60	1月 中曽根首相、レーガン大統領とのロサンゼルス会談でSDI(戦略防衛構想)に理解を表明。 米、レーガン大統領再選。	
		2月 法務省、在日外国人の指紋押捺制度を見直し。	2月 新風俗営業法施行。
		3月 チェルネンコ・ソ連共産党書記長没(73歳)。後任にゴルバチョフ就任。	3月 科学万博開幕(~9月)。 厚生省、AIDS患者第1号確認を発表。
		4月 日本電信電話株式会社、日本たばこ産業株式会社発足。	

		11月 米・対ソ経済制裁措置解除を発表。	11月 上越新幹線開業。
		12月 第1次中曽根康弘内閣成立。	
1983	58	1月 国連総会、核の凍結と不使用の両決議を採択(英米仏は反対)。 中曽根首相、訪韓。「日韓新時代」に入ったと声明。 中曽根首相、訪米。「日米は運命共同体」、「日本列島不沈空母」発言。	
			2月 横浜市内の公園などでホームレスを襲った少年ら逮捕。
		3月 臨時行政調査会、行政改革に関する最終答申を首相に提出(増税なき財政再建、国債依存の脱却など)。	3月 中国自動車道全線開通。
			4月 東京ディズニーランド開園。
			6月 戸塚ヨットスクール校長、傷害致死容疑で逮捕。
		8月 フィリピンのアキノ元上院議員暗殺。各地に反政府運動広がる。	
		9月 ソ連、領空内侵入の大韓航空機を撃墜、269人全員死亡(邦人28人)。	
		10月 東京地裁、ロッキード事件の田中角栄に受託収賄罪などで懲役4年・追徴金5億円の実刑判決。 西独で「反核行動週間」始まる。30万人の〈人間の鎖〉が米軍基地包囲。	10月 東北大で日本初の「試験管ベビー」(体外受精児)出生。
		11月 レーガン大統領来日。天皇と会見。円安・ドル高是正のための協議機関設置などで合意。	
		12月 第2次中曽根内閣成立。	
1984	59	1月 中曽根首相、現職首相として戦後初の靖国新春参拝。 米大統領レーガン、一般教書	1月 三浦和義「ロス疑惑」騒動始まる。

			神戸で博覧会「ポートピア'81」開幕。
			4月 敦賀原子力発電所で放射能漏れ発見。
		5月 ライシャワー元駐日大使、核積載の米艦船が日本寄港と発言。	
		6月 衆議院外務委員会、核軍縮決議を採択、非核三原則を確認。	
		7月 チャールズ英皇太子とダイアナ嬢が結婚。	
		8月 鈴木内閣の全閣僚、靖国神社参拝。	
		12月 ポーランドで戒厳令発令。	
1982	57	1月 東京地裁、ロッキード事件で6被告に執行猶予つき有罪判決。	
			2月 東京・千代田区のホテル・ニュージャパン火災（死者33人）。 日航機、着陸直前に羽田空港前の海面に墜落（死者24人）。
		3月 「平和のためのヒロシマ行動」開催、国連軍縮特別総会に向けた行動アピールに19万人参加。	
		4月 フォークランド紛争（～7月）。	4月 最高裁、「第2次家永訴訟」の2審判決を破棄、東京高裁に差し戻し判決。 500円硬貨発行。
		5月 国連軍縮特別総会に向け反核署名、国民運動推進連絡会議、2753万9116人と発表。	5月 富士通「マイ・オアシス」発売（ワープロ普及始まる）。
		6月 米ソ戦略兵器削減交渉開始。	6月 東北新幹線開業。
		7月 中国、日本の教科書検定による歴史記述に抗議、訂正を要望。	
		8月 広島で原水爆禁止世界大会本大会開催、3万人参加。	
		9月 沖縄県議会、教科書検定で削除された沖縄戦での日本軍による住民虐殺の記述回復を求める意見書を採択。	

1980年代略年表

西暦	年号	政治・経済	社会・文化
1979	昭和54	1月 第2次石油ショック。	1月 初の国公立大学共通1次試験実施。
			3月 インベーダーゲーム、流行。 米スリーマイル島で原発事故。
		5月 サッチャー内閣成立。	5月 NEC、PC-8801を発表(パソコンブームの始まり)。
		6月 米ソ、SALTⅡ条約に調印。 東京サミット開催。	
			7月 ソニー、「ウォークマン」発売。
		11月 第2次大平内閣成立。	
		12月 ソ連、アフガニスタンへ侵攻。	
1980	55	1月 米、アフガニスタン侵攻への報復措置として、ソ連に経済制裁。	
		2月 海上自衛隊、環太平洋合同演習に初参加。	
			3月 都市銀行、現金自動支払機のオンライン提携開始。
		4月 中国、IMF加盟。台湾脱退。	4月 電気・ガス料金大幅値上げ。
		5月 光州事件。	
		6月 大平首相急死。 衆・参初のダブル選挙。自民党圧勝。	
		7月 鈴木善幸内閣成立。	7月 モスクワ・オリンピック開催(日・米・中・西独など不参加)。
		8月 鈴木首相ら18閣僚、「私人」として靖国参拝。	
		9月 イラン・イラク戦争。	
			10月 長嶋茂雄監督(巨人)辞任。 YMO、欧米公演。
			11月 金属バット両親殺害事件。
1981	56	1月 米、レーガン大統領就任。	
		2月 EC、対日輸入監視制度導入を声明。	
		3月 第2次臨調(土光会長)、初会合。	3月 中国残留日本人孤児、初の正式来日。

著者略歴

大澤 聡（おおさわ・さとし）
1978年生。批評家・近畿大学専任講師（メディア史）。『批評メディア論』など。

大澤真幸（おおさわ・まさち）
1958年生。社会学者。『〈世界史〉の哲学』『自由という牢獄』『思考術』など。

加島 卓（かしま・たかし）
1975年生。東海大学准教授（社会学・デザイン史）。『〈広告制作者〉の歴史社会学』など。

姜 尚中（かん・さんじゅん）
1950年生。東京大学名誉教授。『悪の力』『悩む力』『オリエンタリズムの彼方へ』など。

吉川 徹（きっかわ・とおる）
1966年生。大阪大学教授（社会学）。『現代日本の「社会の心」』『学歴分断社会』など。

斎藤 環（さいとう・たまき）
1961年生。精神科医・筑波大学教授。『世界が土曜の夜の夢なら』『心理学化する社会』など。

斎藤真理子（さいとう・まりこ）
1960年生。ライター、翻訳者。『カステラ』（パク・ミンギュ著）で第一回日本翻訳大賞受賞。

佐倉智美（さくら・ともみ）
1964年生。社会学者。『性同一性障害の社会学』『明るいトランスジェンダー生活』など。

椹木野衣（さわらぎ・のい）
1962年生。美術評論家・多摩美術大学教授。『後美術論』で第25回吉田秀和賞ほか。

白井 聡（しらい・さとし）
1977年生。京都精華大学専任講師（政治学）。『永続敗戦論』『「物質」の蜂起をめざして』など。

瀬地山 角（せちやま・かく）
1963年生。東京大学教授（社会学）。『お笑いジェンダー論』『東アジアの家父長制』など。

高橋源一郎（たかはし・げんいちろう）
1951年生。作家・明治学院大学教授。『ぼくらの民主主義なんだぜ』『動物記』など。

谷川直子（たにがわ・なおこ）
1960年生。作家。『四月は少しつめたくて』『おしかくさま』『お洋服はうれしい』など。

辻 泉（つじ・いずみ）
1976年生まれ。中央大学教授（社会学）。『オタク的想像力のリミット』（共編）など。

土井隆義（どい・たかよし）
1960年生。筑波大学教授（社会学）。『友だち地獄』『つながりを煽られる子どもたち』など。

徳永京子（とくなが・きょうこ）
1962年生。演劇ジャーナリスト。『我らに光を』（編著）、『演劇最強論』（共著）など。

中島京子（なかじま・きょうこ）
1964年生。作家。『FUTON』『小さいおうち』『かたづの!』『長いお別れ』など。

畑中三応子（はたなか・みおこ）
1958年生。料理本編集者・ライター。『ファッションフード、あります。』など。

兵庫慎司（ひょうご・しんじ）
1968年生。雑誌編集者を経てライター。フラワーカンパニーズ『消えぞこない』等を手掛ける。

平野啓一郎（ひらの・けいいちろう）
1975年生。作家。『日蝕』『葬送』『決壊』『ドーン』『空白を満たしなさい』『私とは何か』など。

山本昭宏（やまもと・あきひろ）
1984年生。神戸市外国語大学専任講師（日本近現代文化史・歴史社会学）。『核と日本人』など。

横井周子（よこい・しゅうこ）
1978年生。ライター、少女マンガ研究家。『池田理代子の世界』などに執筆。

若林幹夫（わかばやし・みきお）
1962年生。早稲田大学教授（社会学）。『未来の社会学』『地図の想像力』『社会（学）を読む』など。

鷲谷 花（わしたに・はな）
1974年生。成城大学他非常勤講師（映画研究）。『淡島千景　女優というプリズム』（共編著）など。

岩元省子（いわもと・しょうこ）
1967年生。日本女子大学大学院在籍中（現代日本史）。

山之城有美（やまのじょう・ゆみ）
1976年生。日本女子大学大学院在籍中（歴史社会学・社会思想史）。

河出ブックス　089

1980年代《ねんだい》

2016年2月18日　初版印刷
2016年2月28日　初版発行

編著者――斎藤美奈子《さいとうみなこ》・成田龍一《なりたりゅういち》

発行者――小野寺優

発行所――株式会社河出書房新社
〒151-0051　東京都渋谷区千駄ヶ谷2-32-2
電話03-3404-8611(編集)／03-3404-1201(営業)
http://www.kawade.co.jp/

装丁・本文設計――天野誠(magic beans)

組版――株式会社キャップス

印刷・製本――中央精版印刷株式会社

Printed in Japan　ISBN978-4-309-62489-1

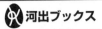